Impressum

© 2024, Copyright der Originalausgabe
© 01.2025, Copyright der Neugestaltung

Traude Schubert
D – 09353 Oberlungwitz
traude-schubert@gmx.de

Umschlagsbild: https://chatgpt.com

Abbildungen: siehe Bilderquellen
Alle Rechte vorbehalten

Verlag:
BoD · Books on Demand GmbH, In de Tarpen 42,
22848 Norderstedt, bod@bod.de
Druck:
Libri Plureos GmbH, Friedensallee 273,
22763 Hamburg
ISBN: 978-3-7693-5255-9

Unser aller Gesundheit

ist in höchster Gefahr!

Traude Schubert

Vorwort

Warum werden immer mehr Menschen, Tiere, und unsere Umwelt krank?

Um dies genau zu klären, haben viele Personen weltweit Gruppen gebildet, welche die Ursachen erforschen. Wichtige Institute und Labore, viele hochrangige Fachärzte und Privatpersonen arbeiten tagtäglich daran, dies aufzuklären.

In letzter Zeit berichten nun auch Mainstream Medien über verschiedene Unstimmigkeiten der öffentlichen Behauptungen.

In diesem Buch habe ich dazu einige sehr interessante Berichte, Untersuchungsergebnisse und Fotos zusammen gestellt. Inklusive den entsprechenden Links. So kann sich jeder noch weiter selbst informieren.

Es ist wichtig für uns alle, dass wir die Wahrheit erkennen. Denn dies sind keinen sogenannten Verschwörungstheorien!

Traude Schubert

BITTE BEACHTEN SIE:

Die hier beschriebenen Untersuchungsergebnisse und Berichte, stammen nicht von mir.
Die Quellen dazu stehen bei jedem Bericht dabei.
Ich übernehme daher keine Haftung!

Inhalt

20

Einleitung

Liebe Leserinnen und Leser,

von verschiedenen Bekannten wurde ich gefragt, warum ich dieses Buch erstelle. Alles sei so erschreckend und negativ.
Es ist nicht meine Absicht, Sie in Angst und Schrecken zu versetzen. Mein Wunsch ist es, dass wir alle mehr auf unsere Erde achten!

Zu einigen sehr wichtigen Themen habe Untersuchsergebnisse, sowie viele Berichte und Informationen zusammmen gestellt.
So entstand ein breiter Überblick zu den unterschiedlichen Bereichen.
Dass verschiedenen Institutionen und Wissenschaftler zu den (fast) gleichen Ergebnissen kamen, zeigen die jeweiligen Berichte.
Sie beweisen, dass überall Menschen auf die Umwelt und die Gesundheit achten. Vieles spielt in diesen Bereichen eine große Rolle, von dem wir so gut wie nichts wussten.

Aber immer mehr Menschen informieren sich über die einzelnen Themen.
Und dazu soll Sie dieses Buch noch weiter informieren.
Nun anhand all dieses Wissens, kann jeder von uns etwas für sich, seine Familie und die Natur tun.
Jedes noch so kleine Steinchen kann eine Lawine ins Rollen bringen.

Traude Schubert

ALUMINIUM

Aluminium im Trinkwasser:

Wasserwerke verwenden Aluminium als Flockungsmittel.

Quelle:
Kinderklinik Uni – Düsseldorf, Internetrecherchen

* * *

Aluminium im Leitungswasser

Wie bekommt man Aluminium aus dem Wasser?

Wenn Sie befürchten, dass Sie ebenfalls Aluminium im Trinkwasser haben, sollten Sie schnell handeln.
So können Sie Aluminium effektiv aus Ihrem Trinkwasser entfernen, indem Sie **Wasserfilter mit Umkehrosmose-Technik verwenden**.

Welche Wasserfilter können Aluminium abscheiden?
Hochwertige Wasserfilter mit Aktivkohlefiltern können Aluminium teilweise abscheiden.

Wie macht sich Aluminium im Körper bemerkbar?
Unterschiedliche Anzeichen können auf eine Aluminiumbelastung im Körper hinweisen.

Häufig treten auf:
- Müdigkeit,
- Sprachstörungen,
- Gedächtnisstörungen und

-     Antriebslosigkeit auf.
Aber auch
-     Aggressivität und
-     Verhaltensstörungen sowie
-     Hyperaktivität zählen zu den typischen Anzeichen.

Welche Wirkung hat Aluminium auf Ihr Gehirn?

Bei Patienten mit Aluminiumvergiftung wurde durch die Verwendung von Hämodialyselösungen mit hohem Aluminiumgehalt ein 10-facher Anstieg der Aluminiumkonzentrationen festgestellt.
Aluminium verursacht oxidativen Stress im Gehirngewebe

* * *

Was passiert bei zu viel Aluminium im Körper?

Einmal im Körper eingelagert, wird Aluminium sehr langsam wieder ausgeschieden.
Laut BfR kann eine langfristig hohe Aufnahme von Aluminium daher das Nervensystem sowie Nieren und Knochen schädigen.
Zudem stört Aluminium das Gleichgewicht von Spurenelementen wie Magnesium und Eisen im Körper.

* * *

Was verursacht einen hohen Aluminiumgehalt im Wasser?

Aluminiumsalze werden bei der Wasseraufbereitung

häufig als **Koagulanzien** zugesetzt, um Trübstoffe, organische Stoffe und Mikroorganismen zu entfernen. Aluminium ist auch eine Verunreinigung, die in anderen Chemikalien zur Wasseraufbereitung vorkommt und aus Zementmörtelrohren oder -auskleidungen ins Trinkwasser gelangen kann .

* * *

In welchen Medikamenten befindet sich Aluminium?
Aluminium in Medikamenten In einigen Arzneimitteln steckt Aluminium.

Zum Beispiel in Mitteln:
- gegen Sodbrennen.
. In **Impfstoffen**, beispielsweise
   in Tetanus- und Diphtherie-Impfstoffen,
werden Aluminiumsalze als Wirkungsverstärker verwendet.

Mein Tipp:
- Nehmen Sie bei Sodbrennen ½ TL Natronpulver in einem Glas Wasser gut aufgelöst.
- Trinken Sie danach nochmals gut ½ bis 1 Glas Wasser.
- Es gibt auch Natrontabletten, diese sind besonders gut für unterwegs oder im Beruf geeignet!

* * *

Kann Brunnenwasser Aluminium enthalten?
Aluminium kann selektiv aus Gestein und Erde

ausgewaschen werden und in jede Wasserquelle gelangen .

Al3+ ist im Grundwasser in Konzentrationen von 0,1 ppm bis 8,0 ppm bekannt.

* * *

Welche Krankheiten kann Aluminium auslösen?

Sehr große Mengen Alu können Krankheiten auslösen. Außerdem kam es bei einigen Patienten zu:
- Knochenschmerzen und
- Knochenbrüchigkeit sowie zu
- Blutarmut.

* * *

Welche Symptome bei Aluminiumvergiftung?

Chronische Schwermetallvergiftungen zeigen sich oft durch unspezifische Symptome wie zum Beispiel:
- Bauch-, Kopf- und Gliederschmerzen.
- Durchfall, Erbrechen und Übelkeit.
- Müdigkeit, Schlafstörungen und Schwächegefühl.
- Hautveränderungen (Ekzeme)
- Lähmungserscheinungen.

* * *

Wo lagert sich Aluminium im Körper ab?

So verlassen etwa 60 Prozent des Aluminiums den Körper binnen eines Tages wieder **über die Niere –** einerseits.

Andererseits ermittelten Forscher bei Langzeitbeobachtungen Halbwertszeiten von bis zu 50 Jahren. 28

In Rattenhirnen dauerte es in einer Studie viereinhalb Jahre, bis das Metall wieder verschwunden war.

* * *

**Weitere Informationen zu Aluminium
im Wasser finden Sie hier:**

https://www.wassertest-online.de/blog/aluminium-im-trinkwasser/

Aluminium

Wo ist Aluminium drinnen?

Aluminium begegnet uns unter anderem bei:
- der Wasseraufbereitung,
- bei der Papierherstellung,
- in brandverzögernden Materialien,
- Haushaltsgegenständen,

- Geschirr,
- Lebensmittelverpackungen, - Nahrungsmittelzusatzstoffen,
- Farbstoffen,
- Futtermittelzusatzstoffen,
- Pflanzenschutzmitteln,
- Kosmetikprodukten (z.B. Deo) und
- Medikamenten.

* * *

Worin ist Aluminium enthalten?
(Andere Quelle)
Aluminium findet Anwendung unter anderem:

- in Besteck,
- Geschirr,
- Töpfen, Pfannen,
- als Grillfolie,
- in Fernsehern,
- mobilen Geräten wie Smartphones,
- für Lampen,
- Leitern,
- Wohnwagen,
- Skilift-Bestandteile,
- Gartenstühle,
- Campingartikel,
- Fußballtore,
- Bilderrahmen,
- Schrankgriffe,
- Feuerschutzanzüge,
- Feuerleitern,
- Kletterhaken, …

Aluminium in Lebensmitteln meiden

Aluminium ist zu einem allgegenwärtigen Begleiter in unserem Alltag geworden.

Ob in Form von Konserven und Alufolie, als E-Nummer etikettiert oder unsichtbar in der Luft und im Trinkwasser. Die Alzheimer-Forschung betrachtet die scheinbare Omnipräsenz dieses Leichtmetalls mit Argusaugen und macht es verantwortlich für den geistigen Verfall unzähliger Demenzkranker.

Umso dringlicher stellt sich die Frage, wie wir Aluminium in unserem Alltag vermeiden können.

Quelle:
Autor: Sybille Müller,
Fachärztliche Prüfung: Dr. med. Jochen Handel
Aktualisiert: 26 März 2024

Link:
https://www.zentrum-der-gesundheit.de/bibliothek/umwelt/schaedliche-faktoren/aluminium-in-lebensmitteln-ia

* * *

15 einfache Tipps, die dir helfen Aluminium in deinem Alltag zu vermeiden

Quelle:
https://www.umweltgedanken.de/aluminium-vermeiden/

Bei Aluminium denkt fast jeder zuerst an Deos oder Alufolie.

Das Problem Aluminium wird schon seit geraumer Zeit vom **Bundesinstitut für Risikobewertung (BfR)** als kritisch eingestuft.

Aber noch viel zu wenig Menschen wissen Bescheid über die Gefahren, die in Lebensmitteln lauern. In diesem Beitrag erfährst du wissenswerte Informationen über Aluminium und die davon ausgehenden Gefahren.

Dazu bekommst du meine 15 Tipps, wie du in Zukunft deinen Körper vor Aluminium schützen kannst.

Die Verwendung von Aluminium ist aus ökologischer Sicht untragbar!!

* * *

Die Herstellung von Aluminium ist extrem umweltschädlich,

- angefangen beim Abbau des Rohstoffs Bauxit
- bis hin zum hohen Energieverbrauch bei der Herstellung.
- Große Lagerstätten für Bauxit gibt es im Amazonasregenwald in Brasilien.
- Um an die Vorkommnisse zu gelangen, wird der Regenwald abgeholzt.
- Die energieintensive Herstellung sorgt für einen erheblichen Ausstoß des klimaschädlichen CO_2.

Wir unterscheiden Aluminium in Primäraluminium, das direkt aus dem Rohstoff Bauxit per Elektrolyse gewonnen wird und Sekundäraluminium, das aus wiederverwertetem Alt-Aluminium per Recycling gewonnen wird.

Im Jahr 2014 verbrauchte der Sektor **Verkehr** in Deutschland rund 1,4 Milliarden Tonnen Aluminium, weitere 25 Prozent des weltweit verwendeten Aluminiums werden im Bauwesen eingesetzt (Statista, 2016).

Der Sektor **Verpackungen** benötigte 304.000 Tonnen Aluminium und steht somit an dritter Stelle.

* * *

Weißt du wo überall Aluminium enthalten ist?

Aluminium ist teils natürlich in **Lebensmitteln** enthalten, teils stammt es aber auch aus aluminiumhaltigen **Lebensmittelzusatzstoffen** und gelangt so in unseren Körper.
Lebensmittelzusatzstoffe sollen die Beschaffenheit des Lebensmittels beeinflussen und werden eingesetzt um bestimmte Eigenschaften oder Wirkungen zu erzielen.

* * *

Aluminium ist heute in vielen Produkten des Alltags enthalten:

- Verpackungen, Deckel, Folien, Tüten, aber auch in Kosmetikprodukten.
- In Deos wird es aufgrund seiner schweißhemmenden Wirkung eingesetzt.
- In Cremes wird Aluminium als Emulgator (Aluminiumstearat) eingesetzt,
- in Zahncremes als Antibakterium (Aluminiumfluorid) und abrasives Mittel (Schleifmittel).

- Sonnencreme enthält Aluminium, das als Beschichtung von Nanopartikeln dient.

* * *

Aluminium in Lebensmitteln kannst du an den E-Nummern erkennen:

- E173 (Aluminium),
- E520 (Aluminiumsulfat),
- E521 (Aluminiumnatriumsulfat),
- E523 (Aluminiumammoniumsulfat),
- E554 (Natriumaluminiumsilikat),
- E555 (Kaliumaluminiumsilikat),
- E556 (Calciumaluminiumsilikat) und
- E598 (Calciumaluminat).

Die Europäische Behörde für Lebensmittelsicherheit (EFSA) hat 2008 in einer Stellungnahme den typischen Aluminiumgehalt von unbehandelten Lebensmitteln mit weniger als 5 mg/kg angegeben.

* * *

Aluminium ist auch in Impfstoffen enthalten.

- Hier ist die Konzentration der Aufnahme besonders hoch.
- Allerdings ist eine einmalige Impfung nicht in dem Maße schädlich wie eine tagtägliche chronische Dosis, die über Nahrung, Kosmetika und Medikamente zugeführt wird.

34

- Doch bei Kindern ist die Blut-Hirn-Schranke noch nicht vollständig ausgebildet, so dass hier besonders auf den Verzicht von Aluminium geachtet werden sollte.
- Besonders die frühen Impfungen sind kritisch zu betrachten.

- **Fertigprodukte** stehen besonders in der Kritik, da diese auch künstliche Aluminiumzusätze enthalten können.
- Im **Trinkwasser** findet sich auch Aluminium.
- Die **Wasserwerke** dürfen Aluminium als Flockungsmittel einsetzen, um dadurch kleinste Fremdpartikel zu binden.
- Nach der Trinkwasserverordnung beträgt der Grenzwert für Aluminium 0,2 mg/L.
- **Medikamente** zur Linderung von **Sodbrennen**, zum Beispiel Maaloxan, enthalten Aluminium.

Siehe Info und Tipp weiter vorne!!!

- Bei **Käsescheiben** wird Aluminium als Trennmittel eingesetzt, damit die Scheiben nicht zusammenkleben.

* * *

Die Lebensmittelindustrie benutzt Aluminium auch als Lebensmittelzusatzstoff mit der Bezeichnung

E173 als Farbstoff für Überzüge von Zuckerwaren.
- Die lustigen bunten Linsen sind voll damit.

- Die **Brezel** morgens zum Frühstück oder als Snack zwischendurch:
- Eine warme, knusprige Laugenbrezel liebt fast jeder von uns.
- Aber war dir bewusst, dass du weniger davon essen solltest, damit du deine Gesundheit nicht gefährdest?
- Auch in Brezeln und anderem Laugengebäck finden sich erhöhte Mengen an Aluminium.

* * *

Warum enthält Laugengebäck so hohe Gehalte an Aluminium?

- Die Brezeln werden samt der Bleche vor dem Backen in Natronlauge getaucht.
- Diese kann das Leichtmetall lösen.
- Das Aluminium gelangt in die Brezel.
- In Bayern gibt es seit 1999 einen Aluminiumgrenzwert von 10 mg/kg Frischgewicht.
- Alternativen zum Backen auf Aluminium-Lochblechen gibt es bereits, zum Beispiel beschichtete Lochbleche oder Edelstahlbleche.
- Auch Backpapier oder ein Stofftuch zwischen Blech und Brezel sind Alternativen.

Anmerkung von mir:
Warum die Alternativen nicht genommen werden?
Sie sind in der Anschaffung zu teuer!

* * *

In einem Beitrag der Sendung Markt
wurden die Höchstmengen an Aluminium in

Laugengebäck von Discountern untersucht.
Die **Laugenstange** von Netto enthielt zum Beispiel 5 mg/kg.
Dies liegt noch unter der empfohlenen Höchstmenge von 10 mg/kg.
Wenn du aber jeden Tag so eine Laugenstange isst, dann nimmst du einen beachtlichen Anteil der wöchentlich unbedenklichen Dosis an Aluminium zu dir.

Laut dem Bundesinstitut für Risikobewertung (BfR) nehmen viele Menschen allein über die Nahrung so hohe Mengen Aluminium auf, dass die wöchentlich verträgliche Menge bereits überschritten wird.

Nach Angaben des Bayerischen Landesamtes für Gesundheit und Lebensmittelsicherheit hat im Jahr 2013 jedes fünfte untersuchte Laugengebäck in Bayern den Grenzwert von 10 Milligramm Aluminium pro Kilogramm Backware überschritten.

* * *

Warum ist Aluminium so gefährlich für dich?

Laut des Bundesinstitutes für Risikobewertung steht Aluminium unter Verdacht bestimmte Krankheiten auszulösen,
- unter anderem Demenz und
- Brustkrebs.

Nachgewiesen werde konnte dies aber wohl noch nicht beziehungsweise gibt es unterschiedliche Studien, die sich widersprechen.

Forscher fanden zum Beispiel bei Brustkrebspatientinnen erhöhtere Gehalte an Aluminium im Brustdrüsensekret als bei gesunden Frauen.
Unklar ist, ob Aluminium der Auslöser ist oder es sich in Folge der Krebserkrankung bildet.

Aluminium schädigt ab bestimmten Konzentrationen
- das Nervensystem und hat eine
- reproduktionstoxische Wirkung
  (Wirkung auf Fruchtbarkeit und ungeborenes Leben)
- sowie negative Effekte auf die Knochenentwicklung
  (Demineralisierung der Knochen).

Das Leichtmetall steht auch im Verdacht
- Aufmerksamkeitsstörungen,
- Hyperaktivität
- und Lernschwächen hervorzurufen.

* * *

Salz- oder säurehaltige Lebensmittel lösen Aluminiumionen heraus

Wenn Aluminium mit salz- oder säurehaltigen Lebensmitteln in Kontakt kommt, lösen sich die Aluminiumionen heraus und gelangen in die Nahrung und somit in unseren Körper.

- **Kaffeekapseln** bestehen zum Teil auch aus Aluminium.
- Deutsche Kaffee-Trinker verbrauchen pro Jahr mehr als eine Milliarde davon.
- Auch Kaffee hat einen hohen Säuregehalt.
- Innerhalb der Kapsel ist der Kaffee durch eine transparente Folie vom Aluminium getrennt.
- Diese Folie wird aber beim Brühvorgang durchstoßen.
- Belegt ist das Risiko aber bislang nicht.

* * *

Glutamat, Zitronensäure und Aspartam begünstigen die Aufnahme von Aluminium ins Gehirn

Normalerweise zirkuliert das Aluminium mit dem Blut im Körper.

Glutamat ermöglicht dem Aluminium ins Gehirn zu gelangen, indem es leichter durch die Blut-Hirn-Schranke dringt.

Auch **Zitronensäure** oder der Süßstoff **Aspartam** wirken ähnlich wie Glutamat.

Zitronensäure findet sich in
- Soft-Drinks,
- Fertiggerichten und auch in
- Süßigkeiten.

Neben den Aluminiumlacken, die zur Färbung eingesetzt werden, werden auch Aluminium-Zusatzstoffe verwendet, die reines Aluminium **(E173)** enthalten.

Es ist zum Beispiel in kandiertem Obst und als Trennmittel in Soßenpulver und Tütensuppen zu finden.

* * *

Meine 15 Tipps für dich, wie du Aluminium in deinem Alltag vermeiden kannst

Quelle:
https://www.umweltgedanken.de/aluminium-vermeiden/

Tipp 1:
- Der gute alte Espressokocher – auch hier lauern die Gefahren.
- Die Schutzschicht wird beim Spülen in der Spülmaschine zerstört.
- Daher sollte der Espressokocher lieber von Hand abgewaschen werden.

Tipp 2:
- Für Liebhaber von Schlemmerfilets:
  Frosta bietet den Fisch in Pappfaltschachteln aus nachhaltiger Waldbewirtschaftung an.
- Diese Pappschachtel besteht laut Frosta aus Frischfasern, so dass keine erhöhten Werte von Mineralölen darin zu erwarten sind.

Mehr Thema Mineralöle in Lebensmitteln finden Sie unter Lebensmittel - Zusätzen

- Als Produktschutz enthalten die Pappschachteln eine Kunststoffschicht aus PET, die allerdings frei

40

von Bisphenol-A (BPA) ist.
Auch die verwendeten Klebersysteme enthalten keine Weichmacher.

Tipp 3:
Verwende beim Grillen umweltfreundliche Mehrweggrillschalen aus Edelstahl oder mit einer Emaillebeschichtung. Du kannst außerdem Fisch- und Gemüsehalter verwenden.

Tipp 4:
Wenn du unbedingt Alufolie benutzen möchtest, dann verwende zumindest zu 100 % recycelte Alufolie von If You Care.

Tipp 5:
Benutze doch anstatt Alufolie, Klarsichtfolie oder Butterbrotpapier einmal die individuell gestalteten Eco-Brotverpackungen von Eversnack, zum Beispiel die Eversnack Brottücher.
Diese bestehen aus 100 % Baumwolle, zum Teil Öko-Tex-100 zertifizierte Baumwolle.
Innen sind die Brottücher mit einer recycelbaren und BPA freien Kunststofffolie vernäht.

Tipp 6:
Eine weitere Alternative zu Alufolie ist **Wachspapier** aus 100% natürlichem Sojabohnenwachs von If You Care oder Bienenwachspapier von Bee's Wrap oder die wiederverwendbare Bienenwachstücher von Abeego aus Biobaumwolle.
Du kannst Wachstücher auch selbst machen.
Es ist fraglich, ob Wachstücher nachhaltig sind, da der

Baumwollanbau auch Probleme mit sich bringt.
Für Veganer sind die Bienenwachstücher nicht geeignet.

Tipp 7:
Verwende anstatt Alufolie Frischhaltedosen aus Porzellan, Glas oder wer möchte auch aus Kunststoff.
Kunststoff würde ich persönlich nicht uneingeschränkt empfehlen, da davon wieder andere Gefahren ausgehen.

Tipp 8:
Am besten vermeidest du mit Farblack überzogene Süßigkeiten und Kaugummis oder verzehrst diese nur in geringen Mengen.

Tipp 9:
Kaufe aluminiumfreie Deos und Sonnencreme.
Oder stelle dein Deos selbst her.
Siehe in diesem Buch unter Naturkosmetika.

Tipp 10:
Laugengebäck kannst du weiterhin essen, aber nicht in überdurchschnittlich hohen Mengen.
Wenn du mehr über die Risikobewertung lesen möchtest, kannst du in einer Stellungnahme zu erhöhten Gehalten von Aluminium in Laugengebäck des Bundesinstitutes für Risikobewertung (BfR) nachlesen.
Siehe oben!

Tipp 11:
Teflonpfannen sind meist aus Aluminium gegossen.
Als Alternative kannst du Pfannen aus Gusseisen oder Edelstahl verwenden.

Tipp 12:
Am Besten keine Konservendosen kaufen, auch wegen der Innenbeschichtung, die **Weichmacher** enthält.
Wenn du doch einmal etwas in Dosen kaufen musst, kannst du mit einem einfachen **Trick** prüfen, ob es sich um eine Weißblech- oder eine Aluminiumdose handelt.

Nimm einen Magneten mit. Aluminium ist nicht magnetisch.
Besonders Fischdosen bestehen häufig aus Aluminium.
Bei Hering in Tomatensoße wird das Aluminium dann durch die saure Tomatensoße gelöst.

Tipp 13:
Fisch kannst du in Pergamentpapier garen zum Beispiel mit SAGA Kochpergament.
Das ist biologisch abbaubar, wird aus nachhaltig bewirtschafteten Wäldern hergestellt und ist als umweltfreundlich zertifiziert.

Tipp 14:
Kaufe keine Fertigprodukte, wie Tütensuppen oder Soßenpulver.

Tipp 15:
Wenn du eine Kaffeemaschine mit Kaffeekapseln benutzt, kannst du diese durch Edelstahlmehrwegkapseln ersetzen.
Du müsstest dann zwar den gemahlenen Kaffee selbst einfüllen, aber es ist in jedem Fall ökologischer und du verursachst keine Müllberge.
Für Nespresso Maschinen gibt es zum Beispiel Mehrwegkapseln.

Um das Aluminium, dass du nun schon über Jahre in deinem Körper angereichert hast, wieder loszuwerden, kannst du speziell auf deine Ernährung achten.

- Vitamin D oder auch
- Silicium und
- Calcium begünstigen das Ausleiten von Aluminium aus deinem Körper.

Die Liste was du alles tun kannst, um weniger Aluminium zu dir zu nehmen, ist mit Sicherheit nicht vollständig.

Aluminium - Geschirr

CO 2
WICHTIG ODER SCHÄDLICH?

* * *

Höhere CO2-Konzentration fördert Wachstum der Pflanzen und Ertrag für Bauern

Von Dr. Peter F. Mayer

Link:
https://tkp.at/2023/08/11/hoehere-co2-konzentration-foerdert-wachstum-der-pflanzen-und-ertrag-fuer-bauern/

Die CO2-Spiegel der jüngsten Inter-Glazial-Periode sind auf einem Allzeit-Tiefststand.
Am Ende der letzten Eiszeit sind nur mehr 182 ppm (Teile CO2 pro Million Teile Luft) in der Atmosphäre gewesen.
Bei 150 ppm ist Schluss mit Pflanzenwachstum.
Über hunderte Millionen Jahre haben Pflanzen und vor allem das Phytoplankton im Meer CO2 in O2, Kalk und Erdöl, Kohle oder Erdgas verwandelt.

Umgekehrt wissen wir, dass CO2-Düngung das Pflanzenwachstum beschleunigt und den Ertrag in der Landwirtschaft steigert.

Gestern ist die historische Entwicklung der CO2-Konzentration in der Luft sowie die minimalen Einflüsse auf das Klima wegen des exponentiellen Rückgangs des

Strahlungsantriebs (der Treibhaus-Effekt) von Kohlendioxid in diesem Artikel ausführlich erläutert und belegt worden.

CO2 hat auf Pflanzen eine belebende Wirkung.

Wie die CO2 Coaltion mit Physik Nobelpreisträger (2022) Dr. John Clauser zeigt, wirken sich zusätzliche 300 ppm CO2 erheblich ertragssteigernd auf die landwirtschaftlich Produktion aus:

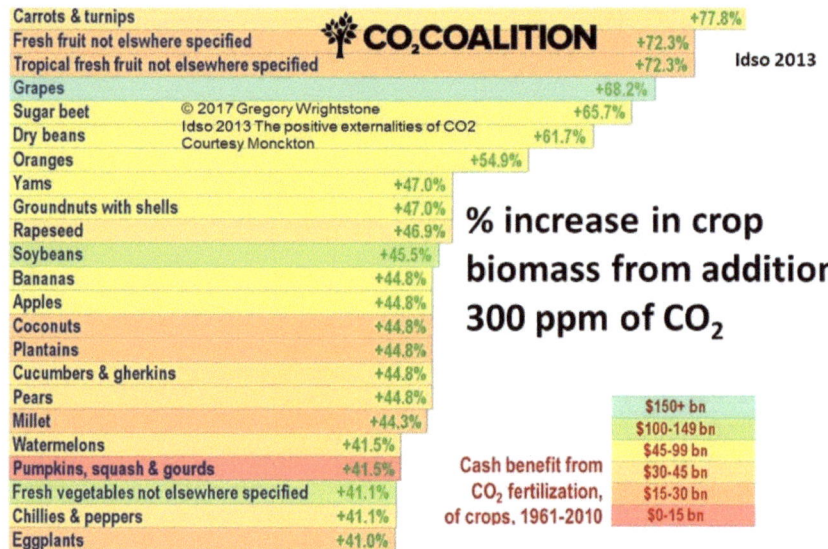

Eine Zusammenfassung von 270 Laborstudien (Idso, 2013) mit 83 Nahrungspflanzen zeigte, dass eine Erhöhung der CO2-Konzentration um 300 ppm **das Pflanzenwachstum bei allen untersuchten Pflanzen um durchschnittlich 46 % erhöht.**

Umgekehrt zeigen zahlreiche Studien die nachteiligen Auswirkungen einer CO2-armen Umgebung.

So wies Overdieck (1988) darauf hin, dass das

Pflanzenwachstum in der Zeit vor der industriellen Revolution mit ihrer niedrigen CO_2-Konzentration von 280 ppm im Vergleich zu heute um 8 % reduziert war.

Daher wären die vorgeschlagenen fehlgeleiteten Versuche, die CO_2-Konzentration zu senken, schlecht für die Pflanzen, schlecht für die Tiere und schlecht für die Menschheit.

Jan F. Degener Degener (2015) hat in einer Studie den Einfluss von erhöhtem CO_2 auf die Biomasseerträge von zehn verschiedenen Kulturpflanzen in Niedersachsen im Laufe des 21. Jahrhunderts untersucht.
Dazu kombinierte der deutsche Forscher Boden- und projizierte zukünftige Klimadaten (Temperatur und Niederschlag) mit dem BIOSTAR-Kulturpflanzenmodell und untersuchte den jährlichen Unterschied in den Erträgen für jede von zehn Kulturen (Winterweizen, Gerste, Roggen, Triticale, drei Maissorten, Sonnenblumen, Sorghum und Sommerweizen) unter einem konstanten CO_2-Regime von 390 ppm und einem zweiten Szenario, in dem der atmosphärische CO_2-Gehalt jährlich bis zum Jahr 2100 gemäß dem SRES A1B-Szenario des IPCC anstieg.
Degener berechnete dann die Differenz zwischen den beiden Modellläufen, um den quantitativen Einfluss von erhöhtem CO_2 auf die prognostizierten zukünftigen Ernteerträge abzuschätzen.

Wie in der Abbildung zu sehen ist, berichtet Degener, dass *„steigende [CO2-]Konzentrationen eine zentrale Rolle dabei spielen werden, dass die künftigen Erträge aller Kulturpflanzen über oder in der Nähe des heutigen Niveaus bleiben„*.   47

Trotz möglicher negativer Einflüsse wie höheren Temperaturen und weniger Niederschläge würde der CO_2-Anstieg zu Ertragssteigerungen in der Größenordnung von 25 bis 60 Prozent führen. Und das in Niedersachsen!

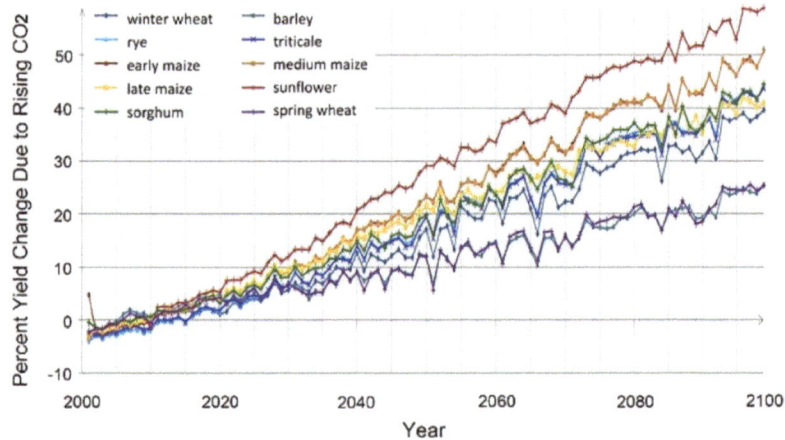

Abbildung 1.
Differenz der Biomasseerträge (prozentuale Veränderung) zwischen Modellläufen mit konstanter und veränderter atmosphärischer CO_2-Konzentration.
Ein Wert von +20 % bedeutet, dass die Biomasseerträge um 20 % höher sind, wenn bei der Modellierung im Laufe der Zeit steigende CO_2-Werte (gemäß dem SRES A1B-Szenario des IPCC) anstelle eines festen Wertes von 390 ppm für den gesamten Lauf verwendet werden.

Das hat natürlich Einfluss auf die Produktion von Getreide wie in der folgenden Grafik zu sehen:

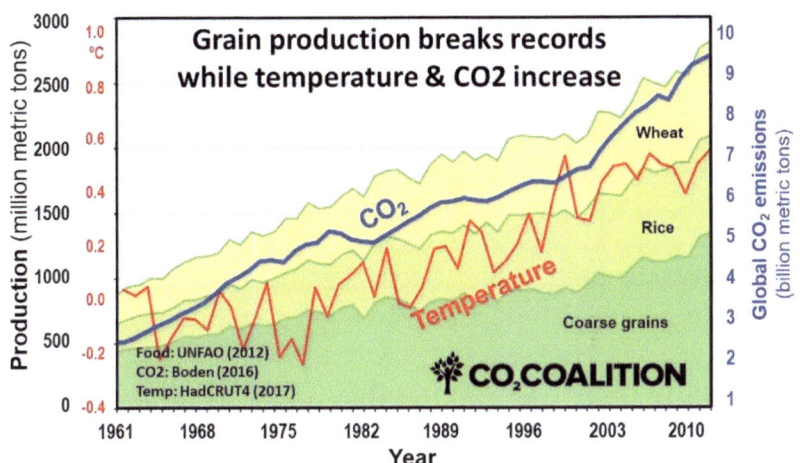

Die bemerkenswerte Fähigkeit der Welt, die Nahrungsmittelproduktion Jahr für Jahr zu steigern, ist auf Mechanisierung, landwirtschaftliche Innovation, CO2-Düngung und wärmeres Wetter zurückzuführen.

Die weltweite Getreideproduktion und die pro Acker geerntete Menge zeigen, dass die Getreide- und Nahrungsmittelproduktion stetig zugenommen hat, mit ausschließlich positiven Auswirkungen unseres Klimawandels.

Wenn mehr CO2 und wärmeres Wetter zu einem Rückgang der weltweiten Nahrungsmittelproduktion führen würden, müsste es dann nicht schon längst erkennbare negative Auswirkungen geben?
Entgegen den Vorhersagen deuten alle Anzeichen auf eine robuste Nahrungsmittelproduktion hin, die bis weit in die absehbare Zukunft hinein zunehmen wird.
Wir können dankbar sein für eine Kombination aus steigenden Temperaturen und zunehmendem Kohlendioxid.

Warum fühlen sich Pflanzen bei höheren CO2-Spiegeln wohler? Was sind die Vorteile, wenn Landwirte oder Gärtnereien durch das Einführen von CO2 in ihre Glashäuser höhere CO2-Spiegel erreichen?

Link:
https://www.osti.gov/dataexplorer/biblio/dataset/1712447

Link:
https://crudata.uea.ac.uk/cru/data/crutem4/

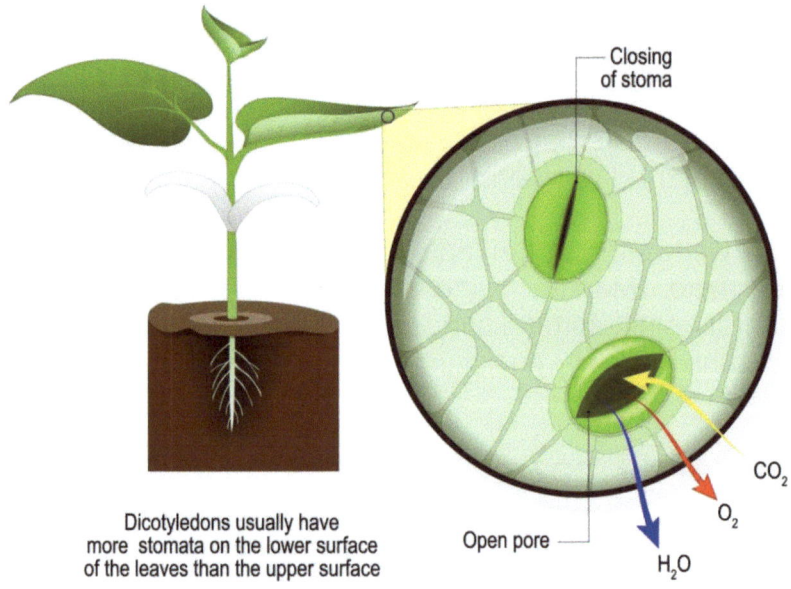

Dicotyledons usually have more stomata on the lower surface of the leaves than the upper surface

Closing of stoma

Open pore

CO_2

O_2

H_2O

Es setzt sich immer mehr die Erkenntnis durch, dass mehr CO2 in der Luft auch mehr Feuchtigkeit im Boden bedeutet.

50

Die Hauptursache für den Wasserverlust bei Pflanzen ist die Transpiration, bei der die Spaltöffnungen (Stoma) oder Poren an der Unterseite der Blätter geöffnet sind, um CO_2 aufzunehmen.

Bei mehr CO_2 sind die Spaltöffnungen kürzer geöffnet, die Blätter verlieren weniger Wasser, und es bleibt mehr Feuchtigkeit im Boden.

Auf der Grundlage von Satellitenbeobachtungen hat das CSIRO in Zusammenarbeit mit der Australian National University (ANU) herausgefunden, dass diese CO_2-Düngung mit einem 11-prozentigen Anstieg der Laubbedeckung zwischen 1982 und 2010 in Teilen der untersuchten Trockengebiete in Australien, Nordamerika, dem Nahen Osten und Afrika korreliert, so der CSIRO-Forscher Dr. Randall Donohue.

„In Australien ist unsere einheimische Vegetation hervorragend an das Überleben in trockenen Umgebungen angepasst und nutzt das Wasser daher sehr effizient", so Dr. Donohue. „Die australische Vegetation scheint sehr empfindlich auf CO_2-Düngung zu reagieren. Dies und die große Ausdehnung der trockenen Landschaften führen dazu, dass Australien in unseren Ergebnissen eine wichtige Rolle spielt".

Der Düngeeffekt tritt ein, wenn erhöhtes CO_2 ein Blatt während der Photosynthese, dem Prozess, bei dem grüne Pflanzen Sonnenlicht in Zucker umwandeln, in die Lage versetzt, mehr Kohlenstoff aus der Luft zu gewinnen oder weniger Wasser an die Luft zu verlieren oder beides.

Wenn ein erhöhter CO_2-Gehalt dazu führt, dass der Wasserverbrauch einzelner Blätter sinkt, reagieren

Pflanzen in trockenen Umgebungen mit einer Zunahme der Gesamtzahl ihrer Blätter.

Diese Veränderungen in der Blattbedeckung können laut Dr. Donohue per Satellit festgestellt werden, insbesondere in Wüsten und Savannen, wo die Bedeckung weniger vollständig ist als an feuchten Standorten.

* * *

Unter dem Strich:
CO2 ist der beste Dünger für Pflanzen.

Die CO2-Politik der UNO, EU, WHO und anderer globaler Organisationen schadet den Menschen.

Die Aufträge für diese Politik kommen von Finanzkapitalisten wie Larry Fink, CEO des mit 7 Billionen Dollar größten Vermögensverwalters, und dem WEF, der Organisation der Großkonzerne und Milliardäre.

Belege dafür sind in diesem TKP-Artikel zu finden:

* * *

Die Verursacher der globalen Energiekrise und wer daran verdient
Von Dr. Peter F. Mayer

Link: https://tkp.at/2022/11/20/die-verursacher-der-globalen-energiekrise-und-wer-daran-verdient/

* * *

Anmerkung von mir:
Warum wird den Bauern nicht mitgeteilt und erlaubt, CO2 zu verwenden???

* * *

Menschliche Emissionen

In einer Zeit, in der die Mainstream-Medien und selbsternannten Klimaexperten nicht müde werden, vor den angeblichen katastrophalen Folgen des menschengemachten Klimawandels zu warnen, offenbart sich eine erstaunliche Wahrheit:
Die von der Industrie und dem modernen Leben verursachten CO_2-Emissionen könnten der Schlüssel zur Lösung der globalen Ernährungskrise sein.

Quelle:
https.//report24.news/co2-revolution-wie-menschliche-ermissionen-die-maisproduktion-in-ungeahnte-hoehen-treiben/?feed_id=41569

* * *

Washington Post – schockierende Wahrheit

Eben erst haben Journalisten der Mainstream-Medien unbeabsichtigt eine schockierende Wahrheit über die sogenannte globale Erwärmung ans Licht gebracht.
Ein kürzlich in der Washington Post veröffentlichter Artikel hat nicht nur die Glaubwürdigkeit der Klimaalarmisten in Frage gestellt, sonder auch die Grundlagen der gesamten Klimawandel-Narrative erschüttert.

Der Artikel in der Washingtion Post, der eigentlich die Dringlichkeit des Klimawandels unterstreichen sollte, enthüllte versehentlich, dass die Erde in den letzten Millionen Jahren bereits mehrmals deutlich wärmer war als heute.

Und mehr noch, sehen wir uns seit rund 50 Millionen Jahren sogar mit einer globalen Abkühlung konfrontiert.

Mehr dazu:

Quelle:
https://report24/die-washinton-post-offenbart-unbeabsichtigt-schockierende-wahrheit-ueber-die-globale-erwaaermung/?feed_id-41593

* * *

Physik und Chemie zu CO2: Kaum Einfluss auf Klima und historischer Tiefststand

von Dr. Peter F. Mayer

Link:
https://tkp.at/2023/08/10/physik-und-chemie-zu-co2-kaum-einfluss-auf-klima-und-historischer-tiefststand/

Die Behauptungen des Weltklimarates und globaler Organisationen wie WEF, UNO, WHO oder EU **widersprechen** grundlegenden Erkenntnissen der Physik und Chemie aber auch der Biologie.

Die Behauptungen über den Einfluss auf die Erwärmung ist nicht durch Fakten unterlegt, sondern beruhen auf

Modellen, die wesentliche Faktoren, wie etwa die Sonne, ignorieren.

Die fundamentale Bedeutung von CO_2 für Pflanzenwachstum – unter 150 ppm ist Schluss damit – wird nicht verstanden.

Zunächst zur Bedeutung für das Temperaturniveau.

Wie in der 1. Auflage von Meyers Großes Konversations-Lexikon, die zwischen 1857-61 erschien, zu entnehmen, führte der Genfer Chemiker Nicolas de Saussure (1767-1845) Ende der 1820er Jahre erste CO_2-Messungen durch.

Das erstaunliche Ergebnis: rund 410 ppm Konzentration in der Luft.

Derzeitiger Stand: 420 ppm.

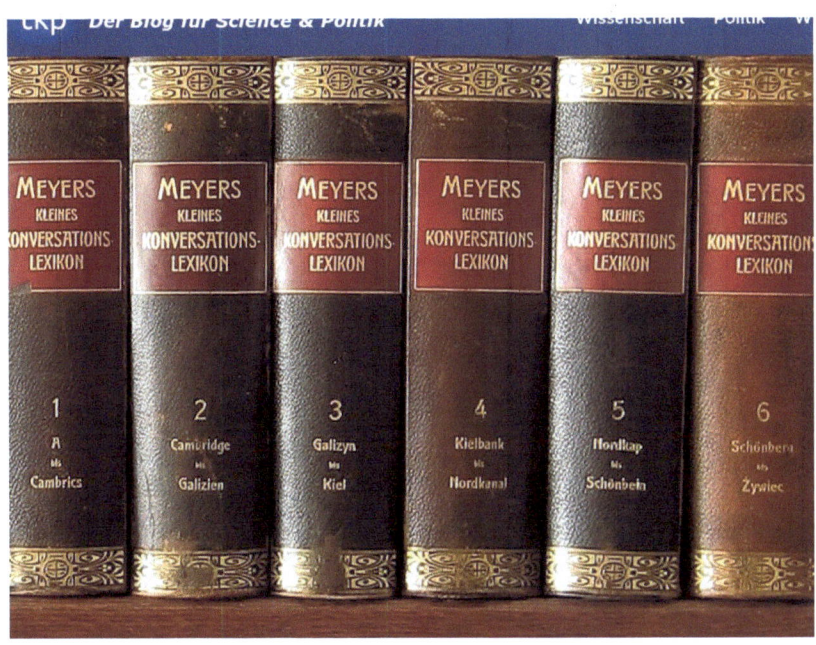

Meyers Lexikon

Link:
https://tkp.at/2023/07/07/co2-messungen-in-den-1820ern/

Zwischen 1800 und 1850 haben die Gletscher mit dem Abschmelzen und der Verkürzung begonnen und gemessene Temperaturen in Mittelengland zeigen sei etwa **1710** einen **kontinuierlichen Anstieg**, wie hier nachzulesen.
Die CO_2 Konzentration war aber laut den Behauptungen der Politik im Jahr 1950 gerade einmal bei 300 ppm – also von 410 auf 300 und wieder auf 420 und trotzdem steigt die Temperatur gleichmäßig.
Aber tatsächlich hat CO_2 gegenüber dem Wasserdampf,

der 95% der Treibhausgase ausmacht, verschwindend geringe Auswirkungen.
Änderungen der Konzentration haben nur sehr geringen Einfluss, der noch dazu gemäß einer logarithmische Funktion bei zunehmender Konzentration abnimmt.
Mehr Erklärungen dazu hier und in diesem Wikipedia Eintrag:

* * *

Starke Änderungen der Temperaturen seit jeher dank natürlicher Zyklen

Link:
https://tkp.at/2023/08/06/starke-aenderungen-der-temperaturen-seit-jeher-dank-natuerlicher-zyklen/

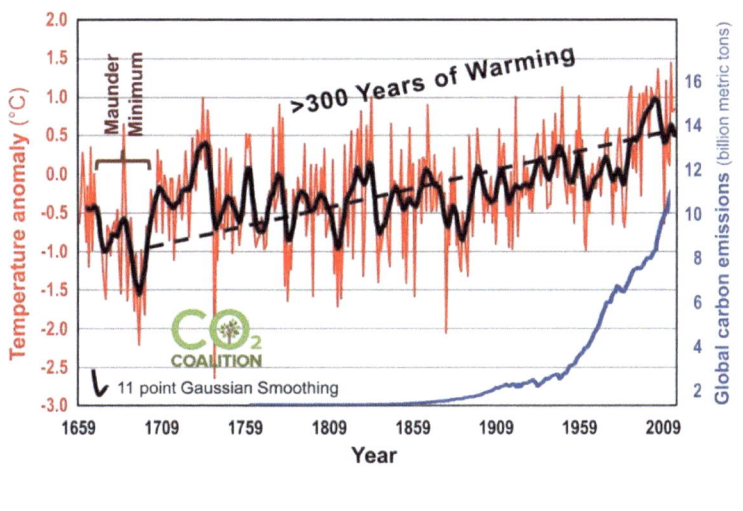

* * *

CO2 angeblich schuld an Erderwärmung – stimmen die behaupteten CO2 Werte?

Von Dr. Peter F. Mayer

Link:

https://tkp.at/2023/07/27/co2-angeblich-schuld-an-erderwaermung-stimmen-die-behaupteten-co2-werte/

The Keeling Curve

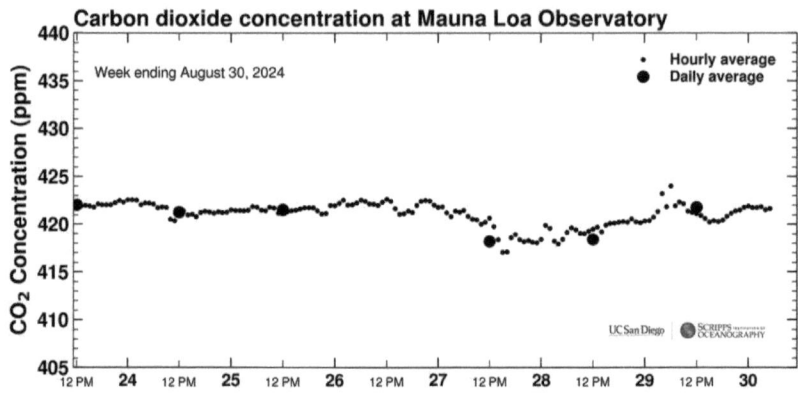

Link:
https://keelingcurve.ucsd.edu/

Charles David Keeling - Klimaforscher

Link:https://de.wikipedia.org/wiki/Charles_David_Keeling

* * *

FLUORID

* * *

Warum soll man kein Fluorid nehmen?

Das Gas Fluor wirkt ätzend und ist giftig.
In Kombination mit beispielsweise Natrium verliert es seine toxischen Eigenschaften. So wird es in geringen Dosen als Bestandteil zahlreicher Zahncremes genutzt. Eine Überdosis Fluorid kann zu weißlichen Verfärbungen des Zahnschmelzes und zum Verfall der Zähne führen.

* * *

Warum verwenden Zahnärzte kein Fluorid mehr?

Leider kann die Einnahme oder Exposition gegenüber zu viel Fluorid **zahlreiche gesundheitliche Probleme verursachen** .
Einige der **Probleme**, die mit der Einnahme oder Exposition gegenüber zu viel Fluorid in Verbindung gebracht werden, sind:
- Arthritis.
- Erhöhtes Risiko für Knochenbrüche.

* * *

Warum soll man Fluorid nicht schlucken?

Gefahr der Vergiftung: Auch wenn die Mengen an Fluorid in Zahnpasta normalerweise sicher sind, wenn sie wie vorgesehen verwendet werden, kann das Schlucken großer Mengen von fluoridhaltiger Zahnpasta (z.B. eine ganze Tube) zu Symptomen einer Fluoridvergiftung führen.

Frage:
- Was wird unter großen Mengen verstanden?
- Dazu findet man keine Angaben!!!

* * *

Warum sollten Sie kein Fluorid zu sich nehmen?

Eine übermäßige Fluoridbelastung kann zu einer Knochenerkrankung namens Skelettfluorose führen .
Im Laufe vieler Jahre kann dies zu Schmerzen und Schäden an Knochen und Gelenken führen.
Die Knochen können verhärten und weniger elastisch werden, was das Risiko von Brüchen erhöht.

* * *

Wie wird Fluorid aus dem Körper ausgeschieden?

Das Fluorid, das nicht in den Knochen gespeichert wird, wird hauptsächlich über die **Nieren** ausgeschieden.
Eine minimale Menge wird über den Kot ausgeschieden .
Sowohl der Harnfluss als auch der pH-Wert sind an der Regulierung der renalen Clearance von Fluorid aus dem Plasma beteiligt.

Mein Rat an Sie:
Vorsicht bei bestehenden Nierenproblemen!

Durchdringt Fluorid die Blut-Hirn-Schranke?

Fluorid passiert nachweislich die Blut-Hirn-Schranke und gelangt in unser Gehirngewebe.
Es stört den normalen Stoffwechselprozess des Gehirns, erzeugt freie Radikale und verursacht dort verschiedene toxische Wirkungen.
Fluorid steht auch mit verschiedenen pathogenen Erkrankungen des Gehirns in Verbindung.

* * *

Welche Nebenwirkungen hat Fluorid?

Hinzu kamen Hautausschläge - Hautkrankheiten.
Wenn es juckt und weiße Flecken auf den Fingernägeln.
Da **Fluorid** sich vor allem in den Knochen anreichert, kann es nach jahrelangem hohem Konsum – etwa ab 10 bis 20 Milligramm täglich – zu **schweren Knochenverkrümmungen** kommen.

* * *

Gilt Fluorid als Nervengift?

Fluorid ist ein Neurotoxin – eine giftige Verbindung, die gezielt Neuronen angreift und schädigt und neurologische Störungen und Beeinträchtigungen verursacht.
Studien zeigen, dass Fluorid die Blut-Hirn-Schranke passieren und sich im Gehirn ansammeln kann, was zu neurotoxischen Wirkungen und Beeinträchtigung der kognitiven Funktion führt – und sogar zu einem IQ-Verlust führen kann.

Ist Fluorid giftig?

(Gleiche Informationen beruhen auf versch. Quellen)

Fluorid ist ein Nervengift, das das Gehirn beeinflusst

1945 wurde dem **Trinkwasser** erstmals Fluorid zugesetzt. .
Nicht lange danach, im Jahr 1956 , entwickelte der Konsumgüterhersteller Proctor and Gamble die erste fluoridhaltige *Zahnpasta* .
Seitdem predigen Gesundheitsbehörden auf der ganzen Welt die Vorteile von Fluorid – insbesondere im Hinblick
auf die Mundgesundheit und seine angebliche Fähigkeit, Karies vorzubeugen – und fluoridiertes Wasser und fluoridierte Zahnpasta sind zu einem Grundpfeiler der Zivilisation geworden.

* * *

Wie giftig ist Fluorid?

Aber es gibt ein Problem.
Fluorid verhindert nicht nur keine Karies, es ist auch *giftig* und ernsthaft gesundheitsschädlich.
Einige der wichtigsten Mechanismen, durch die Fluorid giftig ist, sind:
Bildung von Fluoridionen

Wenn Fluorid aufgenommen wird , löst es sich im Körper in Fluoridionen (F-) auf.
Diese Ionen sind hochreaktiv und können mit lebenswichtigen Molekülen interagieren und diese verdrängen.

Mineralisationsstörung

Zu viel Fluorid kann den Mineralisierungsprozess von Zähnen und Knochen beeinträchtigen.
Es führt dazu, dass Hydroxylapatitkristalle im Zahnschmelz und in den Knochen durch Fluorapatit ersetzt werden , was ihre Struktur verändert und sie letztlich schwächt .

* * *

Enzymhemmung
Fluorid kann mehrere Enzyme im Körper hemmen, darunter Enzyme, die an der
Energieproduktion , der Neurotransmittersynthese und antioxid*ativen* Abwehrmechanismen beteiligt sind.
Dies führt zu Zellfunktionsstörungen.

* * *

Störung der Kollagensynthese
Ein hoher Fluoridgehalt kann *die* Kollagensynthese stören und so die Festigkeit und Flexibilität von Bindegewebe, Knochen und Zähnen beeinträchtigen .

* * *

Oxidativer Stress
Fluorid kann die Produktion reaktiver Sauerstoffspezies fördern und so oxidativen Stress verursachen, der Zellen und Gewebe schädigt .

* * *

Störung der zellulären Signalübertragung

Fluorid kann die Signalwege von Zellen stören und so verschiedene zelluläre Prozesse und Funktionen beeinträchtigen.

* * *

Störung der endokrinen Funktion

Fluorid kann die Funktion des endokrinen Systems beeinträchtigen und möglicherweise die Hormonproduktion , -ausschüttung und -regulierung beeinflussen.

Insbesondere wird angenommen, dass sich Fluorid in der Hypophyse ansammelt und diese beeinflusst – einem der wichtigsten Teile des Gehirns , der viele der anderen endokrinen Drüsen reguliert.

* * *

Wirkt als Neurotoxin

Fluorid ist ein Neurotoxin – eine giftige Verbindung, die gezielt Neuronen angreift und schädigt und so neurologische Störungen und Beeinträchtigungen verursacht.

Studien zeigen, dass Fluorid die Blut-Hirn-Schranke passieren und sich im Gehirn ansammeln kann , was zu neurotoxischen Effekten und Beeinträchtigung der kognitiven Funktionen führt – und sogar zu einem IQ-Verlust führen kann.

* * *

DNA-Schaden

Eine übermäßige Fluoridexposition steht im Zusammenhang mit DNA-Schäden und kann möglicherweise das Risiko genetischer Mutationen erhöhen .

* * *

Behinderung der Immunfunktion

Fluorid kann Immunreaktionen auslösen – die Immunfunktion verändern und Entzündungen verursachen .

* * *

Gastrointestinale Reizung

Die Einnahme großer Mengen Fluorid (über Wasser oder Zahnpasta) kann den Magen-Darm-Trakt reizen und Blähungen , Übelkeit , Erbrechen , Bauchschmerzen und Durchfall verursachen .

* * *

Störung der Kalziumhomöostase

Fluoridionen haben eine hohe Affinität zu Kalziumionen. Wenn Fluoridionen in den Körper gelangen und sich im Gewebe ansammeln, können sie daher Kalziumionen verdrängen und so verschiedene physiologische Prozesse beeinträchtigen, die auf einen angemessenen Kalziumspiegel angewiesen sind.

* * *

Die Nebenwirkungen einer Fluoridvergiftung

Diese Nebenwirkungen einer Fluoridvergiftung äußern sich in einer Vielzahl von Erkrankungen und Symptomen .
Um ein detaillierteres Verständnis der spezifischen Erkrankungen zu erhalten, die durch eine Fluoridvergiftung entstehen, lesen Sie unseren früheren Artikel, in dem einige der Gefahren von Fluorid beschrieben werden.

Link:
https://www-ericdavisdental-com.translate.goog/fluoride-free-toothpaste/?
_x_tr_sl=en&_x_tr_tl=de&_x_tr_hl=de&_x_tr_pto=rq

* * *

Ist Fluorid ein Nervengift?
Ja, *Fluorid ist ein Nervengift* .

Von allen Arten, in denen Fluoridtoxizität den Körper beeinflusst, sind seine Auswirkungen auf das Gehirn besonders schlimm.
Die Nebenwirkungen von Fluorid auf das Gehirn werden besonders deutlich in einer Studie des National Toxicology Program (NTP) in den USA.

Darin wurde festgestellt, dass Kinder , die Fluorid im Trinkwasser in einer Menge ausgesetzt waren , die derzeit als sicher gilt (0,7 mg/l), einen niedrigeren IQ hatten als Kinder, die keinem Fluorid ausgesetzt waren.

Lassen Sie das einmal sacken:

Die neurotoxischen Auswirkungen von Fluorid sind so stark, dass es den IQ senkt , die Gehirnchemie verändert und die kognitiven Funktionen beeinträchtigt.
Der Bericht kam letztlich zu dem Schluss, dass es deshalb keinen unbedenklichen Fluoridgehalt im Trinkwasser gibt.

* * *

Wie Fluorid als Nervengift wirkt und welche Auswirkungen es auf das Gehirn hat

Quelle:
https://www-ericdavisdental-com.translate.goog/faqs-and-blog/blog/is-fluoride-toxic-fluoride-is-a-neurotoxin-that-affects-the-brain/?
_x_tr_sl=en&_x_tr_tl=de&_x_tr_hl=de&_x_tr_pto=rq

* * *

Fluorid - Spurenelement oder Gift?

Quelle:
https://www.zentrum-der-gesundheit.de/bibliothek/umwelt/schaedliche-faktoren/fluorid

Fluoride sind giftige Substanzen.
Gleichzeitig schützen sie vor Karies – so heißt es. Gesunde Zähne sind zwar wichtig.
Doch stellt sich die Frage, ob wir dazu Fluoride brauchen?
Und selbst wenn Fluoride tatsächlich die Zähne schützen

sollten, gilt es abzuwägen, ob man dafür all die möglichen Nebenwirkungen der Fluoride auf sich nehmen möchte.

Autor: Carina Rehberg
Fachärztliche Prüfung: Dr. med. Jochen Handel
Aktualisiert: 16 August 2024

* * *

Fluor, Fluoride und deren Giftigkeit

Fluor ist ein stark reaktives und sehr giftiges Gas.
Schon in geringsten Mengen wirkt es extrem toxisch.

In **Zahncreme** und **fluoridiertem Salz** steckt jedoch nicht Fluor, sondern **Fluorid**.
Zwar sind Fluoride **nicht derart toxisch** wie Fluor.

Doch giftig sind sie dennoch – je nach Dosis. Schon allein die Warnhinweise auf manchen Zahncremes lassen nichts Gutes ahnen.

Auch schadet es nicht, sich das Leid der vielen Millionen Chinesen und Inder in Erinnerung zu rufen, die an Knochenleiden erkrankt sind, weil sie regelmäßig **fluoridreiches Wasser (ca. 1 - 4 mg Fluorid pro Liter)** zu sich genommen hatten.
Bei derart hohen Fluoridmengen entwickelt sich die sog. **Knochenfluorose**.
Die Knochen weisen dabei zwar eine wunderbar hohe Knochendichte auf, doch sind sie so verhärtet und dicht, dass ihnen ihre naturgemäße Elastizität verloren geht,

68

woraufhin sie immer brüchiger werden.

Im Extremfall versteifen sich im Verlauf der Knochenfluorose auch die Gelenke samt der Wirbelsäule.

* * *

Fluorid – Rattengift und Pestizid

Aufgrund ihrer durchschlagenden Giftigkeit wurden Fluoride lange Zeit als **Rattengift** und als Bestandteil von **Pestiziden** eingesetzt.
Auch hörte man aufgrund dieser Toxizität immer wieder von **Vergiftungsunfällen** (vereinzelt sogar mit Todesfolge), die auf die versehentliche Überdosierung von Fluoriden mit beispielsweise Fluorid-Zahngels oder fluoridiertem Wasser zurückzuführen waren.

Letzteres insbesondere dann, wenn im Wasserversorgungswerk kleine Missgeschicke geschahen, die zu einer unbeabsichtigten Fluorid-Überdosierung des Trinkwassers führten.

* * *

Symptome einer akuten Fluorid-Vergiftung
Doch geht es in diesem Artikel weniger um die akute

Toxizität der Fluoride, da diese in unserem Alltag kaum relevant ist, es sei denn, jemand isst versehentlich eine Tube (oder mehrere) fluoridierter Zahnpasta – was durchaus akute Vergiftungserscheinungen nach sich ziehen kann, insbesondere dann, wenn der Zahnpasta-Konsument ein Kind ist.

* * *

**Zahnpasta -
Warum wir auf Fluorid verzichten können**

Link: https://www.zentrum-der-gesundheit.de/bibliothek/ratgeber/mundhygiene/zahnpasta-fluorid

Auch wenn Kinder glauben, selbständig ihre persönliche Fluoridversorgung etwas aufpäppeln zu müssen und zu diesem Zweck die ganze Packung Fluoretten verspeisen, kann es zu einer akuten **Fluoridvergiftung** kommen, die unverzüglich zum Arzt führen sollte.

Denn auch wenn es sich um Natriumfluorid oder andere im Grunde schwer lösliche Fluoridverbindungen handelt, kann sich aus ihnen unter Einwirkung der Magensäure der hochgiftige Fluorwasserstoff bilden, der jetzt unumwunden die Magen- und Darmschleimhäute angreift.
Symptome einer solchen akuten Fluoridvergiftung wären daher auch in erster Linie:
- Übelkeit,
- Bauchschmerzen,
- Durchfall und

- Erbrechen; aber auch nervliche Probleme wie
- Kribbeln oder ein pelziges Gefühl können auftreten.

Brechreiz und Übelkeit kann bei Kindern bereits nach der Aufnahme von **nur 5 bis 9 mg Fluorid** beobachtet werden.
Wenn in einer **erbsengroßen Portion** fluoridierter Zahnpasta bereits **0,12 mg Fluorid** enthalten sind, dann genügt es also, etwa 40 erbsengroße Zahnpasta-Portionen zu vernaschen, was bei einer wohlschmeckenden Erdbeer-Zahncreme nicht wirklich viel ist.

Denken Sie bei ungewöhnlichen Koliken und Magen-Darm-Beschwerden Ihres Kindes daher immer auch an eine mögliche Fluoridvergiftung – natürlich nur dann, wenn die Kinder freien Zugang zu fluoridierten Präparaten gehabt haben könnten.

Ebenfalls eine Art akute Fluoridvergiftung tritt auf, wenn jemand über einen Zeitraum von etlichen Monaten täglich hohe Fluoriddosen zu sich nimmt.
Nierenschäden können hier die Folge sein – was insbesondere in Gebieten mit fluoridiertem Trinkwasser bei gleichzeitig großen Trinkmengen der Fall sein könnte.

* * *

Risiko der chronischen Fluorid-Vergiftung
In unseren Landstrichen jedoch (Schweiz, Deutschland, Österreich) wird das Trinkwasser nicht (mehr) fluoridiert, womit bereits ein beträchtlicher Risikofaktor für eine Fluoridüberdosierung wegfällt.

Da wir aber von Ärzten, Zahnärzten und Medien derart gut erzogen sind, dass wir felsenfest davon überzeugt sind, für unsere Zahn- und Knochengesundheit dringend Fluoride zu benötigen, besteht auch in Regionen ohne **Trinkwasserfluoridierung** die Gefahr einer Überdosierung – und zwar deshalb, weil Fluoride nicht nur über eine akute, sondern auch über eine **chronische Toxizität** verfügen.

Eine solche kann dann spürbar und beobachtbar werden, wenn Fluoride regelmäßig über einen längeren Zeitraum eingenommen werden – über Tabletten, fluoridiertes Salz oder hochdosierte fluoridierte Zahnpflegeprodukte.

Link:
https://www.zentrum-der-gesundheit.de/ernaehrung/lebensmittel/gewuerze/salz

* * *

Sicherheit von Fluoriden ist zweifelhaft

Fürsprecher des Fluorids weisen natürlich immer wieder auf die Unbedenklichkeit der Fluoride hin, da deren Sicherheit in der Zahnmedizin durch zahlreiche wissenschaftliche Studien nachgewiesen worden sei.

Dennoch gab der Direktor des **National Research Council** (NRC) **Dr. John Doull,** angesichts einer großangelegten Metastudie zum Thema Fluorid folgendes zu bedenken:

"Als wir uns all die bereits durchgeführten Studien

72

genauer anschauten, bemerkten wir schnell, dass viele Fragen unbeantwortet blieben und dass wir viel weniger gesicherte Informationen besitzen, als es dem Thema angemessen wäre […]."

Und so fehlen insbesondere konkrete Informationen zur sicheren Fluoriddosis genauso wie Informationen zu möglichen langfristigen Folgeerkrankungen durch eine ständige erhöhte und damit unnatürliche Fluoridzufuhr.

* * *

Wenn sich Arzt und Zahnarzt nicht einig sind…

Diese Unsicherheit in Bezug auf die richtige Fluoriddosierung und –anwendung zeigt sich auch in der Uneinigkeit innerhalb der Ärzteschaft.
Und so kann es passieren, dass Sie **einerseits** bereits im Krankenhaus für Ihr Baby Fluoridtabletten mitbekommen, dazu die Anweisung, diese ab Ende der ersten Lebenswoche bis mindestens zum dritten Lebensjahr zu geben, während Ihnen **andererseits** Ihr Zahnarzt mitteilt, dass in den ersten 6 Monaten **keine** Fluoridierung nötig sei, Sie Ihrem Baby stattdessen ab Erscheinen des ersten Zahnes mit fluoridhaltiger Kinder-Zahncreme den Zahn bzw. die Zähne putzen sollten.

Außerdem seien die Mahlzeiten des Babys – sobald es feste Nahrung zu sich nehme – mit fluoridiertem Speisesalz zu würzen.

* * *

Fluoridtabletten hingegen sollten Sie besser nicht geben.

Ihr Kinderarzt aber sagt Ihnen dann vielleicht, dass Sie Ihrem Baby keinesfalls mit fluoridhaltiger Zahncreme die Zähne putzen sollten, da Babys die Zahncreme grundsätzlich schlucken und man folglich rasch den

Link:
https://www.zentrum-der-gesundheit.de/bibliothek/
umwelt/schaedliche-faktoren/fluorid-babys-kleinkinder

Überblick in Bezug auf die richtige Fluoriddosis verliere. Da Salz ferner überhaupt nichts in der Baby- und Kleinkindernährung zu suchen habe, eigne sich auch fluoridiertes Salz nicht, um den Fluoridbedarf des Kindes zu decken.

Ja, Ihr Kinderarzt wird vielleicht sagen, dass Sie die Fluoridtabletten auch gut bis zum 6. Lebensjahr geben können, ganz besonders dann, wenn Ihr Kind nicht so gerne die Zähne putzt oder nach wie vor die Zahncreme verschluckt – was unbedingt verhindert werden sollte.

Ihr Zahnarzt wird Sie jedoch u. U. darauf hinweisen, dass Fluoridtabletten so gut wie nichts nützen, wenn sie geschluckt werden, weil Fluoride fast nur dann wirken, wenn man sie direkt auf den Zahn auftrage.

Sollten Sie Ihrem Kind die Tabletten dennoch geben wollen, dann müsse es – so der Zahnarzt – die Tabletten lutschen, damit das Fluorid auch lokal im Mund auf die Zähne einwirken kann.

Nun dürfte es aber für nicht wenige Eltern ein Rätsel darstellen, wie sie ihr zahnendes Kleinkind zum Lutschen einer Tablette bewegen können – zumal es immer wieder Kinder gibt, die Tabletten grundsätzlich ausspucken.

* * *

Fluoridtablette nur für Kinder mit schlechter Mundhygiene?

Obwohl Zahnärzte also der Meinung sind, dass die Fluoridgabe nur dann Sinn mache, wenn das Fluorid direkt auf die Zähne appliziert werde, hört man nicht selten aus derselben Berufsgruppe, dass Fluoridtabletten immer dann gegeben werden sollten, wenn die Kinder aus sozial schwachen Strukturen stammten und daraufhin eine ausreichende Mundhygiene durch die Eltern nicht unbedingt gewährleistet werden könne.

Wirkt die Fluoridtablette also nur bei Kindern aus einem bestimmten sozialen Umfeld?

* * *

Erst Fluoridstatus bestimmen?

Sollte Ihr Zahnarzt vor einer Empfehlung raten, zunächst den Fluoridstatus Ihres Kindes zu bestimmen, dann sind Sie schon einmal zu beglückwünschen.
Ihr Zahnarzt ist offenbar ein weiter denkender Mensch, der von pauschalen Verordnungen nicht viel hält.
In diesem Fall wird erst der **Fluoridgehalt** des **Trinkwassers** kontrolliert und geschaut, ob das Kind

bereits am Familientisch mitisst, wo es – gemäß Zahnarzt – bekanntlich Speisen mit fluoridiertem Salz geben sollte. Zeigt sich, dass hier schon genügend Fluoride aufgenommen werden, wird zahnärztlicherseits von Fluoridtabletten abgeraten.

Vielleicht haben Sie nun bereits den Fluoridgehalt Ihres Trink- und Mineralwassers in Erfahrung gebracht und haben überdies auch schon ausgerechnet, wie viel Fluorid Ihr Kind über das fluoridierte Salz täglich aufnimmt (jedes Gramm Salz versorgt mit zusätzlichen 0,25 mg Fluorid).
Jetzt müssten Sie nur noch wissen, wie viel Fluorid Ihr Kind täglich braucht. Nur dann sind Sie schließlich überhaupt erst in der Lage zu entscheiden, ob eine zusätzliche Fluoridgabe Sinn machen könnte oder nicht.
Und schon sind wir mitten im Hauptproblem des Fluoridthemas:

Fluorid ist kein essentielles Spurenelement

Fluorid ist nämlich – laut hochoffizieller Definition – **KEIN essentielles Spurenelement.**

Ein essentielles Spurenelement wäre ein Spurenelement, das wir von außen, also mit der Nahrung zu uns nehmen müssen, um gesund aufwachsen und gesund leben zu können.
Zu diesen essentiellen Spurenelementen gehören beispielsweise Eisen, Zink oder auch Jod.
Nehmen wir zu wenig eines essentiellen Spurenelements zu uns, entwickeln wir einen Mangel, der sich mit bestimmten Symptomen bemerkbar macht.

**Ein Fluoridmangel ist jedoch nicht bekannt.
Fluoridmangel gibt es nicht!**

Das bedeutet: Auch wenn jemand sehr wenig oder kein Fluorid zu sich nimmt, wird er keine Fluoridmangel-symptome entwickeln.
Er wird nicht krank werden und auch nicht notgedrungen <u>Karies</u> entwickeln.
Ganz einfach deshalb nicht, weil Karies keine Fluoridmangelerkrankung ist, sondern schlichtweg die Folge einer ungünstigen Ernährungs- und Lebensweise.

Die **Nichtexistenz** eines Fluoridmangels ist schon seit mindestens 1976 bekannt, als man Mäusen eine fluoridarme Ernährung verabreichte und diese keine Mangelerscheinungen zeigten, auch nicht nach mehreren Generationen.
Zwar kam es in der zweiten Generation plötzlich zu Reproduktionsproblemen, was die Fluoridbefürworter bereits frohlocken ließ.
Doch zeigte sich später, dass auch dies nicht die Folge eines Fluoridmangels, sondern möglicherweise lediglich Folge einer kurzfristigen Niereninfektion der männlichen Tiere war, was sich auf deren Libido bzw. Zeugungsfähigkeit auszuwirken schien.

In den darauf folgenden Generationen nämlich (die Mäusemänner hatten sich wieder erholt) gab es Nachwuchs, als sei nichts gewesen – und das bei weiterhin **fluoridarmer** Ernährung.

Wenn nun Fluoride also nicht zu den essentiellen Spurenelementen gehören und das Nicht-Essen von

Fluoriden auch zu keinem Mangel führt, dann heißt das, dass wir Fluoride nicht brauchen bzw. sie unserem Körper nicht bewusst zuführen müssen.

* * *

Das **Bundesinstitut für Risikobewertung** fasste dies in seiner Information Nr. 037 vom 12. Juli 2005 sehr gut mit den folgenden Worten zusammen:

„Fluorid ist für den Menschen nicht lebensnotwendig. Dagegen kann ein Zuviel an Fluorid zu einem Gesundheitsrisiko werden."

Kein Wunder findet man keinerlei Daten und Studien, die sich den Folgen eines Fluoridmangels widmen – einfach, weil es keinen Fluoridmangel gibt.
Studien zu den Folgen einer **Fluoridüberdosierung** findet man hingegen zuhauf.

Fluoride sind daher – wenn wir sie doch einnehmen – vielmehr mit Medikamenten vergleichbar, die man wirklich nur wohl dosiert einnehmen darf (wenn man meint, dies tun zu müssen), da es andernfalls zu Nebenwirkungen und im ungünstigsten Fall zu bleibenden Schäden kommen wird.

Doch gerade das Herausfinden der richtigen Dosis gestaltet sich bei Fluoriden regelmäßig schwierig…

* * *

Fluoride sind Medikamente

Werden Fluoride dem Körper nun – wie ein Medikament – über Tabletten, Zahncremes oder Salz zugeführt, dann tut man dies nur in der Hoffnung, die schädlichen Auswirkungen (Säureeinwirkung) einer ungesunden Ernährung auf die Zähne abmildern zu können.
Die Fluoride sollen sich in den Zahnschmelz einlagern, diesen künstlich härten und ihn so weniger anfällig für Säureangriffe machen.

Das klingt nicht schlecht. Schließlich wird jedes Kind und auch jeder Erwachsene hie und da mal Dinge essen, die nicht so gesund sind und zu Karies führen könnten.

Warum also die Zähne nicht mit Fluoriden härten?
Damit kommen wir wieder zur Ausgangsfrage zurück, nämlich:
Welche Fluoriddosis braucht mein Kind und welche braucht man selbst, um den erwünschten Kariesschutz zu erreichen und gleichzeitig keine Nebenwirkungen befürchten zu müssen?
Und genau das ist das Problem.

* * *

Zahnfluorose ist nicht schlimm?

Die richtige Fluoriddosis zu finden, scheint eine Art Gratwanderung zu sein.
Denn gerade weil Fluoride so eindeutig giftig sind, ist eine **Überdosierung** außerordentlich leicht zu erreichen.
Das mit der Überdosis sei aber nicht schlimm, will man uns einreden.

Denn selbst wenn es zu einer Dentalfluorose komme, sei das im Falle einer schwachen Dentalfluorose sogar gut, da diese mit einem erhöhten Kariesschutz einhergehe – so die *Europäische Behörde für Lebensmittelsicherheit* EFSA.

Da eine schwache Dentalfluorose nicht unbedingt sichtbar sein muss, scheint das somit auch nicht weiter tragisch zu sein.
Andererseits schreibt die *Informationsstelle für Kariesprophylaxe (IfK) des Deutschen Arbeitskreises für Zahnheilkunde (DAZ)*, dass es bis zum Alter von 6 Jahren bei einer täglichen Fluoridzufuhr von 0,05 – 0,07 Milligramm pro Kilogramm Körpergewicht zur Dentalfluorose im sichtbaren Zahnbereich kommen könne.

Eine **Dentalfluorose beschreibt** eine übermäßige Einlagerung von Fluoriden in den Zahnschmelz und äußert sich in bleibenden weißen bis braunen Flecken auf der Zahnoberfläche, was nun nicht gerade dem heutigen Schönheitsideal entsprechen dürfte.

Bei der Dentalfluorose gilt zwar, dass diese wie oben erwähnt – sofern sie sehr schwach ausgeprägt ist – einen höheren Kariesschutz mit sich bringt, sie aber – sofern sie auch nur mäßig (also etwas stärker als schwach) ausgeprägt ist – mit einer **höheren Kariesanfälligkeit** einhergeht, da der Schmelz in diesem Fall leider Gottes wieder an Widerstandsfähigkeit gegenüber der Karies verliert.

* * *

Wie lauten denn aber nun die offiziellen Dosierungsempfehlungen?

Und schützen sie auch zuverlässig vor der gefürchteten Überdosierung, die dann wieder kariesanfällig machen könnte?

* * *

Was ist die richtige Fluoriddosis?

Die Europäische Behörde für Lebensmittelsicherheit EFSA gibt genau wie das Bundesinstitut für Risikobewertung eine zur Kariesprophylaxe benötigte Fluoridaufnahme von 0,05 Milligramm pro Kilogramm Körpergewicht und Tag an.

Wie wir jedoch oben bei der Informationsstelle für Kariesprophylaxe gelesen haben, genügt offenbar genau diese Dosis, um eine Dentalfluorose zu entwickeln.

Die EFSA hingegen schreibt, dass sich bei einer Dosis von erst 0,08 bis 0,12 mg Fluorid pro Kilogramm Körpergewicht und Tag lediglich bei weniger als 5 Prozent der Personen eine mäßige Dentalfluorose der bleibenden(!) Zähne entwickle.

Daher empfehle man Kindern die tägliche Höchstaufnahme von 0,1 mg Fluorid pro Kilogramm Körpergewicht – und nimmt damit offenbar eine mäßige Dentalfluorose bei knapp 5 Prozent der Kinder in Kauf.

In den USA sieht es erstaunlicherweise ganz anders aus:

Das *Food and Nutrition Board* am *Institute of Medicine* empfiehlt für Kinder zwischen 0 und 6 Monaten nicht mehr als 0,01 Milligramm Fluorid pro Tag und zwar nicht einmal pro Kilogramm Körpergewicht. 0,01 Milligramm Fluorid stellen die **empfohlene Höchstdosis** dar.

Wenn Sie jetzt schauen, wie viel Fluorid in den üblichen Fluoridtabletten für Säuglinge enthalten ist, werden Sie feststellen, dass es sich um 0,25 mg handelt und diese Dosis dem Baby – nach Ansicht vieler Ärzte – ab der zweiten Lebenswoche täglich gegeben werden soll.

* * *

Fluorid für Babys?

Ein Baby nun wiegt im ersten Jahr etwa 4 bis 10 kg. Wenn wir nun von der empfohlenen täglichen Höchstaufnahme von 0,05 bis 0,1 mg Fluorid pro Kilogramm Körpergewicht ausgehen (in den USA 0,01 mg), dürfte die tägliche Fluoridgesamtaufnahme des Babys 0,2 bis 0,4 (bei einem Gewicht von 4 kg) nicht überschreiten, was jedoch schon allein durch die Fluoridtablette geschieht.

Wenn ältere Kinder dann auch noch Beikost **(womöglich mit fluoridiertem Salz)** und Tee bekommen sowie eine fluoridhaltige Zahncreme nutzen (und diese schlucken), dann gelangen auch sie rasch in den Grenzwertbereich.

Wenn man ferner bedenkt, dass nicht wenige Experten der Meinung sind, Fluorid nütze sowieso nur, wenn man es nach dem Erscheinen der Zähne nimmt, dann lohnt sich die Gefahr der Überdosierung im Alter von unter 6 Monaten schon gleich gar nicht.

* * *

Fluorid für Erwachsene?

Über 40 Jahren lang gaben amerikanische Gesundheitsbehörden an, dass man – als Erwachsener – täglich mindestens zwischen 20 und 80 mg Fluoride zu sich nehmen müsse und das über einen Zeitraum von mindestens 10 bis 20 Jahren hinweg, um überhaupt erst in Gefahr zu geraten, eine schwere Knochenfluorose zu entwickeln.

Genau diese Zahlen waren es dann auch, die eine maßgebliche Rolle in Amerikas Fluorid-Politik spielten und somit eine der Grundlagen für jene Fluoridmengen darstellten, die man den Menschen über die **Trinkwasserfluoridierung** „angedeihen" ließ.

Im Jahre 1993 aber – man war infolge der jahrzehntelangen Fluoridierung offenbar klüger geworden – **wurden die Zahlen revidiert.**
In einem Bericht vom *National **Research Council*** verkündete man, dass eine schwere Knochenfluorose schon bei Menschen entstehen kann, die über 10 bis 20 Jahre hinweg täglich nur 10 bis 20 mg Fluoride zu sich nahmen, was dann auch von anderen Gesundheitsbehörden wie der *US **Agency for Toxic***

Substances and Disease Registry (**ATSDR**) bestätigt wurde.

Pech für jene, die sich an die ursprünglichen Grenzwerte gehalten und geglaubt hatten, man könne sorglos bis zu 80 mg täglich zu sich nehmen.
Und obwohl man nun also wusste, dass bereits 10 mg genügten, um langfristig gesundheitliche Probleme der Knochen zu bekommen, gab das *Institute of Medicine* (**IOM**) den Wert von 10 mg Fluorid pro Tag als jene Menge an, die man täglich und langfristig ohne Bedenken zu sich nehmen könne.
Der Höchstwert und jener Wert, der zur Krankheit führen kann, sind also identisch.
Besonders einleuchtend oder gar vertrauenswürdig klingen diese Behördenvorgaben folglich keineswegs.
Nun könnte man aber sagen, dass in unseren Breiten das **Trinkwasser** ja nicht fluoridiert wird und wir daher auch nicht Gefahr laufen, derart hohe Fluoriddosen aufzunehmen.
Das Problem ist nun aber, dass Fluoride nicht nur ab 10 mg pro Tag eine Knochen- oder Zahnfluorose auszulösen vermögen, sondern schon bei sehr viel geringeren Dosen schädlich sein können – dann vielleicht noch nicht für die Knochen, aber für andere Körperbereiche.

* * *

Fluoride schädigen nicht nur Knochen und Zähne

Die derzeitigen Sicherheitsstandards bezüglich des Fluorids basieren also auf der Annahme, dass eine schwere Zahnfluorose und auch die Knochenfluorose die einzigen zu berücksichtigenden Nebenwirkungen darstellen, die das Fluorid im menschlichen Körper auszulösen vermag.

Und tatsächlich: Diese beiden Problematiken stellen in der Tat die schwersten und gleichsam offensichtlichsten Schädigungen des menschlichen Körpers dar, die das Fluorid verursachen kann.
Doch sind sie nicht die einzigen fluoridbedingten Schäden, zu denen es bei regelmäßiger Fluorideinnahme kommen kann.

Der amerikanische Universitätsprofessor für Chemie, Dr. William Hirzy sagte, es müsste ja geradezu einem „biologischen Rätsel" gleichen, wenn Fluoride nur zu einer Zahn- und Knochenfluorose führen würden und zu sonst nichts.

Inzwischen weiß man, dass Hirzy Recht hatte: Fluoride können nicht nur Zähne und Knochen schädigen, sondern darüber hinaus auch stark schmerzende **arthritische Symptome** verursachen und viele andere **Körpergewebe angreifen** kann (z. B. das **Gehirn** oder die **Schilddrüse**) – und zwar lange, bevor es überhaupt zu einer ausgewachsenen **Skelettfluorose** (**Knochenfluorose**) kommt.
Auch **Diabetes** soll sich in Gegenwart von Fluoriden besser entwickeln können.

* * *

Fluoride und Diabetes

Laut dem *National Research Council* (2006) spiele

„eine Fluoridbelastung möglicherweise eine signifikante Rolle bei der Störung des Glukosestoffwechsels sowie bei der Entstehung von Diabetes."

Fluoride sollen den Blutzuckerspiegel erhöhen, die Insulinresistenz der Zellen fördern und ferner die Insulinproduktion sowie die Insulinausschüttung hemmen.

Die Entwicklung einer Insulinresistenz, die dem Typ-2-Diabetes vorangeht, konnte offenbar bei Menschen beobachtet werden, die gerade einmal Fluoridmengen in Höhe von nur 0,07 bis 0,4 mg pro Kilogramm und Tag zu sich genommen haben.

Wer also reichlich fluoridiertes Salz verwendet und evtl. noch ein fluoridreiches Mineralwasser trinkt, kann diese Dosis gut erreichen.

Als Reaktion auf erhöhte Blutzuckerwerte und einer höheren Häufigkeit des Wasserlassens trinken Diabetiker (vor allem jene, die nicht oder schlecht medizinisch behandelt werden) erheblich mehr Wasser als Nicht-Diabetiker, weshalb sie im täglichen Durchschnitt auch mehr Fluoride aus dem Trinkwasser und anderen Getränken aufnehmen, als gesunde Menschen.

Darüber hinaus fanden einige Untersuchungen heraus, dass Diabetiker weniger effektiv Fluoride ausscheiden können als Nicht-Diabetiker (Hanhijarci 1975), was möglicherweise die Folge von Nierenschäden (Nephropathie) ist, die wiederum mit einer Diabetes-erkrankung einhergehen können.

So war in einem Studienreview zu lesen, dass
„Menschen mit nephropathischer Diabetes oft ein so genanntes Polydipsie-Polyurie-Syndrom aufweisen, das zu einer gesteigerten Fluoridaufnahme sowie einer unüblich langen Verweildauer (Retention) des Fluorids im Körper beitragen kann." (Marier 1977)

Die steigende Belastung und Speicherung des Fluorids ist der Grund dafür, weshalb Diabetiker einem höheren Risiko für eine Fluorid-Vergiftung ausgesetzt sind.
Bei Tieren mit Typ-1-Diabetes zeigte sich zum Beispiel, dass Fluoride die **Gefässverengung** begünstigen können (Hattori et al 2000), was bei Diabetikern dann möglicherweise das **Risiko** auf **Herz-Kreislauf-Erkrankungen** zusätzlich erhöhen würde.
Diabetiker sollten daher ganz besonders darauf achten, ein **fluoridarmes** Mineralwasser zu trinken und **unfluoridiertes** Salz zu verwenden.

* * *

Fluoride und das Gehirn

Die schädlichen Auswirkungen von Fluoriden auf das Gehirn zählen heutzutage zu den wichtigsten Bereichen in der Fluorid-Forschung.
In den vergangenen drei Jahrzehnten erbrachten mehr als 600 Studien, dass die Belastung mit Fluoriden das Gehirn schädigen kann (33) (34).
Zu diesen Studien zählen:
- Mehr als 40 Tierstudien, die nachweisen konnten, dass eine lang andauernde Fluorid-Belastung mit unterschiedlicher Intensität das Gehirn schädigen

kann, vor allem dann, wenn zugleich ein Jod-Mangel vorliegt oder sich zu viel Aluminium im Körper befindet.

- 37 Humanstudien, die moderate Mengen an Fluorid mit einer **reduzierten Intelligenz** in Verbindung brachten.
- 19 Tierstudien, die davon berichteten, dass Mäuse oder Ratten, die Fluorid zu sich nahmen, eine **geringere Lernfähigkeit und ein schlechteres Erinnerungsvermögen besitzen.**
- 12 Studien (7 Tier- und 5 Humanstudien), die Fluorid mit neurologisch bedingten Verhaltensstörungen (bspw. ein gestörtes Raumgefühl) in Zusammenhang brachten.
- 3 Humanstudien, die eine Belastung mit Fluorid mit einer **gestörten Entwicklung des Hirns bei Föten** in Verbindung brachten.

Angesichts dieser zahlreichen Forschungsergebnisse kamen einige Reviews – darunter auch ein Bericht, der vom *US National Research Council* **(NRC)** abgefasst wurde, sowie eine **Meta-Analyse,** die von einem Forscherteam aus Harvard veröffentlicht wurde – zu dem Schluss, dass **bereits geringe Mengen** an Fluorid das Potential besäßen, die Entwicklung des Hirns stark beeinträchtigen zu können.

* * *

Fluoride können das Gehirn negativ beeinflussen

Im Jahr 2006 verkündete das National **Research Council (NRC)** wortwörtlich:

„Fluoride sind vermutlich dazu in der Lage, die Funktion des Gehirns negativ zu beeinflussen." Neben der Forderung nach einer Intensivierung der Erforschung der negativen Effekte des Fluorids auf den Intelligenzquotienten drückte das NRC zudem mit den folgenden Worten seine Sorge darüber aus, dass das Fluorid möglicherweise auch zur Entstehung von Demenz beitragen könne:

"Studien an Bevölkerungsgruppen, die regelmäßig mit unterschiedlich hohen Fluorid-Konzentrationen in Kontakt kommen, sollten mit dem Ziel durchgeführt werden, neurochemische Veränderungen zu identifizieren, die möglicherweise mit Demenz in Verbindung stehen. Außerdem sollte man die Auswirkungen einer chronischen Belastung mit Fluoriden erforschen, sowie nähere Informationen über möglicherweise verspätet auftretende Effekte sowie über die individuelle Anfälligkeit auf Fluoride sammeln."

* *

Fluoride sind Nervengifte

Wie bereits weiter oben aus einer anderen Quelle berichtet, sind Fluoride Nervengifte!

2007 stellten Wissenschaftler der *Neurotoxicity Division* der **US-amerikanischen Umweltschutzbehörde (*U.S. Environmental Protection Agency*; EPA)** fest, es gäbe wichtige Hinweise darauf, dass Fluorid ein **„Entwicklungsneurobiologisches Nervengift"** sei.

89

Derartige Nervengifte sind im Grunde Chemikalien, die großen Schaden am Hirn junger, sich in der Entwicklung befindlicher Menschen verursachen können.

Die Wissenschaftler der EPA begründeten ihre Aussagen mit Untersuchungsergebnissen, die zeigten, dass eine Belastung mit Fluoriden während der Schwangerschaft das Gehirn des Kindes schädigen könne.

Drei Studien aus China, die mit der Einschätzung der EPA konform gehen, erbrachten zudem, dass das Gehirn im menschlichen Fötus signifikante Schäden davon tragen kann, wenn die werdende Mutter zu große Fluoridmengen zu sich nimmt.

(Mansfield 1999; Yu 1996; Dong 1993).

Folglich ist es auch nicht verwunderlich, wenn sich Fluoride ganz konkret auf die Intelligenz auswirken.

* * *

Fluoride beeinträchtigen die Intelligenz

Im Juli 2012 veröffentlichte eine Gruppe von Wissenschaftlern der renommierten Universität Harvard eine Meta-Analyse von 27 Einzelstudien, die sich mit dem Zusammenhang von Fluoriden und menschlicher Intelligenz beschäftigt hatten (Choi 2012).

Bei der überwältigenden Mehrheit dieser Einzelstudien entdeckten die jeweiligen Forscher, dass die Belastung mit Fluoriden signifikant mit einem reduzierten IQ bei Kindern in Verbindung stehe.

Tatsächlich fanden 26 der 27 Untersuchungen einen Zusammenhang zwischen erhöhten Fluorid-Werten und einem deutlich niedrigeren Intelligenzquotienten. Das Forscherteam kam daher zu dem Schluss, dass die Auswirkungen des Fluorids auf die Hirnentwicklung des Kindes „höchste Forschungspriorität" eingeräumt bekommen sollten, vor allem in Ländern wie den USA, in denen trotz teils langer Zeit laufender Fluoridierungsprogramme bislang noch keine Studien zu diesem Thema durchgeführt wurden.

* * *

Damit ist jedoch noch lange nicht genug.
Zu hohe Fluoriddosen können auch die **Schilddrüse** schädigen sowie die **Zeugungsfähigkeit** des Mannes beeinträchtigen.

* * *

Fluoride im Mineralwasser

Da uns immer wieder Anfragen erreichen, ob denn Mineralwässer fluoridiert seien, da in den entsprechenden Mineralstoffanalysen immer wieder neben Calcium, Magnesium etc. auch Fluoride auftauchen, möchten wir das an dieser Stelle klären.

Fluorverbindungen kommen überall in der Natur vor und daher auch natürlicherweise im Mineralwasser. Mineralwasser wird also nicht "künstlich" fluoridiert.

Allerdings ist es nicht Pflicht, den Fluoridgehalt auf dem Etikett anzugeben. Taucht er nicht auf, kann man bei der entsprechenden Firma danach fragen.

1. Lediglich ab 1,5 mg Fluorid pro Liter Wasser muss das Wasser mit "fluoridhaltig" gekennzeichnet werden.
2. Ab 5 mg/l gilt ein Mineralwasser als so stark fluoridhaltig, dass es einen entsprechenden Warnhinweis tragen muss.
3. Bis 0,7 mg Fluorid pro Liter darf ein Wasser als "für die Zubereitung von Säuglingsnahrung geeignet" ausgelobt werden. Natürlich müssen die übrigen Grenzwerte (für Natrium, Nitrat, Nitrit, Sulfat etc.) ebenfalls eingehalten werden.
4. Ein Wasser gilt als fluoridarm, wenn es weniger als 0,3 mg Fluorid enthält.
5. Zur Info: Meerwasser enthält ca. 1 mg Fluorid pro Liter.

Die meisten Mineralwässer weisen jedoch Werte von unter 0,5 mg Fluorid pro Liter auf.
- Evian enthält z. B. nur 0,02 mg,
- Gerolsteiner 0,21 mg,
- Vittel 0,14 mg,
- Volvic 0,2 mg,
- Adelholzener bis zu 0,15 mg,
- RheinfelsQuelle 0,45 mg,
- Apollinaris jedoch bereits 0,68 mg und
- Selters 0,86 mg.

Wenn Sie sich für den Fluoridgehalt Ihres Leitungswassers interessieren, fragen Sie am besten bei Ihrem jeweiligen Wasserversorger nach.
Der Fluoridgehalt soll in den meisten Fällen bei unter 0,3 mg pro Liter liegen.

Fluoride in Lebensmitteln

Aus den obigen Informationen ergibt sich nun das folgende:
Eine vor Karies schützende Wirkung soll bei bereits 0,05 mg pro Kilogramm Körpergewicht und Tag erreicht werden können, was bei einem 70-Kilogramm-Menschen etwa 3,5 mg Fluorid wären.
Mehr als 3,8 mg sollte man jedoch besser nicht zu sich nehmen - ganz gleich wie viel man wiegt.
Manche Quellen empfehlen auch für Männer höchstens 3,8 mg Fluorid pro Tag, für Frauen höchstens 3,1 mg (1).

Für Kinder und Jugendlichen gelten diese Werte (1):
1. 0 bis unter 4 Monate: 0,25 mg
2. 4 bis unter 12 Monate: 0,5 mg
3. 1 bis 4 Jahre: 0,7 mg
4. 4 bis 10 Jahre: 1,1, mg
5. 10 bis 13 Jahre: 2,0 mg
6. 13 bis 19 Jahre: 2,9 mg (Mädchen), 3,2 mg (Jungs)

Diese Dosen sind im Allgemeinen noch nicht hoch genug, um Schäden zu verursachen. Meist kam es in Studien zu Schäden, wenn mindestens 0,08 mg Fluorid (und deutlich mehr) pro kg Körpergewicht und Tag eingenommen wurden.
Wenn Sie also 2 Liter eines fluoridarmen Wassers pro Tag trinken, dann nehmen Sie damit etwa 0,6 mg Fluorid zu sich (höchstens).
Wenn Sie jedoch viel Schwarz- oder Grüntee trinken, bedenken Sie, dass dieser

(zusätzlich zum Fluoridgehalt des zur Zubereitung verwendeten Wassers) noch um die 1 mg Fluorid pro Liter liefert (wobei dieser Wert ganz enorm - je nach Teesorte - schwanken kann;

- Matcha bis zu 4 mg Fluorid pro Liter Matcha-Tee).
- Früchte- und Kräutertees können ebenfalls fluoridreich sein, was jedoch bei 2 Tassen pro Tag nicht mehr als 0,3 mg ausmachen dürfte (natürlich abhängig von der verwendeten Menge der getrockneten Kräuter/Früchte).
- Walnüsse zählen ebenfalls zu den fluoridreichen Lebensmitteln mit ca. 0,68 mg pro 100 g.

Im Allgemeinen sind es aber insbesondere tierische Lebensmittel (Fleisch und Fisch), die fluoridreich sind.

* * *

Liste mit dem Fluoridgehalt von Lebensmitteln

Hier eine kleine Auswahl der Fluoridgehalte einiger Lebensmitteln **(pro 100 g)**, wobei Sie immer berücksichtigen sollten, dass der Fluoridgehalt auch hier schwanken kann - abhängig von der Fluoridbelastung der jeweiligen Umgebung, aus der das Lebensmittel stammt.

1. Lachs (Gold-, Buckel-, Weisslachs): 0,65 mg
2. Lachs Konserve: 0,16 mg
3. Meersalz: 0,48 mg (pro Gramm also eher wenig: 0,0048 mg)
4. Sardinen/Schwertfisch/Hering (jeweils frisch oder tiefgefroren): 0,4 mg
5. Matjes: 0,38 mg (als Konserve 0,27 mg)

6. Fischkonserven: 0,3 mg
7. Hering mager gebraten: 0,24 mg
8. Schweineleber zubereitet: 0,28 mg
9. Gerstengraupen: 0,24 mg
10. Bierhefetabletten/Trockenhefe: 0,2 mg

11. Kaffee-Instantpulver: 0,2 mg
12. Kalbsbries: 0,2 mg
13. Krabben frisch: 0,16 mg
14. Roquefort/Bergkäse/Emmentaler: 0,16 mg
15. Leberwurst: 0,16 mg
16. Roggen und Roggenmehl: 0,15 mg
17. Fischfrikadellen: 0,15 mg
18. Rinderfilet gegart: 0,14 mg
19. Cashewkerne: 0,14 mg
20. Schmelzkäse: 0,14 mg

21. Vollkornbrot: 0,1 mg
22. Feldsalat/ Spinat: 0,1 mg
23. Mandeln: 0,09 mg
24. Avocado: 0,05 mg
25. Schokolade (Vollmilch und Bitter): 0,05 mg
26. Haferflocken: 0,037 mg
27. Tofu: 0,007 - 0,013 mg
28. Gemüse: 0,007 - 0,05 mg
29. Obst: 0,002 - 0,02 mg
30. Kartoffeln: 0,001 mg

31. Bier: 0,001 - 0,005 mg
32. Rotwein: 0,01 - 0,02 mg

Weitere Lebensmittel und ihre Werte können Sie Quelle (2) entnehmen.

Sie sehen, dass Sie mit einer pflanzenbasierten Ernährung eher nicht zu viel Fluorid aufnehmen werden. Bedenken Sie außerdem, dass gerade pflanzliche Lebensmittel sehr viele entgiftende, antioxidative und damit schützende Eigenschaften aufweisen, so dass diese eine mögliche schädliche Wirkung von Fluoriden häufig sehr gut kompensieren können.

Wenn Sie zusätzlich immer wieder ausleitende Maßnahmen ergreifen, dürfte es nicht zu einer Fluoridüberdosis kommen.

Hier finden Sie Informationen über die Ausleitung von Fluorid und wie gut Curcumin vor Fluoriden schützen kann.

Update 11.08.2024

Wir haben zwei weitere Links (33 + 34) eingesetzt, die auf die Schädlichkeit von Fluoriden auf das Gehirn hinweisen.

Wichtiger Hinweis

Dieser Artikel wurde auf Grundlage (zur Zeit der Veröffentlichung) aktueller Studien verfasst und von MedizinerInnen geprüft, darf aber nicht zur Selbstdiagnose oder Selbstbehandlung genutzt werden, ersetzt also nicht den Besuch bei Ihrem Arzt.

Besprechen Sie daher jede Maßnahme (ob aus diesem oder einem anderen unserer Artikel) immer zuerst mit Ihrem Arzt.

* * *

Fluoride - wie kann man sie ausleiten?

Link:
https://www.zentrum-der-gesundheit.de/bibliothek/
ratgeber/detox-uebersicht/fluoride-ausleiten

Fluoride reichern sich im Körper an. Wer das verhindern möchte, leitet das Toxin rechtzeitig und regelmäßig aus. Fluoride sind chemische Verbindungen, die – aufgrund der weit verbreitenden Ansicht, Fluoride seien ein nützliches Mittel zur Kariesprophylaxe - täglich mehr oder weniger freiwillig eingenommen werden.

Autor: Carina Rehberg
Aktualisiert: 06 Mai 2024

* * *

Mit diesen Methoden können Sie Fluoride ausleiten

Fluoride sind in zahlreichen Zahnpflegeprodukten enthalten, aber auch in manchen Mineralwässern und im fluoridierten Speisesalz.
Kinder bekommen außerdem bis mindestens zum Durchbruch des ersten Zahnes (6 Monate lang) täglich Fluoridtabletten.
Fluoride können auch in Pestiziden enthalten sein und somit als Rückstände auf Lebensmitteln vorkommen.
Fluoride gelten (abhängig von der Dosis) als **Neurotoxine** (Nervengifte) und können sich im Körper einlagern (1) (2).

Will man diese wieder ausleiten oder wenigstens ihre Schadwirkung verhindern, könnte eine der folgenden sieben Methoden zum Einsatz kommen.

Methode Nr. 1
Zur Ausleitung von Fluoriden bzw. zum Schutz vor Fluoriden hat sich aus einer wissenschaftlichen Studie ergeben.
Die übrigen sechs Methoden beruhen auf der Erfahrung Naturheilkundiger.

1. Fluoride ausleiten mit Curcumin
Curcumin ist der Wirkstoff aus Kurkuma, dem gelben Gewürz, das sich auch als Bestandteil im Curry befindet.
In einer Studie, die Anfang 2014 veröffentlicht wurde, hatte sich gezeigt, dass der regelmäßige Verzehr von Kurkuma bzw. Curcumin nicht nur vorhandene Fluoride eliminieren, sondern auch neu in den Körper eintreffendes Fluorid aufhalten kann, bevor es schädliche Auswirkungen zeigt (5).

Link zu (5)
https://phcog.com/article/view/2014/10/37/61-65

Curcumin wirkt dabei auf unterschiedliche Weise. Einerseits ist es selbst ein äusserst starkes Antioxidans, das vor fluoridbedingten Zellschäden durch freie Radikale bewahren kann. Andererseits fördert Curcumin die Herstellung von Glutathion, einem körpereigenen Antioxidans.
Da Fluoride im Körper und hier besonders im Gehirn über oxidative Prozesse (freie Radikale) Schäden anrichten, konnte in besagter Studie beobachtet werden,

wie Curcumin bereits nach 30 Tagen deutliche Wirkung zeigte und den oxidativen Stress des Organismus merklich reduzierte.
Details dazu lesen Sie in unserem Artikel Curcumin schützt vor Fluoriden.

Link zu Curcumin schützt vor Fluoriden:
https://www.zentrum-der-gesundheit.de/ernaehrung/nahrungsergaenzung/curcumin/curcumin-schutz-vor-fluoride-ia

Eine Studie von 2021 bestätigte die Schutzwirkung von Curcumin in Bezug auf Fluoride (6).

Link zu (6):
https://europepmc.org/article/med/33486250

In einer Studie von 2012 entdeckte man, dass Curcumin auch vor der nierentoxischen Wirkung der Fluoride schützen kann und außerdem davor bewahrt, dass die körpereigenen Antioxidantienspiegel fluoridbedingt absinken, was ohne Curcumin passieren würde.
In dieser Untersuchung gab man zum Curcumin noch Vitamin C (10 mg pro Kilogramm Körpergewicht) (7).

Link zu (7):
https://link.springer.com/article/10.1007/s12011-011-9194-7

2. Leber-Reinigungen, um Fluoride ausleiten zu können
Auch die regelmäßige Durchführung einer Leberreinigung kann sehr effektiv sein, wenn man

Fluoride und andere Giftstoffe aus seinem Körper verbannen möchte.

Allerdings ist der Begriff „Leberreinigung" etwas missverständlich.

Bei einer Leber-Reinigung wird weniger die Leber gereinigt.

Vielmehr wird durch eine wirksame Leberreinigung die Gesamtgesundheit der Leber verbessert:

1. Die Regeneration und Teilung der Leberzellen wird angeregt.
2. Die Leberdurchblutung wird verbessert.
3. Die Entgiftungsfähigkeit der Leber wird unterstützt.
4. Die Leberzellen werden geschützt.
5. Eine möglicherweise bestehende Leberverfettung wird reduziert.
6. Gleichzeitig werden die Gallenwege von Ablagerungen befreit und der Gallenfluss wird angeregt, damit ein Rückstau der Galle in die Leber verhindert wird.
7. Zusätzlich werden die Gallenwege von Ablagerungen befreit.

Eine solche Leberreinigung besteht u. a. aus:
- Bitterstoffen sowie
- Leber stärkenden Kräutern, wie z. B.
- Mariendistel,
- Löwenzahnwurzel,
- Löwenzahnextrakt,
- Klettenwurzel,
- Kurkuma,
- Artischocke u. a.

Details zur Durchführung einer Leberreinigung finden Sie in der Anleitung zur Leberreinigung.

Link zur Leberreinigung:
https://www.zentrum-der-gesundheit.de/bibliothek/koerper/leber-und-galle/leberreinigung

Anmerkung von mir:
Im Anhang finden Sie unter anderem ein Rezept zu Goldener Milch. Einer der Inhaltsstoffe ist Kurkuma!

* * *

3. Huminsäuren verhindern die Aufnahme von Fluoriden

Huminsäuren sind natürliche Säuren, die in torf- oder humushaltigen Böden vorkommen und in der Naturheilkunde gewöhnlich zur Bekämpfung von Candida albicans eingesetzt werden.
Sie verhindern aber auch die Aufnahme von Toxinen wie Schwermetallen, Nitraten, Endotoxinen (beim Zerfall von Bakterien frei werdende Giftstoffe), aber auch Fluoriden in das Gewebe, indem sie diese Giftstoffe selbst absorbieren und zur Ausscheidung bringen.

4. Borax soll ein guter Fluorid-Entferner sein

Borate (Borverbindungen) sollen gute Fluorid-Entferner sein.
Als günstige **Boratquelle** gilt Borax (auch als Natriumborat bekannt).

In den USA wird es als Enthärter und Reinigungsmittel in den Supermärkten verkauft.

Über Borax gibt es verschiedentlich Berichte, dass es erfolgreich die Entgiftung von Natrium-Fluorid unterstützen würde.

Allerdings darf es nur in wirklich sehr winzigen Einheiten mit reinem Wasser eingenommen werden. Schon eine so geringe Menge wie 1/32 bis zu einem Viertel eines Teelöffels mit Borax in einem Liter Wasser (in kleinen Portionen über den ganzen Tag verteilt eingenommen) zeigte sich in Untersuchungen sowohl als unbedenklich als auch als wirksam.

Die Dosis von einem Achtel Teelöffel mit ein wenig Meersalz (immer auf einen Liter Wasser) soll besonders wirkungsvoll sein.

Beachten Sie jedoch bitte hierzu dieses Merkblatt.

Link zum Merkblatt:
https://www.bfr.bund.de/cm/343/
zusatz_von_borsaeure_oder_borax_in_nahrungsergaenz
ungsmitt.pdf#search=%22Borax%22

5. Fluoride mit Jod über den Urin aus leiten

Klinische Tests zeigten, dass Jod den Abbau von Fluoriden über den Urin verstärken kann.

Manchmal ist die Ernährungsweise arm an Jod, besonders wenn jemand keinen Seefisch isst und außerdem darauf achtet, möglichst keine Produkte mit künstlich jodiertem Salz zu sich zu nehmen.

In diesem Fall können Meeresgemüse wie Hijiki-, Dulse- oder Arame-Algen die Jodversorgung auf natürliche

Weise verbessern und gleichzeitig zur Fluoridausleitung beitragen.

Allerdings raubt die Fluorid-Entgiftung mit Hilfe von Jod dem Körper wertvolles Kalzium.
Daher sollte in diesem Falle eine hochwertige Calcium-Magnesium-Quelle in Anspruch genommen werden (z. B. die Sango Koralle).

Link zu Sango Koralle
https://www.zentrum-der-gesundheit.de/ernaehrung/
nahrungsergaenzung/weitere-
nahrungsergaenzungsmittel/sango-koralle

Zusätzlich wird beim Fluoridabbau mit Jod die Einnahme von **Lecithin** empfohlen.

6. Fluoride mit Tamarindenblättern ausleiten

Der Tamarindenbaum kommt ursprünglich aus Afrika, wird aber mittlerweile auch in Indien, Südostasien und Südamerika kultiviert.

In seinen schotenförmigen Früchten befindet sich süßsäuerliches Fruchtfleisch, das sich äußerst vorteilhaft auf die Verdauung auswirkt.

Für die Ausleitung von Fluoriden jedoch sollen die Rinde und die Blätter des Tamarindenbaums hilfreich sein. Daraus können Tee, Extrakte und Tinkturen hergestellt werden.

Tamarindenblätter erhält man u. U. in asiatischen Lebensmittelläden oder bei einem Therapeuten der ayurvedischen Medizin.

Über eine konkrete Dosierung wird in den Quellen leider nichts erwähnt.

7. Fluoride mit Melatonin ausleiten

Auch wenn abschließende Beweise noch ausstehen, setzen manche amerikanische Naturheilkundige Melatonin ein, um Fluoride aus dem Körper zu entfernen.

Link zu Melatonin
https://www.zentrum-der-gesundheit.de/krankheiten/
weitere-erkrankungen/schlaflosigkeit-uebersicht/
melatonin

Melatonin ist ein Hormon, das am Abend und bei Nacht in einem erbsengroßen Teil des Zwischenhirns – der Zirbeldrüse (Epiphyse) – aus Serotonin produziert wird und unter anderem den Tag-Nacht-Rhythmus des menschlichen Körpers steuert.

In der Zirbeldrüse lagern sich mit zunehmendem Alter Kalkverbindungen ab, so auch Calciumfluoride. Gleichzeitig sinkt die Melatoninproduktion, je älter wir werden.

Wird nun Melatonin in Form eines Nahrungsergänzungs-mittels eingenommen, soll das zu einer Entkalkung der Zirbeldrüse und damit zur Entfernung des dort ansässigen Fluorids führen.

Melatonin unterlag in Deutschland lange Zeit dem Arzneimittelrecht und war nur auf Rezept erhältlich. Inzwischen hat sich die Lage geändert, so dass Melatonin, z. B. in Tropfenform inzwischen auch als Nahrungsergänzungsmittel erhältlich ist.

In den USA waren Melatoninpräparate schon immer frei verkäuflich und die Menschen geben dort bereits mehr für Melatonin als für Aspirin aus.
Mittlerweile vermutet man, dass Melatonin – da es neuroprotektiv wirkt und freie Radikale bindet – vor **Alzheimer schützen** könnte.
Melatonin sollte nur am Abend eingenommen werden, weil es schläfrig macht und andernfalls den Tag-Nacht-Rhythmus irritieren kann.
Neben der Einnahme von Melatonin in Form von Nahrungsergänzungen sollten Sie viel Sport treiben, sich gesund ernähren (dabei lieber zu wenig als zu viel essen) und regelmäßig meditieren oder Entspannungsübungen durchführen.

Ein **Melatoninmangel** sollte in jedem Fall vermieden werden.

*   Mit einem Test können Sie Ihren persönlichen Melatoninspiegel überprüfen lassen: Melatonin-Test

Link zum Melatonin – Test
https://www.amazon.de/Medivere-Melatonin-Test-Speicheltest/dp/B00EQ6C6ME?
keywords=medivere+diagnostics&qid=1691092778&sr=8-54&linkCode=sl1&tag=zdg0e-21&linkId=31d91ffdc15088140f95bc2cffb89db1&language=de_DE&ref_=as_li_ss_tl

* * *

Antioxidantien, die fluoridbedingte Schäden aufheben

Viele der oben genannten Methoden helfen nicht nur bei der Ausleitung der Fluoride, sondern helfen dem Körper auch dabei, sich schneller wieder von den fluoridbedingten Schäden zu erholen.

Aus ersten Untersuchungen weiß man, dass auch die beiden als hochgradige Antioxidantien bekannten Mittel – Rutin und EGCG – Schäden beheben können, die sich nach einer Fluoridvergiftung einstellen.

Rutin ist ein Flavonoid (sekundärer Pflanzenstoff), das in vielen Pflanzen vorkommt, besonders aber in Stiefmütterchenblüten, im Buchweizenkraut, in der Petersilie und vielen weiteren.

In einer indischen Studie aus dem Jahr 2015 zeigte sich, dass Natriumfluorid bei Ratten zu einer Verschlechterung der Herzwerte, zu einer Verstärkung des oxidativen Stresses, einer Erhöhung des LDL-Cholesterins und einer Reduzierung des HDL-Cholesterins führte.

Rutin jedoch – das in Kapseln als Nahrungsergänzungsmittel erhältlich ist – konnte bei all diesen Werten zu einer signifikanten Verbesserung beitragen (3).

Link zu (3):
https://www.tandfonline.com/doi/abs/
10.3109/15376516.2014.1003359?journalCode=itxm20

Ganz ähnlich wirkte in einer weiteren Studie (2016) das **EGCG (Epigallocatechingallat)**, ein Stoff, der in besonders hohen Mengen im **Grüntee** enthalten ist und für seine **krebsfeindliche** und **gefäßschützende** Wirkung bekannt ist.

Auch hier hatte das Fluorid (bei Ratten) zu einer rapiden Verschlechterung vieler Blutwerte geführt, während die Gabe von EGCG alle diese Werte sogar so sehr besserte, dass sich diese anschliessend wieder im normalen Bereich befanden (4).

Link zu (4):
https://www.sciencedirect.com/science/article/abs/pii/
S0946672X14001692?via%3Dihub

EGCG ist in Grüntee enthalten. In obiger Studie wurde der Stoff jedoch den Tieren isoliert gegeben, da Grüntee eine relevante Fluoridquelle sein kann und pro Liter durchschnittlich 1 mg Fluorid liefert, Matcha-Tee sogar bis zu 4 mg (8).

Link zu (8):
https://www.mdpi.com/2072-6643/14/12/2550

Das kann jedoch auch bedeuten, Fluorid aus Grüntee **kaum schädlich wirkt**, da gleichzeitig mit EGCG ein schützender Stoff enthalten ist.

* * *

Begleitende Maßnahmen zur Fluorid-Ausleitung

Begleitend zu den oben genannten Entgiftungsmethoden können die folgenden Maßnahmen bei der Ausleitung von Fluoriden (oder anderen Giftstoffen) äußerst hilfreich sein:
Eine biologische und basischenüberschüssige Ernährung sorgt für eine gesunde Grundlage und über ausreichend Vital- und Mineralstoffe, auf die der Organismus bei zehrenden Entgiftungsprozessen dankbar zurückgreifen kann und die ihm helfen, seine Leistungsfähigkeit auch in schweren Zeiten zu bewahren.

1. Trinken Sie so viel wie möglich – natürlich ausschliesslich fluoridarmes oder fluoridfreies Wasser oder basische Kräutertees.
2. Bentonit (am besten gemeinsam mit Flohsamenschalen) bindet Schadstoffe und sorgt für deren schnelle Ausscheidung über den Darm. Wenn Sie jedoch eine ganzheitliche Leberreinigung durchführen, dann gehört dazu auch eine Darmsanierung, welche die Anwendung von Bentonit und Flohsamenschalenpulver beinhaltet.

Link zu Betonit:
https://www.zentrum-der-gesundheit.de/bibliothek/
naturheilkunde/darmreinigung-uebersicht/bentonit

Link zu Flohsamenschalen:
https://www.zentrum-der-gesundheit.de/ernaehrung/nahrungsergaenzung/pflanzenpulver/flohsamenschalen

3. Cayenne-Pfeffer ist nicht etwa eine besondere Art Pfeffer, sondern eine andere Bezeichnung für gemahlene Chilischoten.

4. Cayenne-Pfeffer gilt als **traditionelles Blutreinigungsmittel** in den Ländern seiner Herkunft.
Das scharfe Pulver ist außerdem hilfreich bei Bluthochdruck, Diabetes, Durchblutungsstörungen und Arthritis.
Es unterstützt die Nierenfunktionen und steigert den Abtransport von Schlacken aus dem Verdauungssystem.
Cayenne-Pfeffer oder Chilipulver ist in Kapseln erhältlich und kann auf diese Weise leicht eingenommen werden. Bei empfindlichem Magen muss allerdings mit geringen Dosen die Verträglichkeit ausgetestet werden.

5. Petersilie entgiftet durch seine anregende Wirkung auf Blase und Nieren. Die chlorophyllreiche Pflanze spült, reinigt und desinfiziert die Harnwege, wodurch deren Entgiftungs- und Ausleitungsfähigkeit gesteigert wird. Integrieren Sie die Petersilie nicht nur blattweise, sondern reichlich in Ihre tägliche Ernährung. Statt frischer Petersilie können Sie auch Petersilienblattpulver verwenden.

Link zu Petersilie:
https://www.zentrum-der-gesundheit.de/ernaehrung/
lebensmittel/kraeuter/petersilie

6. **Chlorella** ist bekannt als Mittel zur Bindung von Quecksilber. Chlorella bindet jedoch auch andere Schwermetalle, radioaktive Substanzen sowie Formaldehyd und Gifte aus Insektiziden. Bei der Ausleitung von Fluoriden kann die Mikroalge begleitend eingesetzt werden.

Link zu Chlorella:
https://www.zentrum-der-gesundheit.de/ernaehrung/
nahrungsergaenzung/algen/chlorella

7. **Trockensaunagänge** setzen Fluoride frei, die im Fettgewebe gespeichert sind
Vergessen Sie dabei nicht, ausreichend zu trinken. Am besten Teemischungen, die nierenstärkende Wirkung besitzen, wie z. B. Goldrute oder Schachtelhalm (Zinnkraut).

8. **Vitamin C** ist ebenfalls eine großartige Ergänzung eines jeden Fluorid-Abbau-Programms.
Natürliche Quellen für Vitamin C sind dabei weitaus besser als Ascorbinsäurepulver aus Supermarkt oder Drogerie. Für natürliches Vitamin C gibt es kaum Konsumbeschränkungen.
Nehmen Sie daher reichlich davon zu sich, z. B. in Form von Acerolapulver.

Wir sind den vielfältigen Fluoridquellen also nicht machtlos ausgesetzt, sondern können selbst aktiv werden und unseren Körper regelmäßig von diesem Toxin befreien, so dass es sich nicht anreichern und daher auch kaum Schaden anrichten wird.

* * *

Weitere Maßnahmen zur Entgiftung finden Sie hier:
Die ganzheitlich108e Entgiftungskur

Link zur ganzheitlichen Entgiftungskur:
https://www.zentrum-der-gesundheit.de/bibliothek/naturheilkunde/behandlungsformen/entgiften-entgiftungskur

Update/Korrektur 20.5.2024:
Im Abschnitt über Antioxidantien hatten wir zuvor als EGCG-Quelle Grünteeextrakt empfohlen.
Da Grüntee jedoch Fluorid enthält, haben wir dies im Artikel nun erklärt, die Empfehlung entfernt und als neue Quelle Studie (8) eingefügt.

Wichtiger Hinweis

Dieser Artikel wurde auf Grundlage (zur Zeit der Veröffentlichung) aktueller Studien verfasst und von MedizinerInnen geprüft, darf aber nicht zur Selbstdiagnose oder Selbstbehandlung genutzt werden, ersetzt also nicht den Besuch bei Ihrem Arzt.
Besprechen Sie daher jede Maßnahme (ob aus diesem oder einem anderen unserer Artikel) immer zuerst mit Ihrem Arzt.

Volle Obstschale mit frischem Obst.

Am Besten sie haben welches im Garten, oder kaufen
es direkt beim Erzeuger.
Waschen Sie aber bitte dennoch jedes Obst und Gemüse
gründlich in Natronwasser ab!
Danach mit reinem Wasser abspülen.

GEO – ENGINEERING

HAARP – CLOUD SEEDING

GEO-ENGINEERING
HAARP – CLOUD SEEDING

Für viele gehören diese Begriffe in den Bereich der Verschwörungstheorien.
Doch dem ist leider nicht so!! Dazu gibt es viele Beweise durch Aussagen von Piloten, sowie Laboruntersuchungen und mehr.

Antwort meiner Mutter im Alter von 87 Jahren auf die Frage, sind das Kondensstreifen am Himmel:
„ Das sind nie und nimmer Kondensstreifen!! Ich bin jetzt so alt geworden, aber so etwas habe ich früher nie gesehen. „

Kondensstreifen verschwanden stets recht schnell wieder am Himmel. Doch diese „ Streifen „ verbreitern sich, fallen regelrecht vom Himmel.

114

Mehr als nur Geoengineering:
Das schmutzige Geheimnis der Luftfahrt – und jeder sieht weg

Wir haben in den vergangenen Wochen in einer Artikelserie ergründet, weshalb der Himmel voll von Kondensstreifen ist, die sich im Laufe des Tages zu einer Wolkendecke ausbreiten.
Es handelt sich um ein anderes Phänomen als Geoengineering, Cloud Seeding, HAARP und Co.
Die Luftfahrt umgibt ein schmutziges Geheimnis. Während die Wolkenbildung abseits der Öffentlichkeit wenigstens untersucht wird, schweigen sich alle zu den in die Atmosphäre geblasenen Rückständen der Triebwerke aus …

Im Wochenkommentar fasst Report24-Chefredakteur Florian Machl die Erkenntnisse zum Thema Luftverschmutzung, Bildung künstlicher Wolken und dergleichen zusammen – und warnt davor, den Begriff „Chemtrails" zu benutzen.
Es wäre sinnvoller, die für jeden zu beobachtenden Phänomene möglichst sachlich und wissenschaftlich zu beschreiben und „außerhalb der Blase" um Aufmerksamkeit zu werben.
Denn das Problem ist wesentlich – große Teile der Welt werden tagtäglich mit einer künstlichen Wolkendecke überzogen, die sich unter Garantie auch auf Wetter und Klima auswirkt.
Die Beweisführung dazu gelingt auch ohne Verschwörungstheorien – und das ist gut so, wenn man nicht verspottet werden will.

Alles ganz normale Kondensstreifen?

Viele Menschen sehen jeden Tag mit Sorge zum Himmel. Und sie haben recht.
Die Anzahl der sichtbaren Kondensstreifen hat Jahr für Jahr zugenommen.
Und sie haben mit einer weiteren Sache recht:
Diese Streifen bleiben oft am Himmel stehen, werden immer breiter – bis aus einem wunderschönen Frühlingstag mit blauem Himmel plötzlich eine milchige Nebelsuppe wird.
Das ist eine Tatsache, die man ohne Probleme jedem vermitteln kann. Mach das Fenster auf. Schau raus. Sieh selbst. Ist so.
Und noch ein Indiz weist darauf hin, dass speziell in den letzten Jahren etwas mit dem Wetter passiert sein muss.

Denn kaum eine Wettervorhersage trifft noch zu, oft passen die Vorhersagen nicht einmal für die kommenden Stunden.
Ich sage dazu aus eigener Wahrnehmung: Die Vorhersagen sind schlechter geworden, das funktionierte in der Vergangenheit schon viel besser.
Zu diesem Thema haben wir bei **Report24** in der vergangenen Woche mehrere wichtige Grundlagenartikel veröffentlicht.
Sie sind sehr umfangreich, ich werde sie kurz zusammenfassen.

* * *

Aber ich kann so viel verraten:
Wir haben Dinge gefunden, die in der öffentlichen Diskussion noch nie aufgetaucht sind.
Dinge, die möglicherweise wirklich sehr relevant sind, was das Weltklima betrifft.
Die Geister scheiden sich erst in der Interpretation dieses Phänomens. Etwa in den 90er-Jahren hat sich dazu eine Theorie gebildet, die so genannten Chemtrails.
Unter vielen kritischen Menschen, die ihre liebe Not mit Geschichten der Mainstream-Medien und Regierungen haben, ist diese Theorie sehr wichtig geworden.
Und sie ist identitätsstiftend, es gibt nur ein „wir oder sie“.
Entweder man glaubt an diese Chemtrails, die man ja auch überall sehen kann – oder nicht.
Wer sich davon nicht überzeugen lässt, ist in jedem Fall böse und muss bekämpft werden.

Schon an diesem Punkt sollte man sich die Frage stellen: Häh? Warum ist es wichtig, andere von Chemtrails zu

überzeugen? Und was ist das überhaupt?
Die Chemtrail-Theorien sind vielfältig und bauen aufeinander auf.

- Zunächst haben wir Versuche des **Geoengineerings**, also die Schaffung von Wolken mit künstlichen Mitteln.
- Oder man nimmt bestehende Wolken und lässt sie abregnen.
- Und es gibt noch Mittel und Wege, um bestehende Wolken zu verändern – beispielsweise um Hagel zu verhindern – oder zu militärischen Zwecken.
- Neben starken Regenfällen kann man diesen besonders korrosiv machen – Maschinen am Boden rosten dann schneller.
- Als Nächstes haben wir die Theorie, dass mit militärischen Mitteln Versuche durchgeführt werden.
- Militärflugzeuge werden mit Sprühvorrichtungen ausgestattet, um chemische Stoffe auszubringen.
- Das ist tatsächlich in den USA schon passiert – ohne dass man die Bevölkerung darüber informiert hat.
- Und dann geht es noch weiter – westliche Dienste und Regierungen sollen überall auf der Welt das Wetter beeinflussen oder Katastrophen auslösen – beispielsweise mit der US-amerikanischen **HAARP**-Anlage.
- Es gibt eine große Szene an Menschen, die in jedem einzelnen Flugzeug Sprühvorrichtungen vermuten – speziell auch in zivilen Maschinen.
- Egal, ob man Wölkchen hinter dem Flugzeug sieht oder nicht, ob diese verschwinden oder sich ausbreiten.
- Bereits diese Dinge sind für diese Gruppe Beweise

118

für eine weltumspannende Verschwörung, zum Zweck, die Menschheit zu vergiften.

- Fragt man nach den Auftraggebern, finden sich zunächst die Regierungen, dann die Multimilliardäre wie Bill Gates, dann die Geheimgesellschaften der Freimaurer, Bilderberger und Illuminaten dann wahlweise Außerirdische oder Echsenmenschen, die in der Hohlerde leben und deshalb von den Giften nicht betroffen sind.

* * *

Das ist nur ein Teil der Theorien.

- Die Chemtrail-Theorien unterscheiden sich auch darin, welche Ziele den Verursachern unterstellt werden.
- Während die einen vermuten, dass es darum geht, das Weltklima zu verändern, sagen die anderen, dass zumindest psychoaktive Stoffe oder andere Gifte ausgebracht werden, um die Menschheit zu manipulieren, zu versklaven, dumm zu halten oder auszurotten.

* * *

Sie sehen also, das Thema ist vielfältig.

Und die Fragestellung ist: bis zu welchem Punkt haben Sie persönlich die Sache plausibel gefunden – und wo sind Sie ausgestiegen?

* * *

Zurück an den Anfang

Ich bin einen anderen Weg gegangen – ich wollte wissen, was da wirklich dran ist. So arbeite ich. Ich suche die einfachste und plausibelste Erklärung, die ich beweisen kann und die ich erklären kann.

Das Wichtigste ist mir, dass wir von diesem Wort „Chemtrails" wegkommen.

Wenn wir Menschen außerhalb unserer kleinen Blase an Widerständlern erreichen wollen, müssen wir mit der größtmöglichen Seriosität argumentieren.

Es kann keinen Glauben und kein Wunschdenken geben, welches wir nicht mit Beweisen untermauern können.

So arbeite zumindest ich – und nichts und niemand wird mich davon abbringen.

* * *

Also, was haben wir entdeckt?

Herkömmliche Flugzeugtriebwerke sind gar nicht so sauber, wie behauptet wird.

Wer hätte das gedacht. Nein, kein Spaß.

Dieses Thema gibt es in der Öffentlichkeit überhaupt nicht.

Wir haben eine einzige Studie gefunden, die sich seriös und im Detail mit den Verbrennungsprodukten von Kerosin beschäftigt.

Ich blende Ihnen die Liste der Stoffe ein, die dabei entstehen.

Viele davon sind für den Menschen giftig – im Speziellen die winzigen Nanopartikel, die üblicherweise nur als „Ruß" zusammengefasst werden.

Diese sind so klein, dass sie – einmal eingeatmet – durch die Lunge ins Blut und durch das Blut ins Gehirn gelangen können.
Viele davon sind krebserregend.

* * *

In großen Höhen haben diese Partikel eine interessante Nebenwirkung:
Sie regen die Wolkenbildung an. Wolken bestehen nicht nur aus Wasserdampf oder Eiskristallen, jeder einzelne Tropfen braucht einen Kristallisationskeim.
In der Natur ist das zum Beispiel Feinstaub – aber auch Salzkristalle aus den Meeren. Um künstliche Wolken zu erzeugen, ist eine entsprechende Flughöhe nötig, wir brauchen eine ausreichende Sättigung der Luft mit Wasserdampf – und Kristallisationskeime.
In unserem Artikel erklären wir die Sache viel genauer, aber es hat sich herausgestellt, dass der moderne Flugverkehr weltweit zur Bildung einer künstlichen Wolkendecke führt.
Der Forschung ist das Problem bekannt, der Öffentlichkeit nicht.

Viele stellen die berechtigte Frage: Warum geschieht all das jetzt – und vor 20 Jahren gab es das noch nicht.

* * *

Die Antwort ist vielfältig.
Erstens, der Flugverkehr hat enorm zugenommen.
Wir haben Rekorde von **230.000** Flugbewegungen an nur einem Tag.

Zweitens: Die Sättigung der Troposphäre mit Wasserdampf ist viel höher. Das liegt zum einen am Flugverkehr selbst, zum anderen am Wasserdampf aus Atomkraftwerken.

Drittens, früher verlief der Flugverkehr in geordneten Bahnen. Dieses Prinzip wurde vor etwa 20 Jahren aufgegeben. Und etwa seit dieser Zeit fliegen Verkehrsmaschinen einige Kilometer höher in noch kühleren Luftschichten, wo die Wolkenbildung umso besser funktioniert.

* * *

Das Problem ist weltumspannend.

Und jeden Tag wird über eine Milliarde Liter Kerosin in der Erdatmosphäre verbrannt – und ich befürchte, das sind nur die Zahlen der zivilen Nutzung.

Ja, es gibt auch auf der Erde viel Dreck, der produziert wird. Aber dieser steigt nicht automatisch in die Höhe von 12 Kilometern auf, um dort künstliche Wolken zu verursachen.

Genau das macht aber der ganz normale Flugverkehr.

Recht ähnliche Mechanismen können zur Flutkatastrophe in Dubai beigetragen haben.

Dort ist innerhalb eines Tages eine Regenmenge abgegangen, die sonst im ganzen Jahr nicht fällt.

Es besteht durchaus Grund zur Annahme, dass die öffentlich bekannten Programme zur Wettermanipulation ihren Anteil daran hatten.

Nur: Es muss genügend Wasserdampf in der Atmosphäre sein, um auch abregnen zu können. Was uns wieder zur Atomkraft bringt.

122

Seit 4 Jahren gibt es in etwa 400 km Luftlinie entfernt zu Dubai ein nagelneues Atomkraftwerk – eines der größten der Welt.

Jedes Jahr wurde einer der Reaktoren in Betrieb genommen.
Zum Betrieb benötigt die Anlage eine Kühlung von 320 Millionen Liter Wasser pro Stunde. Die werden in die Atmosphäre verdampft.
Die Windrichtung weist vom AKW in Richtung Dubai.
Und dort regneten 254 Millionen Liter Wasser pro Quadratkilometer ab, die es sonst dort nicht gibt.
Ich kann nicht gesichert sagen, dass das Wasser aus dem AKW stammt – aber es besteht die hohe Wahrscheinlichkeit eines direkten Zusammenhangs.
Es hat einigen Menschen nicht gepasst, dass ich mich auf die Suche nach rational erklärbaren Hintergründen für die so genannten Chemtrails gemacht habe.

Der Grund ist, dass sie ihre Angst vor den Streifen am Himmel sehr lieb gewonnen haben.
Ich muss diesen Menschen aber eine Frage stellen:
Jeder Blick in den Himmel verunsichert sie.
Viele berichten von Ängsten, dass sie vergiftet werden.
Andere werden von großer Wut erfüllt, sie denken beispielsweise an eine Verschwörung der Milliardäre.
Wenn Sie das wirklich ernst meinen, weshalb tun Sie dann nichts? Lieben Sie ihr Leben nicht, das Ihrer Kinder und Ihrer Liebsten?
Wenn diese Chemtrails in Form von gefährlichen Giftstoffen eine reale Gefahr sind – weshalb ist das Einzige, das Sie tun – jeden Tag Bilder von Wolken auf Facebook zu posten? Verstehen Sie mich nicht falsch,

Sie können so viele Wolkenbilder posten, wie Sie Katzenbilder posten können.
Für beides wird man in dieser Welt aktuell noch nicht zensiert, verliert nicht seinen Job, wird nicht eingesperrt.
Wir bei Report24 haben Ihre Sorgen um die Ereignisse am Himmel ernst genommen.
Wir haben Hintergründe entdeckt, darüber berichtet und empfinden diese als durchaus ernst. Die geschilderten Probleme müssen in der öffentlichen Debatte ankommen.

Was aber wirklich mühsam ist, ist der Umstand, dass jeder derb beschimpft wird, der sich nicht einem oft sehr engstirnig wirkenden Glauben an Vergiftung, Gedankenkontrolle, Ausrottung der Menschheit, Aliens und Echsenmenschen anschließen möchte.
Ich denke, die Wahrheit kommt auch ohne solche Theorien aus – und wie anfangs erwähnt:
Man wird auch mehr Menschen damit erreichen, wenn man mit beiden Beinen gut geerdet am Boden der Realität bleibt.
Ich setze auch weiterhin auf wissenschaftliches Arbeiten und überlasse den fanatischen Glauben den Sekten.
Ganz ehrlich: Wenn man jemandem die Freundschaft kündigt, weil er „nicht an Chemtrails glaubt", dann läuft etwas Grundlegendes ziemlich falsch.

Link:
https://report24.news/mehr-als-nur-geoengineering-das-schmutzige-geheimnis-der-luftfahrt-und-jeder-sieht-weg/

Anmerkung von mir:
Diesen Aussagen kann ich nicht zustimmen!

Keine Aussagen zu den HAARP Anlagen, keine Aussagen zu bewussten und gewollten „ Wolkenimpfungen!!!
Hierzu lesen Sie anschließend weitere Informationen!

* * *

Flächendeckende Veränderung des Weltklimas durch künstliche Wolken:

Das ist der Stand der Dinge.

In den Kreisen der sich selbst oft als Widerstands-, Wahrheits- oder Friedensbewegung bezeichnenden Szene ist es zu einem identitätsstiftenden Erkennungsmerkmal geworden, sich wegen so genannten „Chemtrails" zu sorgen.
Während es zum Thema einige Bücher und Vortragsreihen gibt, kam es noch nicht zu Kundgebungen.
Die Art, wie die Luftfahrt aktuell funktioniert, führt zu einer flächendeckenden Veränderung des Weltklimas durch künstliche Wolkenbildung und zu massiver Umweltverschmutzung.
Eigentlich müssten vor allem Grüne alarmiert sein, würden sie ihren Namen verdienen.
Die Grundannahme ist, dass es „früher" viel öfter einen ungetrübten, blauen Himmel gab.
(Und ob es den gab!!)
Dies fällt speziell im Frühling und Sommer auf.

Und tatsächlich, wenn man häufig auf das Wetter achtet, fallen einem in allen Himmelsrichtungen **weiße** Streifen auf, die sich manchmal in Mustern zu überschneiden scheinen.

125

Aus diesen Streifen bilden sich häufig weit aufgefächerte Cirruswolken – das kann so weit gehen, dass der gesamte Himmel von einer milchig weißen Wolkendecke bedeckt ist.

Wissenschaftlich handelt es sich dabei um unstrittige Tatsachen. An dem Phänomen wird seit langem geforscht – und man sieht es aus mehrfacher Hinsicht als ernstes Problem an.

Während man der Bevölkerung lieber vorlügt, dass CO_2 ein problematisches Gas wäre, an dem die Welt verkocht, wäre es sinnstiftender, den Blick auf die unendlichen Nebel der Kondensstreifen zu lenken.

Betrachtet man die Summe der Studien, die bislang erschienen sind, ist die Aussage klar:

* * *

Die künstlichen Cirruswolken tragen zur Erderwärmung bei.

Eine systematische, nachvollziehbare Aufarbeitung
In diesem Feld sind viele Betrüger und Geschäftemacher unterwegs.
Report24 ist dafür bekannt, die Dinge sachlich, systematisch und nachvollziehbar anzugehen.
Wenn Sie daran interessiert sind, Studien aus den renommiertesten Fachmagazinen zum Thema zu lesen, hier eine kleine Auswahl:
- Bulletin of the American Meteorological Society, 1997, Contrail-Cirrus and Their Potential for Regional Climate Change.

- In diesem aus heutiger Sicht sehr alten Papier wird die Problematik umfassend beschrieben.
- Damit ist auch bewiesen, dass die logische Abfolge – Kondensstreifen, die zu künstlicher Wolkenbildung führen – schon seit gut 30 Jahren auch in der wissenschaftlichen Welt bekannt ist.
- Der Autor beschreibt, wie diese Wolken zu Klimaveränderungen führen können – hält dies aber noch für einen regionalen Effekt.

https://report24.news/flaechendeckende-veraenderung-des-weltklimas-durch-kuenstliche-wolken-das-ist-der-stand-der-dinge/

https://report24.news/chemtrails-statt-saharastaub-welche-substanzen-kommen-wirklich-aus-dem-himmel/

https://report24.news/geoengineering-chemtrails-und-mehr-ueber-300-patente-zur-wettermanipulation-bekannt/

https://report24.news/chemtrails-gegen-wolken-erhebliche-zweifel-an-effektivitaet-von-hagelfliegern/

https://report24.news/erster-us-bundesstaat-verbietet-geoengineering-massnahmen-wie-chemtrails/

Anmerkung von mir:
Warum verbietet ein US-Bundesstaat Geoengineering, wenn es ihn laut 1. Bericht oben gar nicht gibt?

* * *

Werner Altnickel:
„Es wird im großen Stil Wettermanipulation betrieben"

Link:
https://www.auf1.tv/nachrichten-auf1/werner-altnickel-es-wird-im-grossen-stil-wettermanipulation-betrieben

Wir bei AUF1 wollen auch jenen Meinungen Raum geben, die in den Mainstream-Medien nicht vorkommen oder die nur mit dem Kampfbegriff „Verschwörungstheorie" abgetan und lächerlich gemacht werden.
Dazu gehört auch die vermutete Wettermanipulation bzw. der Einsatz von Wetterwaffen durch verschiedene Staaten.
In den Medien wird diesbezüglich gerne von den sogenannten „Chemtrails" gesprochen.
Bernhard Riegler hat mit dem Experten Werner Altnickel über dieses Thema gesprochen. Er meint belegen zu können, dass derlei Programme nicht Science Fiction sind, sondern tatsächlich existieren und auch praktisch zum Einsatz kommen.

* * *

Passend zu: Broschüre „Der Klima-Betrug"

Link:
https://www.auf1.shop/products/broschuere-der-klima-betrug

Nicht das Klima ist in Gefahr, sondern unsere Freiheit!

Kaum ist es ein paar Tage sonnig, beginnt die alljährliche Hitze-Hysterie. Wetterkarten sind tiefrot gefärbt und sogenannte „Experten" geben Ratschläge zum Überleben.
Willkommen im „Höllensommer des Jahrtausends"!

Wie bei Corona steckt auch hier ein System dahinter: Politiker und Medien erzeugen Angst, um die Menschen zu manipulieren und radikale Maßnahmen durchzusetzen, wie Hitze-Lockdowns oder Fahrverbote. Die Klima-Hysterie zielt darauf ab, die Freiheit der Menschen einzuschränken und Privatbesitz abzuschaffen. Der „Great Reset" bedeutet die Enteignung, Entrechtung und totale Kontrolle jedes Einzelnen.

* * *

Wir müssen nicht das Klima retten, sondern unsere Freiheit!

Link:
https://www.auf1.shop/products/broschuere-der-klima-betrug

In dieser Broschüre finden Sie die zentralen Informationen:
Wer diesen Klima-Schwindel inszeniert hat und was uns blüht, wenn er nicht entlarvt wird. Erstmals wird klar und deutlich der Zusammenhang zwischen der

Klimapanikmache und den schändlichen Plänen der Globalisten sichtbar gemacht.
Welche Ziele haben sie und welcher Maßnahmen bedienen sie sich.
Wir offenbaren die Mutter des Klimawahnsinns:
Die CO2-Lüge. Und wir zeigen die größten Irrsinnigkeiten der Klima-Tyrannen.
Diese Broschüre ist sozusagen der Hitze-Hysterie-Schutzplan.
Bestellen Sie jetzt und helfen Sie mit bei der Aufklärung!

Anmerkung von mir:
Ich weiß, viele werden jetzt sagen: och neee nicht schon wieder diese angeblichen Pläne von Globalisten.
Denkt bitte einmal darüber nach:
Kann es sein, dass so viele Menschen, so viele wirkliche Fachleute über etwas berichten, das es angeblich nicht gibt??? Und das auch noch mit handfesten Beweisen??

* * *

Wetter-Manipulationen:
Was wir sicher wissen - Vortrag von
ETH-Physiker Dr. Philipp Zeller

Link:
https://www.kla.tv/27872

Was wissen Sie, liebe Zuschauer über
Wettermanipulationen?
Wird dieses Thema in Ihrem Umfeld auch kontrovers diskutiert und gerne als Verschwörungstheorie abgetan?

Der folgende Vortrag eines promovierten Naturwissenschaftlers am Sommer-WEFF 2022 in Davos ist diesbezüglich sehr aufschlussreich.

Philipp Zeller studierte Physik an der ETH Zürich und hat den Doktortitel in Naturwissenschaften.

Als Freizeitpilot befasst sich Zeller schon seit über drei Jahrzehnten eingehend mit dem Wetter.

Im Laufe der Zeit bemerkte er zunehmend

* * *

„Auffälligkeiten am Himmel".

Er begann eigene Untersuchungen durchzuführen und zu recherchieren. Insbesondere zu den Themen **SRM** (Management der Sonneneinstrahlung), **SAI** (Stratosphärische Aerosol-Injektion) und **HAARP** (Hochfrequenz-Aktiv-Auroral-Forschungsprojekt).

Der ehemalige Hochschuldozent Zeller hat lange im Bereich Patentierung gearbeitet. Darum kennt er sich auf diesem Gebiet sehr gut aus.

Durch seine Recherchen hat er an die **1.000 Patente für Technologien zur Wettermanipulation gefunden – diese reichen bis ins Jahr 1892 zurück.**

Mehr dazu auf o.g. Seite und im Video!!

* * *

CO2-Debatte als Ablenkung von Wettermanipulationen durch Militärs

Link:
https://www.kla.tv/16286

Tagein tagaus berichten Presse, Funk und Fernsehen über die fatalen Folgen eines globalen Klimawandels durch CO2.
Eine massive Erhöhung von Steuern, die Regulierung der Wirtschaft, ein lukrativer CO2-Zertifikatehandel, Beschränkungen und Auflagen zulasten der Bevölkerung sind die Antworten auf die Szenarien.

Kritische Stimmen werden kategorisch und undifferenziert als Klimaleugner abgestraft.
Doch bei genauerem Hinhören hinterfragen die sogenannten Klimaleugner oft lediglich die offiziell ausgewiesene Ursache CO2 als Verursacher von Wetterkatastrophen wie Dürren, Überschwemmungen, Stürme, Unwetter usw.
Kla.tv begibt sich auf eine interessante Spurensuche von vielleicht ganz anderen Ursachen für ein zunehmendes Wetterchaos.
Im Netz gibt es eine Fülle von **Augenzeugenberichten** über das Versprühen von Substanzen in die Atmosphäre oder auch hochleistungsfähige Antennenanlagen, mit denen das Wetter manipuliert werde.
Diese werden von offizieller Seite als Verschwörungstheorien bezeichnet.
Da die Fülle an Informationen sich langsam nicht mehr unterdrücken lässt, werden diese zunehmend in kleinen

Dosen eingeräumt bzw. als notwendig zur Vermeidung des Klimawandels dargestellt.

In dieser Sendung lässt Kla.tv offizielle Stimmen aus Funk und Fernsehen zu Wort kommen, die teils schon Jahre zurückliegen.
Wir beginnen mit der Spurensuche:

Mehr dazu unter o.g. Link!!!

* * *

USA -
Giftversuche an der eigenen Bevölkerung

Link:
https://www.kla.tv/27988

Eines der Hauptargumente von momentan noch überzeugten Impfbefürwortern ist, dass die Regierungen dieser Welt uns Bürger doch niemals absichtlich schädigen würden.
Leider gibt es zahlreiche Fakten und Belege, die genau das Gegenteil beweisen.

Ein älterer Bericht aus dem Jahr 1994 vom Spiegel TV Magazin, enthüllt genau diese Absicht.
Als Beispiel dienen die großangelegten Experimente meist großer Metropolen in den USA.
Die unfreiwilligen Testobjekte waren hier US-Bürger.
Sie wurden vergiftet, weil das Militär sehen wollte, was passiert – da Kampfstoffe erprobt werden müssen, bevor sie beim „Feind" zum Einsatz kommen.

133

So wurde z.B. eine Grundschule jeden Tag, drei Monate lang, als „Feind" mit Zink-/Cadmium-Sulfid bombardiert.

Jeden Tag wurden die Kinder auf Rückstände überprüft, ohne dass die Eltern wussten, weshalb. Die Folgen waren grausam.
Eine ehemalige Schülerin berichtete, dass sie eine der Wenigen sei, die überhaupt noch leben.
Die eine Hälfte ihrer ehemaligen Klassenkameraden sind tot, die anderen haben mit schwersten Krankheiten, Sterilisation oder Behinderung der Kinder zu kämpfen. Sie selbst hat drei schwerbehinderte Kinder geboren. Ihr Verbrechen: Sie ging brav zur Schule.
Hier der noch unzensierte Bericht von Spiegel TV von 1994:
Mehr dazu unter o.g. Link!!

* * *

The World of Geoengineering

Link:
https://etcgroup.org/content/world-geoengineering

Diesen Text habe ich mit Hilfe von Google-Übersetzer in deutsch übertragen:

Die ETC Group veröffentlicht eine Weltkarte des Geoengineerings – der großflächigen Manipulation von Erd- oder Klimasystemen. Zwar gibt es keine vollständige Aufzeichnung der zahlreichen Wetter- und Klima-kontrollprojekte in Dutzenden von Ländern, doch diese Karte ist der erste Versuch, den wachsenden Umfang der

Forschung und Experimente zu dokumentieren.
Auf der Karte sind fast **300 Geoengineering-Projekte/-Experimente** dargestellt, die zu 10 verschiedenen Arten klimaverändernder Technologien gehören.

Mehr Informationen hierzu finden Sie unter o.g. Link!!

* * *

Warum Umweltbalance?

Quelle:
https://wetteradler.de/Umweltbalance

Das Meer an technisch erzeugten Frequenzen, die mit sehr viel Leistung in die Atmosphäre gesendet werden, laden diese auf unnatürliche Weise auf und erzeugen dadurch starkes Ungleichgewicht.

Auf natürlichem Weg wird Ungleichgewicht und Überladung für gewöhnlich in Form von Gewitter und Blitzen ausgeglichen, in dem diese die überschüssige Energie unter anderem nach unten zur Erdoberfläche abführen.
Diese Entladung ist gesund und erforderlich für ein harmonisches Gleichgewicht auf der Erde.

* * *

Wie genau ?

In erster Linie werden am Himmel Aerosole durch Flugzeuge ausgebracht, die die **Leitfähigkeit der Atmosphäre** signifikant erhöhen.
Die Eigenschaft einer leitfähigen Atmosphäre hat auch für das Militär viele Vorteile, so werden z.B. **Radarsignale besser reflektiert**.

Hochleistungsradar Anlage wie die **HAARP, EISCAT** oder **NEXRAD** Systeme können elektrische Leistung im Mega- und Gigawatt Bereich in die Atmosphäre senden. Hierdurch können große Gebiete gezielt aufgeheizt werden, was unter anderem einen erheblichen **Einfluss auf Druck, Thermik, Temperaturen** und sogar **Jahreszeiten** haben kann.

"Mit der technischen Einflussnahme des **Geo-Engineerings** können gezielt Stagnationen, Überladung oder Mangelzustände unterschiedlichster Art erzeugt werden."

* * *

Alles strebt nach Balance und Harmonie.
Wird diese natürliche Balance zum Beispiel durch den Einsatz von Hochfrequenzanlagen und künstlich versprühte Chemikalien in die Atmosphäre gestört, entsteht ein Ungleichgewicht.
Diese Disharmonie sucht stets den Ausgleich.
Wird z.B. ein Teil der Erde besonders stark von der Sonne aufgeheizt, steigt dort die warme Luft auf und erzeugt im unteren Bereich einen „Mangel an Luft".
Die umliegende kühlere Luft, strömt nun heran, um den Mangel auszugleichen – Es entsteht Wind.

Mittels elektrischer erzeugter Energie können große Bereiche in der Atmosphäre aufgezeigt werden, um so Luftmassen in Bewegung zu versetzen.

Auf diese Weise kann heute sogar der Jetstream (Golfstrom) beeinflusst werden.
Wird ein Bereich besonders stark und besonders lange elektrisch aufgereizt, entsteht eine große Hitze und Wind Stagnation im Zielgebiet.
Wird die technische Hinzugabe von Energie dann abrupt abgestellt und damit die Blockade gelöst, **kommt es meist zu starken Orkanen und Unwettern,** da die Umgebung nun versucht in kürzester Zeit das Ungleichgewicht, auszugleichen.

Aber nicht nur die zusätzliche technische Energie der Hochleistungsantennen sind ein Faktor, sondern auch die **künstliche** Anreicherung des Himmels mit chemischen Aerosolen, die unter anderem dessen Leitfähigkeit signifikant erhöhen.
Eine übermäßig leitfähige Atmosphäre hat für das Militär zum Beispiel den Vorteil, dass sogenannte „Over-Horizon-Radare" besser funktionieren.

Hierbei werden die kleinen Metallpartikel am Himmel als Spiegel benutzt, um so die Radarstrahlen über den Horizont hinaus zu transportieren.
Neben dieser strategischen Anwendung einer leitfähigen Atmosphäre gibt es auch noch weitreichende andere „Vorteile" für diese Art der **Kontrolle** und **Machtausübung**.

Eine weitere Anwendungsmöglichkeit ist es, für den Menschen **stressende Frequenzen** in den Himmel zu senden, welche sich dann großflächig über einen Bereich, z.B. eine Großstadt oder ein Bundesland ausbreiten und hier für vielerlei Symptome sorgen können.

Diese Symptome können von Müdigkeit und Kopfschmerzen bis hin zu Gelenk- und Gliederschmerzen und mehr führen.
Die direkte Folge hieraus kann dann ein Besuch beim Arzt oder Apotheke und die Einnahme von Schmerzmitteln sein.
Wer hier profitiert, sollte eindeutig sein.

Was können wir tun?

In erster Linie ist der wichtigste Schritt sich des Ausmaßes der Manipulation bewusst zu werden, um gegen die gezielte Desinformation der Mainstream Medien resistent zu werden und Halbwahrheiten oder Unwahrheiten schon so früh wie möglich zu entlarven.

Der zweite Schritt ist es über dieses Thema mit Mitmenschen zu reden, denn nur so können wir die gigantische Maschine der Wetter- und Klimamanipulation stoppen.
Die Mainstream Medien versuchen seit einiger Zeit das Geo-Engineering als „Klimaretter" zu positionieren.
Damit wird die Ursache des „Klimawandels" auf die Natur geschoben, nicht aber in der Anwendung dieser Wetter verändernden Waffentechnologien gesucht.

Wie groß das Interesse an der Kontrolle von Naturgewalten und des weltweiten Wetters ist, beweisen hunderte Patente, von denen die frühesten bis ins 18. Jahrhundert zurück reichen – Weit vor dem heutigen Narrativ des „Klimawandels".

"Würden alle 5G Sendeanlagen, Wetter- und Hochleistungsantennen, sowie das Geo-Engineering Programm pausiert werden, wäre der Klimawandel binnen 24 Stunden vorbei, der Himmel würde weltweit anders aussehen und das Insektensterben wäre vorüber."
- Wetteradler

* * *

Patente

Quelle:
https://wetteradler.de/patente

Patent Nr. 3813875
Ein System zum Freisetzen von Barium zur Erzeugung von Ionenwolken in der oberen Atmosphäre.

Patent Nr. 0462795
16. Juli, 1891 – Verfahren zur Erzeugung von Regenfall

Patent Nr. 1103490
6. August, 1913 – Regenmacher

BibTex

```
@{patent:0462795,
  title   = "",
  number  = "0462795",
  author  = "",
  year    = "1891",
  month   = "November",
  url     = "https://www.freepatentsonline.com/0462795.html"
}
```

Copy to Clipboard   Close

EndNote

```
*Patent
Author  Year    Title   Country Assignee    Number  URL
        1891            United States       0462795
https://www.freepatentsonline.com/0462795.html
```

Copy to Clipboard   Close

Import to EndNote

- Copy the details under **EndNote**, and save it in a notepad (as .txt file).
- Open the EndNote library to import the details.
- Select **File**, select **Import** option in the drop down.
- In the import dialogue box, do the following:
  - In the **Import Data File**, click **Choose File** to browse to the .txt file with saved details.
  - Set the **Import Option** to **Tab Delimited**.
- Click **Import** when done.

Kopie des Patents Nr. 0462795
16. Juli, 1891 – Verfahren zur Erzeugung von Regenfall

Hier habe ich nur die ersten drei Patente eingefügt.

Prüfen Sie selbst unter o.g. Link was noch patentiert wurde!!
Ich verspreche Ihnen, Sie werden mehr als überrascht sein!!

Eines ist klar, das sind noch längst nicht alle Patente die im Bereich „ Wettermanipulationen „ erteilt wurden!!

Völlig normal?

* * *

Paukenschlag: Linienflugpilot spricht!

Linienflug-Pilot mit 34 Jahre Erfahrung entlarvt das Chemtrail-Programm:
„ Sie machen das schon seit Jahren !!!! „

„ Die beiden Ziele von Chemtrails sind sehr, sehr klar", sagte er zu Critchley.
Sie sollen uns vergiften und die Sonne abschirmen. Pflanzen brauchen Sonnenlicht für die Photosynthese, und unser Körper braucht das Sonnenlicht beispielsweise für die Produktion von Vitamin D.
Die Blockade der Sonne wird sich also nachteilig auf alles Leben auf der Erde auswirken und ihr Überleben bedrohen.

An dem Tag, an dem er die lange Nord-Süd-Spur sah, die von 13 weiteren Flugzeugen gekreuzt wurde, konnte Mark von seinem Kollegen am örtlichen Flughafen eine Registrierung für das Flugzeug erhalten. Anhand der Registrierung führte seine Recherche zu dem britischen Unternehmen **2Excel Aviation Broadsword.**

Quelle:
https://legitim.ch/paukenschlag-linienflu-pilot-mit-34-jahren-erfahrung-entlarvt-das-chemtrail-programm-sie-machen-das-schon-seit-jahren/

* * *

Geo - Engineering aufgedeckt: Whistleblowerin Kristen Meghan packt aus

Link:
https://www.kla.tv/GeoEngineering/29844

Interviewer:
Wir sind also hier mit Kristen Meghan. Sie ist eine Militärveteranin, richtig?

Kristen Meghan:
Ich war neun Jahre bei der U.S. Air Force.

Interviewer: Wow. Sie haben Sich geoutet und die Dinge mit Geoengineering [Erklärung: bewusste Manipulation des Klimasystems durch den Menschen] aufgedeckt, von denen Sie Zeuge geworden sind. Können Sie uns das kurz schildern?

Kristen Meghan:
Ich hatte von dem gehört, was viele Menschen als Chemtrails kennen, ich arbeitete in der Bio- und Umwelttechnik und dachte mir: „Das ist doch verrückt, warum sollten wir so etwas tun, das Wetter verändern, indem wir gefährliche Stoffe in unsere Atmosphäre freisetzen?"
Während ich versuchte, das zu entlarven, zu widerlegen, wurde mir klar, dass es direkt aus meinem Büro kam, denn ich gehörte zu den Leuten, die die Chemikalien genehmigten.
Das erschütterte meinen geleisteten Eid in seinen Grundfesten, ich nahm viele Proben, stellte viele Nachforschungen an und ließ die Sache auffliegen, und bin damit rausgekommen.   143

Jetzt habe ich meine Qualifikation, meinen Eid, meine Befugnisse für das Gute eingesetzt, um Menschen zu helfen, zu verstehen, dass das sehr real ist.

Es wird jetzt offen zugegeben.

Es gibt mehrere Formen der Wettermodifikation.
Ich habe speziell das Einbringen von Aerosolen in die Stratosphäre herausgefunden, wir müssen weltweit verstehen, dass dies jetzt zugegeben wird, indem sie sagen, dass sie damit den Klimawandel bekämpfen wollen.
Der Klimawandel, über den wir uns Sorgen machen, ist die von Menschen gemachte Klimaveränderung, also **Geoengineering**.

Interviewer:
Und wenn Sie sagen, dass Chemikalien in die Luft gepumpt werden, welche Art von Chemikalien werden dann auf die Menschheit herabregnen?

Kristen Meghan:
Nanopartikuläre Metalle, wie Sulfate, Barium und Strontium.
Ich weiß, dass sich das wahrscheinlich im Laufe der Zeit geändert hat, dass sie für bestimmte Dinge Silberjodid verwendet haben.
Das Merkwürdige war die Menge, die Form, in der sie kamen, es sind dieselben Materialien, die ich am Arbeitsplatz versucht habe zu entfernen und durch sicherere Materialien zu ersetzen.

Wenn man feststellt, dass das so genannte

Sicherheitsdatenblatt – Informationen über eine Chemikalie, welche persönliche Schutzausrüstung zu tragen ist, wie sie zu entsorgen ist, wie sie zu verpacken ist, um sie zu versenden – wenn wichtige Informationen fehlen, dann habe ich Fragen.

Meine Fragen führten zu einer Dämonisierung mir gegenüber, ich wusste, dass ich etwas gefunden hatte, was ich nicht hätte finden sollen.

Interviewer:
Das ist Wahnsinn. **Diese Metalle sind also grundsätzlich giftig für den Menschen, würde ich vermuten, oder?**

Kristen Meghan:
Ja, denn sie enthalten auch Aluminium.
Viele Leute werden sagen, dass diese Dinge in kleinen Mengen nicht schlimm sind.

Es sind keine kleinen Mengen.
Denn wenn man so etwas über uns ausbringt, ist die Verteilungsgeschwindigkeit wetter- und klimaabhängig.
Es gelangt in die Nahrung und in den Boden.
Überall auf der Welt sind die Kläranlagen **nicht** in der Lage, Pharmazeutika oder diese Toxine, herauszufiltern. Wenn Sie also Bio-Lebensmittel anbauen, werden wir dann zu der Plexiglasabsperrung für unsere Pflanzen zurückkehren müssen?

Das ist furchtbar.
Deshalb muss man diese Praktiken überall verbieten.
Wir haben Staaten in den USA, die ein Verbot erlassen haben, um den Stein ins Rollen zu bringen, aber die

145

Menschen müssen aufwachen, unabhängig von politischen Parteien.

Außerdem ist eine enorme Zunahme neurodegenerativer Erkrankungen wie **Alzheimer** zu verzeichnen.
Für Menschen mit **Atemwegserkrankungen** und **Asthma** ist es sehr schwierig, die Menschen fragen sich, warum sie ständig **Allergien** haben.

Interviewer:
Mir gefiel, was Sie über den Klimawandel oder die Veränderung des Wetters sagten, die wir erleben.
Oft können wir das nicht von diesen **Geoengineering-Aktivitäten** trennen.
Möchten Sie noch etwas dazu sagen?
Ich meine, wie spüren wir das?
Gibt es einen Beweis dafür, dass es definitiv von dort kommt?

Kristen Meghan:
Es gibt Orte, die das offen zugeben.
Erinnern Sie sich an Dubai?

[Mehr über die Ursachen des Starkregens in Dubai im April 2024: www.kla.tv/29067]

Als man sich darüber aufregte, ruderten sie rasch zurück, aber die Büchse war bereits geöffnet.
Das Problem ist, wenn man sich Filme mit Zeitreisen ansieht, heißt es, wenn man etwas tut und etwas verändert, löst das einen Dominoeffekt aus.
Wenn man das Wetter verändert, legt man sich mit Mutter Natur an.

Meteorologie ist ein sehr, sehr gründliches Studium, ich weiß viel davon, weil ich beruflich mit der Aufzeichnung von Gefahren zu tun habe.

Es macht keinen Sinn, wenn man die Natur verändert, wenn Dinge nicht natürlichen Ursprungs sind.

Wir hatten massive Überschwemmungen in Kalifornien, wir haben ein System namens **HAARP**, das in den USA steht.

[Mehr über das US-amerikanische Forschungsprogramm HAARP: www.kla.tv/HAARP]

Dieselben Leute, die mich vor fünf, zehn Jahren verteufelt haben, sagen jetzt: „Wow", weil sie feststellen, dass es in allen unseren US-Dokumenten offen zugegeben wird.

Die USA sind nicht das einzige Land, das dies tut.

Interviewer:
Wow, das ist verrückt. Nun, vielen Dank, dass Sie sich dazu geäußert haben und die Menschheit wissen lassen, was vor sich geht.

Ich danke Ihnen sehr, Meghan.

Kristen Meghan: Danke

von kein Autor

Quellen/Links: keine Quellen

Militärpilot deckt streng geheimes Chemtrails-„Gedankenkontroll"- Programm auf.

Quelle + Video:
https://www.pravda-tv.com/2024/09/militaerpilot-dekct-streng-geheimes-chemtrails-gedankenkontroll-grogrammauf-um-die-zivilisation-zu-zerstoeren-video/

Ein Pilot der US Airf Force hat eine geheime Operation aufgedeckt, die weit über die Geheimhaltungsstufe „ streng geheim „ hinausgeht.
Dieses seit mindestens 1996 aktive Programm der Air Force hat ein erschreckendes Ziel:
Bis 2025 soll die gesamte Bevölkerung der Vereinigten Staaten durch eine gefährliche Mischung bewusstseinsverändernder Chemikalien unterdrückt werden.
Der Pilot hat solide dokumentarische Beweise vorgelegt, die ein Komplott aufdecken, das sich gegen die nordamerikanische Bevölkerung richtet.
Er warnt, dass der Himmel im Vorfeld der Wahlen im November mit noch mehr Chemikalien als je zuvor gefüllt sein wird.
Dieser Aufbau ist Teil der letzten Phase der Operation, deren Ziel die totale Gedankenkontrolle und Versklavung der Bevölkerung bis 2025 ist.

Seit Jahrzehnten beharren die Mainstream-Medien darauf, dass Chemtrails nichts weiter als eine wilde Verschwörungstheorie seine, die von sogenannten „Aluhutträgern" verbreitet werde, die es verdienten, verspottet und verhöhnt zu werden.

Im Jahr 2024 hat sich etwas geändert. Den Mainstream-Medien wird nicht mehr gesagt, sie sollen die sogenannten Verschwörungstheorien lächerlich machen.

Jetzt werden sie angewiesen, so zu tun, als hätte jeder schon immer von Chemtrails gewusst und als seinen sie völlig normal, harmlos und sogar nützlich.
Im Jahr 2024 behaupten die Medien, dass die dunkle Elite aus 4.500 Metern Höhe unbekannte Chemikalien auf uns versprüht, und zwar alles, weil sie angeblich unser Wohl im Auge hat.

Es gibt nun ein Problem für die Elite und die korrupten Mainstream-Medien:
Ermittler decken ihre Verbrechen auf und Whistleblower melden sich in Scharen, um ihre geheimen Pläne offenzulegen!

Mehr dazu unter o.g. Link.

HYBRID

Was versteht man unter Hybrid??

Tomaten- und Gurkenpflanzen sind oft Hybridpflanzen

Hybrid

Das Substantiv Hybrid und das Adjektiv hybrid beziehen sich auf etwas Gebündeltes, Gekreuztes oder Vermischtes.
Diese griechischstämmigen Begriffe haben über das Lateinische ihren Weg unter anderem in die englische und deutsche Sprache gefunden.

Quelle: Wikipedia

Kann man Hybridpflanzen vermehren?

Zur Saatgutvermehrung aus dem eigenen Garten eignen sich nur samenfeste Pflanzensorten, **Hybridpflanzen sind ungeeignet**.
Samenfeste oder sortenreine Pflanzensorten sind durch Züchtung über Jahrhunderte oder Jahrtausende entstanden.

* * *

Was sind Hybrid Gemüse?

Hybridsamen sind Samen, die aus Kreuzungen gewonnen wurden.

Über mehrere Generationen werden die Elternpflanzen mit sich selbst befruchtet und damit spezielle gewünschte Eigenschaften der Gemüse-, Kräuter- oder Blumensorte herausgearbeitet.
Die Elternlinien werden auf Perfektion gezüchtet.

* * *

Wie werden Hybridpflanzen gezüchtet?

Hybride Pflanzen oder Hybridpflanzen entstehen durch eine besondere Form der Züchtung.
Dabei kreuzen Züchter:innen zwei reinerbige Elternlinien **(auch Inzuchtlinien genannt)** miteinander.

Klassische Pflanzenzucht

In der klassischen Pflanzenzucht können Züchter*innen **Chemikalien** oder **Strahlung** einsetzen, um das Erbgut von Pflanzen zu verändern.
Wie das Bundesinstitut für Risikobewertung (BfR) schreibt, ist dies eine recht ungenaue Methode – man kann nicht steuern, an welcher Stelle im Genom die Chemikalie oder die Strahlung angreift.
Deshalb müssen die Züchter*innen anschließend die Pflanzen selektieren, bei denen tatsächlich die gewünschte Veränderung eingetreten ist.

Anmerkung von mir:
- Jetzt verstehe ich so einiges wobei meine Mutter gearbeitet hat!
- Maispflanzen wurden verändert um die natürlichen Gegebenheiten besser zu verwerten und mehr Ertrag zu erhalten!!!
- Das Wort „ selektieren „ ist mir von daher nicht unbekannt gewesen. Nur warum dies gemacht wurde, wusste ich damals nicht.

* * *

Konventionelle Gentechnik

In der konventionellen **Gentechnik** entnehmen Züchter*innen eine Stammzelle, zum Beispiel eine Eizelle.
In diese schleusen sie das Gen ein, das später in der Pflanze enthalten sein soll. Zuletzt setzen sie die Stammzelle wieder ein.

Idealerweise enthält am Ende jede Zelle das neue Gen.
Laut dem Fraunhofer Institut für Naturwissenschaftlich-Technische Trendanalysen (INT) arbeitet die konventionelle Gentechnik mit artfremden Genen.
Deshalb lassen sich konventionelle gentechnische Eingriffe gut nachweisen.

* * *

Was sind genmanipulierte Pflanzen?

Im Gegensatz zu transgenen Pflanzen enthalten diese gentechnisch veränderten Kulturpflanzen keine artfremden Gene.
Vielmehr wurden bestimmte Gene, die für die unerwünschten Effekte mitverantwortlich sind, durch gentechnische Methoden gezielt ausgeschaltet
(Gene silencing).

* * *

Was ist Kreuzung bei Pflanzen?

Bei Pflanzen und Tieren wird einerseits die geschlechtliche Fortpflanzung zwischen zwei genetisch verschiedenen, aber relativ nahe verwandten Arten, Unterarten oder Sorten (bei Pflanzen) beziehungsweise Rassen (bei Tieren) bezeichnet, andererseits auch deren Ergebnis Kreuzung genannt.

LEBENSMITTEL - ZUSÄTZE

EINSCHLEPPUNG VON FLIEGEN UND ANDEREN UNGEZIEFERARTEN IN LANDWIRTSCHAFTLICHE ERZEUGNISSE FÜR RUSSEN

Mit dem Erlass der Regierung der Russischen Föderation vom 10. Oktober 2023 N 2761-r wurden Änderungen in der Liste der landwirtschaftlichen Erzeugnisse genehmigt, deren Erzeugung, primäre und nachfolgende (industrielle) Verarbeitung von landwirtschaftlichen Erzeugern sowie von wissenschaftlichen Organisationen, professionellen Bildungseinrichtungen, Bildungseinrichtungen der höheren Bildung im Rahmen ihrer wissenschaftlichen, wissenschaftlich-technischen und (oder) pädagogischen Tätigkeit durchgeführt werden.

1. Nach der Position des Codes 10.91.10.290 werden die folgenden Positionen hinzugefügt:

- 10.91.10.310 Schwarze Lionfly-Produkte
- 10.91.10.311 Larven der Schwarzen Pechlibelle - Fette
- 10.91.10.312 Feinmehl der Schwarzen Löwenfliege
- 10.91.10.313 Grobmehl der Schwarzen Löwenfliege

- 10.91.10.314 Granulat von Larven der Schwarzen
Löwenfliege
- 10.91.10.315 Maische von Larven der Schwarzen
Löwenfliege, gekühlt oder gefroren
- 10.91.10.319 Andere Erzeugnisse der Schwarzen
Löwenfliege.

2. Nach der Position, die unter Code 01.49.19.471 fällt,
ist Folgendes hinzuzufügen
- 01.49.19.476 Schwarze Löwenfliege".

3. Nach der Position, die unter Code 01.49.26.111 fällt,
ist Folgendes hinzuzufügen
- 01.49.28.210 Eier der Schwarzen Löwenfliege.
- 01.49.28.220 Lebende, gekühlte oder gefrorene
Larven der Schwarzen Löwenfliege.

**Ich denke, dazu bedarf es keine weiteren
Erklärungen!**

* * *

Der „Great Lebensmittel-Reset"
bedroht alle Menschen!

Link:
https://www.kla.tv/28652

Möchte eine Regierung oder Lobbyorganisation etwas an
den bestehenden Regeln und Gesetzen ändern,
begründet sie dies häufig mit dem „Klimawandel" und der
angeblich nötigen CO2-Reduktion – vor allem, wenn

davon auszugehen ist, dass es sonst Widerstand in der Bevölkerung gibt.

Über den Schwindel mit manipulierten Daten und gleichgeschalteten Aussagen haben wir schon vielfach berichtet.

Die Behauptungen der Vereinten Nationen in Bezug auf den menschengemachten Klimawandel sind auch umfassend widerlegt, wie z.B. durch die World Climate Declaration der Climate Intelligence Foundation (Clintel).

Deren fundiert begründete Erklärung, dass es keinen Klimanotstand gibt, haben 1.500 der weltweit führenden Klimawissenschaftler und Fachleute in über 30 Ländern unterzeichnet.

Mehr dazu unter o.g. Link!

* * *

Nahrungsmittel, die Insekten enthalten

Link: https://www.agrarheute.com/land-leben/insekten-lebensmitteln-so-verpackungen-gekennzeichnet-603711

Bericht von Peter Laufmann:

Seit Kurzem ist der Zusatz von bestimmten Insekten in Lebensmittel erlaubt. Nicht jedem gefällt das. Auf diese Kennzeichnung sollten Verbraucher achten.

In der Europäischen Union gelten Insekten, Insektenteile und Inhalte aus Insekten als Novel Food - neuartige Lebensmittel. Sie bedürfen einer Zulassung.
Seit Ende Januar können auch die Larven des Getreideschimmelkäfers in Lebensmitteln verarbeitet werden.

* * *

Insekten in Pulver oder als Paste in Lebensmitteln

Nur **wenige Arten von Insekten** haben bislang diese Zulassung erhalten. Sie betrifft nicht nur die Art, sondern auch die Form, in der sie verarbeitet werden darf. Teil der Zulassung ist die Bewertung, ob das Insekt irgendwie der Gesundheit des Konsumenten schaden kann.

Gängig ist heute in der Regel **nicht das Vollinsekt, sondern eine Paste oder ein Pulver** zu verarbeiten. Das steht in der Novel-Food-Veror159dnung der EU. Zutatenliste von Insekten: auf diese lateinische Namen achten !!!

Link:
https://www.eurofins.de/lebensmittel/food-news/food-testing-news/novel-food_insekten-als-nahrung-der-zukunft/

* * *

Verbraucher sollten auf den wissenschaftlichen und deutschen Namen in der Zutatenliste achten.
- Den Anfang machte im Jahr 2021 die Larve des

157

- **Gelben Mehlwurms (*Tenebrio molitor*)**.
- Das Tier könne sowohl als ganzes, getrocknetes Insekt als auch in Pulverform verarbeitet werden.
- Im selben Jahr folgte die **Wanderheuschrecke (*Locusta migratoria*)**. Sie darf gefroren, getrocknet (jeweils ohne Flügel und Beine) oder gemahlen beigemengt werden.
- 2022 kam dann die **Hausgrille (*Acheta domesticus*)** hinzu: Die Verwendung im Ganzen, gefroren oder gefriergetrocknet und vermahlen zu Pulver ist erlaubt. Neu ist im Januar 2023 die Zulassung des teilweise entfetteten Pulvers der Hausgrille als Zusatzstoff.
- Und neu ist 2023 auch der **Getreideschimmelkäfer (*Alphitobius diaperinus*)**. Auch er darf jetzt als Paste oder Pulver Keksen, Nudeln oder Chips beigemengt werden.

* * *

Europäische Wanderheuschrecke

Kennzeichnung zu Insekten im Essen für Allergiker lebenswichtig !
Befürworter der Kerfe als Bestandteil von Lebensmitteln heben ihre **leichte und ressourcenschonende Vermehrung und einen guten Nährstoffmix** hervor.

Wer jedoch allergisch auf Krebs- und Weichtiere oder Hausstaubmilben ist, kann darauf reagieren.
Er sollte sicherheitshalber die Zutatenliste im Blick haben.

Der Vollständigkeit halber sei erwähnt, dass einige Insekten in der Lebensmittelherstellung bereits eine Rolle spielen, etwa die Honigbiene oder

die Scharlach-Schildlaus (*Coccus cacti*) bei der Extraktion des

Farbstoffs Echtes Karmin (E 120). Der findet sich etwa in Fruchtgummis.

In diesen Lebensmitteln können Insekten schon enthalten sein.

Verbraucher, die strikt auf Insekten im Essen verzichten wollen, sollten besonders bei diesen Produkten hinschauen:

- Müsli-Riegel
- Brot und Brötchen
- Müsli und Frühstückzerealien
- Backmischungen
- Gerichte auf Getreidebasis wie Nudeln oder Pizza

- Chips, Erdnussflips und ähnliches Knabberzeug
- Schokolade
- Erdnussbutter
- Fleischzubereitungen
- Fleischalternative
- Alternativen von Milch und Milchprodukten

* * *

Novel Food:
Insekten – Nahrung der Zukunft?!

Link:
https://www.eurofins.de/lebensmittel/food-news/food-testing-news/novel-food_insekten-als-nahrung-der-zukunft/

Aktueller Status der Risikobewertung und Zulassungssituation
Jan. 2023 (Update).

Insekten als Nahrungsmittel und besonders als alternative Proteinquelle sind in Europa auf dem Vormarsch.
Erfahren Sie, was sie so interessant macht, welche Insekten bis heute zugelassen wurden und welche Gesetze und Risikofaktoren bei der Vermarktung zu berücksichtigen sind.

* * *

Großer E-Nummer-Guide:
Welche Zusätze bedenklich sind –
und welche nicht

Link:
https://www.kein-planet-b.de/ratgeber/grosser-e-nummer-guide-welche-zusaetze-bedenklich-sind-und-welche-nicht/

Dreihundertdreiundzwanzig.
So viele E-Nummern verstecken sich in unseren Lebensmitteln:
Lecithin, Speisefettsäuren, Monoglutamat – hast du alles schon mal gehört.
Aber weißt du auch, welche dieser Zusätze deine Gesundheit belasten und welche wirklich unbedenklich sind?
Das erfährst du hier! Am Ende wartet eine übersichtliche Tabelle auf dich – gerne speichern und beim Einkauf abchecken.

* * *

Was sind E-Nummern?
Bei E-Nummern handelt es sich um Lebensmittelzusatzstoffe, die in der EU erlaubt sind – das „E" steht für Europa.
Waren bis 1993 „nur" 265 von ihnen in Deutschland zugelassen, ist diese Zahl durch Gesetzesangleichungen nach oben geklettert. Von der Industrie werden sie vor allem wegen ihrer vielfältigen Funktionen geschätzt:

- **Antioxidationsmittel**:
- Erhöhen Stabilität und Haltbarkeit und erhalten

161

- Geschmack und Farben. Kommen vor allem bei fettreichen Speisen zum Einsatz.

- **Emulgatoren:**
- Verbinden Flüssigkeiten, die sich eigentlich nicht vermischen lassen – zum Beispiel Wasser und Öl.

- **Farbstoffe:**
- Verleihen Lebensmittel einen kräftigeren Farbton, um die Produktattraktivität zu erhöhen oder verarbeitungsbedingte Farbverluste auszugleichen.

- **Geschmacksverstärker:**
- Intensivieren den Eigengeschmack oder fügen diesem neue Noten hinzu.

- **Konservierungsmittel:**
- Hemmen Bakterien, Schimmel und andere Mikroorganismen und verlängern so die Haltbarkeit.

- **Verdickungsmittel:**
- Verbessern die Konsistenz und schenken Saucen,
- Eis, Cremes oder Puddings ein angenehmes Mundgefühl.

- **Zuckeraustauschstoffe:**
- Ersetzen Zucker in Bonbons, Kaugummis und anderen Süßwaren.
- Häufig in Diät- und Diabetikerprodukten zu finden.

45 häufige E-Nummern im Überblick
– inkl. Bewertung

Du siehst: E-Nummern machen uns verarbeitete Lebensmittel richtig schmackhaft – sie verbessern die Konsistenz, lassen Farben strahlen und runden das natürliche Aroma ab.
Wann das zum Gesundheitsproblem wird (und wann nicht!), zeigt dir die folgende Liste.

Farbstoffe

E 100: Kurkurmin
Intensiver gelb-oranger Farbstoff, gewonnen aus der Kurkumawurzel. Kann auch mithilfe von Bakterien hergestellt werden. Traditioneller Bestandteil indischer Gewürzmischungen und Currys.
Ruft bei sensiblen Menschen ggf. schwache allergische Reaktionen hervor.
Bewertung: Unbedenklich, gilt teilweise sogar als gesundheitsfördernd.

E 101: Riboflavin
Gelber Farbstoff, bekannt als Vitamin B2. Kommt in Pflanzen vor und wird aus Hefe und Molke extrahiert oder mithilfe von gentechnisch veränderten Bakterien gewonnen.
Bewertung: Unbedenklich. Überschüssiges B2 wird mit dem Urin ausgeschieden.

E 102: Tartrazin
Zitronengelber Azofarbstoff, hergestellt aus **Erdöl**. Kann allergische Reaktionen hervorrufen, unter anderem

163

Hautausschläge, Atemwegsbeschwerden oder Beeinträchtigungen des Sehvermögens. Gilt in hohen Konzentrationen als **krebserregend** und **erbgutschädigend**. Ruft bei Kindern ggf. **Hyperaktivität** und Aufmerksamkeitsdefizit hervor.
Bewertung: Bedenklich, vom Verzehr wird abgeraten – vor allem Kinder sollten auf E 102 verzichten.

E 104: Chinogelb
Gelber bis oranger Farbstoff. Synthetisch hergestellt aus Chinaldin und Phthalsäureanhydrid.
In vielen Ländern (u.a. USA) gesetzlich verboten, weil es hier unter Krebsverdacht steht oder als nicht ausreichend geprüft gilt.
Bewertung: Bedenklich, vom Verzehr wird abgeraten.

E 110: Gelborange
Aus **Erdöl** hergestellter Farbstoff, der Lebensmitteln gelblich-orange Töne verleiht.
Hauptbestandteil ist Natriumsalz. Kann **Aufmerksamkeit** und Aktivität von Kindern beeinträchtigen und **allergische** Reaktionen auslösen.
Bewertung: Bedenklich, vom Verzehr wird abgeraten.

E 120: Echtes Karmin
Leuchtend roter Farbstoff, gewonnen aus **Schildläusen** – diese werden getrocknet und in Schwefelsäure ausgekocht.
Allergieauslösend; bei Sensibilität gegen Aspirin, Benzoe- oder Salicylsäure lieber vermeiden.
Bewertung: Bedenklich, nur in Maßen verzehren (max. 5 Milligramm pro Kilo Körpergewicht).
Nicht für Veganer geeignet. 164

E 122: Azorubin
Kräftig roter Azofarbstoff. Kann bei Kindern **Hyperaktivität** und **Konzentrationsstörungen** fördern oder auslösen.
In Einzelfällen sind **allergische** Symptome möglich. Vorsicht, wenn du empfindlich auf Salicyl- oder Benzoesäure reagierst!
Bewertung: Bedenklich, vom Verzehr wird abgeraten.

E 123: Amaranth
Dunkelroter Azofarbstoff. Nur für wenige Lebensmittel (Aperitifweine, Spirituosen, Kaviar) und Kosmetika zugelassen.
Steht unter Verdacht, **Krebs** auszulösen oder das **Erbgut** zu schädigen. Kann **Allergien** hervorrufen.
Wichtig: Hat keine Gemeinsamkeit mit dem Pseudogetreide Amaranth!
Bewertung: Bedenklich, vom Verzehr wird abgeraten.

E 129 Allurarot
Kräftig roter Azofarbstoff. Kann allergische Symptome auslösen – vor allem, wenn du unter **Asthma** leidest oder **sensibel** auf **Aspirin** oder **Benzoesäure** reagierst.
Steht in Verdacht, sich auf die **Fortpflanzung auszuwirken** und bei Kindern **Hyperaktivität** sowie **Konzentrationsstörungen** auszulösen.
Möglicherweise **erbgutschädigend**.
Bewertung: Bedenklich, vom Verzehr wird abgeraten.

E 150: Einfaches Zuckerkulör
Braun-schwarzer Farbstoff, gewonnen aus Haushaltszucker oder Glukose. Traditionell in Cola, Würzsaucen und alkoholischen Getränken zu finden.

Bewertung: Wahrscheinlich unbedenklich, kann jedoch **gentechnisch** verändert sein.

E 150c: Ammoniak-Zuckerkulör

Braun-schwarzer Farbstoff, gewonnen aus Haushaltszucker oder Glukose. Anders als bei E 150 kommt hier Ammoniak zum Einsatz.

Bei der Herstellung kann 4-**Methylimidazol** entstehen: Ein Nebenprodukt, das in Verdacht steht, **Krebs** zu erregen.

Weil sie den Warnhinweis „krebserregend" nicht auf ihre Flaschen drucken wollten, haben Cola und Pepsi in den USA ihre Rezeptur verändert.

Bewertung: Bedenklich, vom Verzehr wird abgeraten.

E 151: Brilliantschwarz

Schwarzer Azofarbstoff, aus Erdöl hergestellt.

Kann **allergische Reaktionen** hervorrufen – zum Beispiel, wenn du unter **Asthma** oder **Neurodermitis** leidest.

Steht außerdem in Verdacht, **Aktivität** und **Aufmerksamkeit** bei Kindern zu beeinträchtigen.

Bewertung: Bedenklich, vom Verzehr wird abgeraten.

E 153: Pflanzenkohle

Schwarzer Farbstoff aus Pflanzenasche.

Bewertung: Unbedenklich. Wird sogar in der Medizin verwendet – zum Beispiel, um Magen-Darm-Beschwerden zu lindern.

E 170: Calciumcarbonat

Weißer Farbstoff, auch als Kalk bekannt.

Bewertung: Unbedenklich. In Maßen verzehrt förderlich für die Gesundheit – schließlich trägt Calcium u.a. zum Erhalt normaler Knochen bei.

E 171: Titandioxid
Strahlend weißer Farbstoff, gewonnen aus Titaneisen. Enthalten auch in Mehl.
Bewertung: Gilt bisher als unbedenklich – Experten äußern jedoch **zunehmend Zweifel**, deswegen lieber nur in Maßen verzehren.
Besteht möglicherweise aus Nanopartikeln.

Konservierungsmittel

E 200: Sorbinsäure
Konservierungsmittel, das als natürliche Fettsäure u.a. in den Beeren der Eberesche vorkommt. Wird allerdings primär künstlich erzeugt.
Bewertung: Unbedenklich.

E 210: Benzoesäure
Vor allem in Fischprodukten zu finden, manchmal sogar in Nanogröße. Leidest du unter Asthma, Heuschnupfen oder Neurodermitis, könnte E 210 allergische Reaktionen auslösen.
Bewertung: Bedenklich – maximal 5 mg pro Kilo Körpergewicht verzehren.

E 220: Schwefeldioxid
Entsteht durch Verbrennen von Schwefel oder sulfithaltigen Erzen.
Hemmt Mikroorganismen und verlangsamt die Braunfärbung von Lebensmitteln.

Gehört zu den verbreitetsten Konservierungsstoffen. Steht im Verdacht, entzündliche **Darmerkrankungen** auslösen und kann **Übelkeit**, **Erbrechen** oder **Durchfall** hervorrufen.
Bewertung: Bedenklich, nur in Maßen verzehren.

E 250: Natriumnitrit
Konserviert als Pökelsalz verschiedene Fleischwaren. Kann den **Sauerstofftransport stören** und **krebserregende Nitrosamine** enthalten.
Bewertung: Bedenklich – die deutsche Krebshilfe empfiehlt, möglichst wenige gepökelte Lebensmittel zu essen.

E 270: Milchsäure
Natürliches Konservierungs- und Säuerungsmittel, meistens durch die Fermentation von Kohlenhydraten gewonnen.
Bewertung: Unbedenklich.
Antioxidations-, Säuerungs- und Trennmittel

E 300: Ascorbinsäure
Synthetisch hergestelltes Vitamin C, kommt als Farbstabilisator oder Antioxidationsmittel zum Einsatz. Pökelfleisch hinzugefügt, hemmt es die schädliche Nitrosaminbildung.
Bewertung: Unbedenklich.

E 322: Lecithin
Antioxidationsmittel, Emulgator und Stabilisator.
Wird vorwiegend aus Sojaöl hergestellt manchmal auch aus Raps, Erdnüssen, Eigelb, Mais oder Sonnenblumen. Bestandteil jeder lebenden Zelle.

Bewertung: Unbedenklich. Wird ggf. aus **gentechnisch** veränderten Lebensmitteln gewonnen.

E 330: Citronensäure
Antioxidations-, Säuerungs- und Konservierungsmittel. Verhindert Veränderungen von Geruch, Farbe sowie Geschmack.
Die Herstellung erfolgt meistens mit **Schimmelpilzen**, die zuckerhaltige Substanzen zersetzen.
Bewertung: Unbedenklich, kann in großen Mengen verzehrt den Zahnschmelz angreifen.

E 339: Natriumphosphate
Antioxidations- und Säuerungsmittel. Kommt natürlich vor, wird aber industriell aus Phosphorsäure gewonnen. Größere Phosphatmengen können die Aufnahme anderer Nährstoffe hemmen.
Bewertung: Bedenklich – nur in Maßen verzehren.

E 500: Natriumcarbonat
Künstlich hergestelltes Backtriebmittel, auch als Soda oder Natron bekannt.
Bewertung: Unbedenklich. Wird verstoffwechselt oder ausgeschieden. Keine Höchstmengenbeschränkungen.

E 513: Schwefelsäure
Säuerungsmittel, geht aus der Reaktion von Schwefeldioxid und Wasser hervor.
Dabei entsteht eine stark ätzende und zähflüssige Substanz. Wird zum Beispiel eingesetzt, um Eiweiße und Kohlenhydrate zu spalten oder **Trinkwasser** aufzubereiten – meistens als technischer Hilfsstoff, der im Endprodukt nicht mehr nachweisbar ist.
Bewertung: Unbedenklich.
169

E 551: Siliciumdioxid

Aufbereiteter Quarzsand, auch als Kieselsäure bekannt. Kommt als Trennhilfe zum Einsatz – u.a. bei Kräutern, Gewürzen oder geriebenem Käse.

Bewertung: Wahrscheinlich unbedenklich. Steht manchmal in der Kritik, weil es **Nanopartikel** enthalten kann.

E 570: Speisefettsäuren

Aus Fetten oder Ölen extrahiertes Trennmittel und Emulgator, wird aber auch als Überzugmittel für Obst verwendet. Meistens pflanzlicher Herkunft.

Bewertung: Unbedenklich. Kann aus **gentechnisch verändertem** Soja hergestellt sein.

Verdickungs- und Feuchthaltemittel

E 400: Alginsäure

Natürliches Verdickungsmittel, gewonnen aus verschiedenen Arten von Braunalgen. Unverdaulicher Ballaststoff mit begrenztem **Jodgehalt**.

Bindet Spurenelemente, bei häufigem Verzehr kann es deswegen zur **Unterversorgung** kommen.

Bewertung: In geringen Maßen unbedenklich, sollte aber nicht regelmäßig auf dem Speiseplan stehen.

E 406: Agar-Agar

Gelier- und Verdickungsmittel aus Rotalgen. Diese werden von felsigen Meeresböden geerntet oder stammen aus Aquakulturen. Pflanzlicher Ersatz für Gelatine. Stört die Aufnahme von **Nährstoffen**.

Bewertung: In geringen Maßen unbedenklich, nicht für den regelmäßigen Verzehr geeignet – kann große Mengen Jod enthalten,

Vorsicht bei Schilddrüsenproblemen.

E 407: Carrageen
Gelier- und Verdickungsmittel aus Rotalgen, vor allem Knorpeltang. Kleinste Moleküle schädigen die **Darmschleimhaut** und verursachen **Tumore** – kommen ihn dieser Größe jedoch **nicht in Lebensmitteln vor.** Es bleibt zu prüfen, ob sich große Moleküle im Körper zerkleinern.
Bewertung: Mutmaßlich bedenklich.
Lieber nur in geringen Mengen verzehren.
Nicht für Kinder zu empfehlen.

E 410: Johannisbrotkernmehl
Verdickungsmittel aus den Samen des Johannisbrotbaums. Verdauungsfördernder Ballaststoff. Kommt zum Beispiel in Puddings oder Eis vor. Verursacht in Einzelfällen Blähungen.
Bewertung: Unbedenklich.

E 414: Gummi arabicum
Verdickungsmittel, Stabilisator und Füllstoff aus dem Harz der Akazie. Besteht aus langkettigen Kohlenhydraten. Wird über den Dickdarm aufgenommen und verwertet. Ohne Höchstmengen zugelassen.
Bewertung: Unbedenklich.

E 422: Glycerin
Feuchthaltemittel und Füllstoff. Steckt in jedem natürlichen Fett, normaler Nahrungsbestandteil.
Kann in größerer Dosierung **Kopf- und Nierenschmerzen** auslösen.

Gilt als **Abfallprodukt**, das bei der Synthese von Biodiesel aus Rapsöl übrig bleibt.
Kann auch **tierischen Ursprungs** sein.
Bewertung: Als Lebensmittelzusatzstoff unbedenklich, weil es hier nur in geringfügigen Mengen vorkommt.
Möglicherweise aus **gentechnisch** verändertem Soja hergestellt.

* * *

Geschmacksverstärker

E 620 (Glutaminsäure),
E 621 (Mononatriumglutamat),
E 622 (Monokaliumglutamat)

Geschmacksverstärker, üblicherweise aus **genveränderten Bakterien**.
Ist zwar ein natürlicher Bestandteil von Eiweißen, in isolierter Form kann Glutamat jedoch Kopf- und Nackenschmerzen auslösen.

In Tierversuchen mit E 620 wurden Lernschwierigkeiten der Nachkommen beobachtet sowie ein erhöhtes Hungergefühl, einhergehend mit Übergewicht.
Ob sich diese Ergebnisse auf den Menschen übertragen lassen, bleibt offen.
Täuscht über minderwertige Lebensmittelqualität hinweg.

Bewertung: Gilt als bedenklich.
Versteckt sich manchmal hinter Begriffen wie „Würze", „Tomatenserum", „Hefeextrakt" oder „Aroma".
Süß- und Zuckeraustauschstoffe

E 420: Sorbit

Zuckeraustauschstoff, Süßungs- und Feuchthaltemittel. Kommt zum Beispiel in den Beeren der Eberesche und anderen Früchten vor.

Insulinunabhängige Verstoffwechselung, deswegen für Diabetiker geeignet.

Greift nicht die Zähne an.

Ohne Höchstmengen zugelassen.

Bewertung: Unbedenklich, kann bei sensiblen Menschen und höherem Verzehr (mehr als 20 Gramm pro Tag) Durchfall hervorrufen.

Möglicherweise aus **genverändertem** Mais hergestellt.

E 421: Mannit

Zuckeraustauschstoff, Trenn- und Süßungsmittel.

Hauptbestandteil der süditalienischen Manna-Esche, auch in zahlreichen anderen Pflanzen enthalten.

Für Diabetiker geeignet. Greift nicht die Zähne an.

Bewertung: In geringen Maßen unbedenklich.

Kann **Blähungen** und **Durchfall** hervorrufen.

Möglicherweise aus **genverändertem Mais** hergestellt.

E 950: Acesulfam K

Künstlicher Süßstoff. 200-mal süßer als Zucker. **Schädigte in Tierversuchen die DNS.** Kann von Kläranlagen nicht abgebaut werden und reichert sich in Gewässern an.

Bewertung: Wahrscheinlich bedenklich. Widersprüchliche Studienergebnisse, ggf. appetitanregende Wirkung. Maximal neun Milligramm pro Kilo Körpergewicht verzehren.

E 951: Aspartam

Süßstoff aus synthetischen Aminosäuren. 200-mal süßer als Zucker. **Löste im Tierversuch Gewichtszunahmen und Krebserkrankungen** (Gehirn, Lymphdrüsen, Harnleiter) aus.
Fördert möglicherweise Diabetes und Fettleber.
Bewertung: Bedenklich. Maximal 40 Milligramm pro Kilo Körpergewicht verzehren.

E 953: Isomalt

Künstlicher Zuckeraustauschstoff, hergestellt aus Zucker – die Moleküle werden in Trauben- sowie Fruchtzucker gespalten und anschließend „falsch" zusammengesetzt. Weniger süß als Zucker. Übertüncht das unangenehme Aroma verschiedener Süßstoffe.
Bewertung: In größeren Mengen bedenklich, löst ab 20 Gramm **Blähungen** und **Durchfall** aus.

E 955: Sucralose

Künstlicher Süßstoff. 500 bis 600-mal süßer als Zucker. Wird größtenteils unverändert ausgeschieden, lässt sich jedoch in **Muttermilch nachweisen**.
Reichert sich in Gewässern an. Das ehemalige Bundesinstitut für Verbraucherschutz kritisierte die zugelassenen Höchstmengen als unverständlich.
Bewertung: Bedenklich. Maximal 15 Milligramm pro Kilo Körpergewicht verzehren.

E 965: Maltit

Zuckeraustausch- und Füllstoff. Wird im Darm zu Sorbit, Mannit und Glucose gespalten.
Möglicherweise aus **genverändertem Mais** hergestellt.

Bewertung: Gilt in hohen Mengen als **bedenklich**. Kann ab 30 Gramm (Erwachsene) bzw. 20 Gramm (Kinder) Durchfall und Blähungen auslösen.

E 967: Xylit
Zuckeraustauschstoff aus xylanhaltigen Pflanzenresten wie Nussschalen, Holzabfällen, Maiskolben, Kokosnüssen oder Stroh.
Gleiche Süßkraft wie Zucker, kühlender Nachgeschmack.
Wird teilweise vom Dünndarm aufgenommen, der Rest vergärt im Dickdarm.
Insulinunabhängige Verstoffwechslung und deswegen für Diabetiker geeignet. **Zahnfreundlich**.

Bewertung: Unbedenklich. Kann in hohen Maßen verzehrt **abführend** wirken. Möglicherweise aus **gentechnisch** verändertem Material gewonnen.
Achtung: Gefährlich für Haustiere!

* * *

Praktisches Goodie:
Übersichtliche E-Nummern-Tabelle zum Abspeichern

Bei über 300 Zusatzstoffen ist es nicht leicht, den Überblick zu behalten.
Um dir die Kaufentscheidung zu vereinfachen, haben wir eine übersichtliche Liste mit oft verwendeten E-Nummern zusammengestellt – eingeteilt in die Kategorien „lieber vermeiden", „in Maßen okay" und „völlig unbedenklich".
Gerne auf dem Smartphone abspeichern!

Lieber vermeiden	In Maßen okay	Völlig unbedenklich
E 102 (Tartrazin)	E 120 (Echtes Karmin)	E 100 (Kurkurmin)
E 104 (Chinogelb)	E 150 (Einfaches Zuckerkulör)	E 102 (Riboflavin)
E 110 (Gelborange)	E 171 (Titandioxid)	E 153 (Pflanzenkohle)
E 122 (Azorubin)	E 210 (Benzoesäure)	E 170 (Calciumcarbonat)
E 129 (Allurarot)	E 220 (Schwefeldioxid)	E 200 (Sorbinsäure)
E 150c (Ammoniak-Zuckerkulör)	E 339 (Natriumphosphate)	270 (Milchsäure)
E 151 (Brilliantschwarz)	E 513 (Schwefelsäure)	E 300 (Ascorbinsäure)
E 250 (Natriumnitrit)	E 551 (Siliciumdioxid)	E 322 (Lecithin)
E 620 (Glutaminsäure)	E 400 (Alginsäure)	E 330 (Citronensäure)
E621 (Mononatriumglutamat)	E 406 (Agar-Agar)	E 500 (Natriumcarbonat)
E 622 (Monokaliumglutamat)	E 407 (Carrageen)	E 570 (Speisefettsä

Lieber vermeiden	In Maßen okay	Völlig unbedenklich
		uren)
E 950 (Acesulfam K)	E 420 (Sorbit)	E 410 (Johannisbrot kernmehl)
E 951 (Aspartam)	E 421 (Mannit)	E 414 (Gummi arabicum)
E 955 (Sucralose)	E 422 (Glycerin)	E 415 (Xanthan)
E 912 (Montansäurerester)	E 953 (Isomalt)	E 412 (Guarkernmehl)
E 999 (Quillajaextrakt)	E 965 (Maltit)	E 440 (Pektine)
	E 967 (Xylit)	E 901 (Bienenwachs)
	E 425 (Konjakgummi)	E 903 (Carnaubawachs)
		E 904 (Schellack)
		E 920 (L-Cystein)
		E 941 (Stickstoff)
		E 471 (Mono- und Diglyceride

Lieber vermeiden	In Maßen okay	Völlig unbedenklich
		von Speisefettsäuren)
		E 202 (Kaliumsorbat)
		E 907 (Hydriertes Poly-1-decen)
		E 938 (Argon)
		E 927B (Carbamid)

* * *

Die E-Codes

1. Unschädliche Zusätze:
E100, E101, E103, E104, E105, E111, E121, E126,
E130, E132, E140, E151, E152,
E160, E161, E162, E170, E174, E175, E180, E181,

E200, E201, E202, E203, E236, E237, E233, E260,
E261, E263, E270, E280, E281, E282, E290,

E300, E301, E303, E305, E306, E307, E308, E309,
E322, E325, E326, E327, E331, E333, E334, E335,
E336, E337, E382,

E400, E401, E402, E403, E404, E405, E406, E408,
E410, E411, E413, E414, E420, E421, E422, E440,
E471, E472, E473, E474, E475, E480

2. Verdächtige Zusätze:
E125, E141, E150, E153, E171, E172, E173, E240,
E241, E477

3. Gefährliche Zusätze:
E102, E110, E120, E124

Störung der Gesundheit:

Darmstörungen:
E220, E221, E223, E224

Verdauungsstörungen:
E338, E339, E340, E341, E450, E461, E463, E465,
E 466, Eiscreme E 307
Hauterkrankungen:
E230, E231, E232, E233

Zerstörung von Vitamin B12
E200

Cholesterin:
E320, E321

Empfindlichkeit der Nerven:
E311, E312

Mundfäulnis:
E330 ist am gefährlichsten (Krebserregend) (enthalten in

z.B. SCWEPPES ZITRONE, AROMASENF, MEZZO-MIX, KRABBENFLEISCH, BONBEL-KÄSE, PILZE in Dosen)

5. Krebserregende Zusätze:
E131, E142, E210, E211, E213, E214, E215, E216, E217, E239

ACHTUNG:
E123 ist sehr KREBSERREGEND!!

In den USA und den GUS - Staaten verboten.

* * *

Auf diese Zusätze besonders bei folgenden Lebensmitteln achten:
E123 / E110, VORSICHT!

Zum Beispiel in:
Gummibärchen, TREETS, SMARTIES, HARIBO Weingummi, Schokolinsen,
ZOTT Sahnepudding,
IGLO - Fischstäbchen,
KRAFT-Dorahm mit Creme-Fraiche, KRAFT-Salami, Streichkäse,
Vanille-Pudding E102, E110, Fertigsoßen aller Art.)

6. VORSICHT!!!
Bei Guanylat und Glutamat aus der E600-Reihe,
E605 – Nervengift

Es geht um Ihre Gesundheit und die Ihrer Kinder.

Verhindern Sie die Anwendung dieser Zusätze, indem Sie die Erzeugnisse genau auswählen, die Sie kaufen. Der Käufer bestimmt letztendlich die Zusammensetzung des Fabrikats.

7. Aluminium:

E173   (Farbstoff Aluminium),
E520   (Stabilisatoren Aluminiumsulfat) ,
E521   (Aluminiumnatriumsulfat),
E523   (Aluminiumammoniumsulfat),
E554   (Trennmittel Kieselsalze Natriumaluminiumsilikat)
E555   (Kaliumaluminiumsilikat),
E556   (Calciumaluminiumsilikat),
E598   (Calciualuminat).

Zum Thema Aluminium finden Sie im Buch weiter oben, umfassende Berichte!

* * *

Fluoride im Mineralwasser

Quelle:
https://www.zentrum-der-gesundheit.de/bibliothek/ratgeber/mundhygiene/zahnpasta-fluorid

Da uns immer wieder Anfragen erreichen, ob denn Mineralwässer fluoridiert seien, da in den entsprechenden Mineralstoffanalysen immer wieder neben Calcium, Magnesium etc. auch Fluoride auftauchen, möchten wir das an dieser Stelle klären. Fluorverbindungen kommen überall in der Natur vor und daher auch natürlicherweise im Mineralwasser.

Mineralwasser wird also nicht "künstlich" fluoridiert. Allerdings ist es nicht Pflicht, den Fluoridgehalt auf dem Etikett anzugeben. Taucht er nicht auf, kann man bei der entsprechenden Firma danach fragen.

1. Lediglich ab 1,5 mg Fluorid pro Liter Wasser muss das Wasser mit "fluoridhaltig" gekennzeichnet werden.
2. Ab 5 mg/l gilt ein Mineralwasser als so stark fluoridhaltig, dass es einen entsprechenden Warnhinweis tragen muss.
3. Bis 0,7 mg Fluorid pro Liter darf ein Wasser als "für die Zubereitung von Säuglingsnahrung geeignet" ausgelobt werden. Natürlich müssen die übrigen Grenzwerte (für Natrium, Nitrat, Nitrit, Sulfat etc.) ebenfalls eingehalten werden.
4. Ein Wasser gilt als fluoridarm, wenn es weniger als 0,3 mg Fluorid enthält.
5. Zur Info: Meerwasser enthält ca. 1 mg Fluorid pro Liter.

Die meisten Mineralwässer weisen jedoch Werte von unter 0,5 mg Fluorid pro Liter auf.
- Evian enthält z. B. nur 0,02 mg,
- Gerolsteiner 0,21 mg,
- Vittel 0,14 mg,
- Volvic 0,2 mg,
- Adelholzener bis zu 0,15 mg,
- RheinfelsQuelle 0,45 mg,
- Apollinaris jedoch bereits 0,68 mg und
- Selters 0,86 mg.

Wenn Sie sich für den Fluoridgehalt Ihres Leitungs-

wassers interessieren, fragen Sie am besten bei Ihrem jeweiligen Wasserversorger nach.

Der Fluoridgehalt soll in den meisten Fällen bei unter 0,3 mg pro Liter liegen.

* * *

Fluoride in Lebensmitteln

Aus den obigen Informationen ergibt sich nun das folgende:

Eine vor Karies schützende Wirkung soll bei bereits 0,05 mg pro Kilogramm Körpergewicht und Tag erreicht werden können, was bei einem 70-Kilogramm-Menschen etwa 3,5 mg Fluorid wären.

Mehr als 3,8 mg sollte man jedoch besser nicht zu sich nehmen - ganz gleich wie viel man wiegt.

Manche Quellen empfehlen auch für Männer höchstens 3,8 mg Fluorid pro Tag, für Frauen höchstens 3,1 mg (1).

Für Kinder und Jugendlichen gelten diese Werte (1):

1. 0 bis unter 4 Monate: 0,25 mg
2. 4 bis unter 12 Monate: 0,5 mg
3. 1 bis 4 Jahre: 0,7 mg
4. 4 bis 10 Jahre: 1,1, mg
5. 10 bis 13 Jahre: 2,0 mg
6. 13 bis 19 Jahre: 2,9 mg (Mädchen),
                           3,2 mg (Jungs)

Diese Dosen sind im Allgemeinen noch nicht hoch genug, um Schäden zu verursachen.

Meist kam es in Studien **zu Schäden**, wenn mindestens **0,08 mg Fluorid (und deutlich mehr) pro kg Körpergewicht und Tag eingenommen wurden.**

Wenn Sie also 2 Liter eines fluoridarmen Wassers pro Tag trinken, dann nehmen Sie damit etwa 0,6 mg Fluorid zu sich (höchstens).

Wenn Sie jedoch viel Schwarz- oder Grüntee trinken, bedenken Sie, dass dieser (zusätzlich zum Fluoridgehalt des zur Zubereitung verwendeten Wassers)
noch um die 1 mg Fluorid pro Liter liefert
(wobei dieser Wert ganz enorm - je nach Teesorte - schwanken kann) ;
- Matcha bis zu 4 mg Fluorid pro Liter Matcha-Tee).
- Früchte- und Kräutertees können ebenfalls fluoridreich sein, was jedoch bei 2 Tassen pro Tag nicht mehr als 0,3 mg ausmachen dürfte (natürlich abhängig von der verwendeten Menge der getrockneten Kräuter/Früchte).
- Walnüsse zählen ebenfalls zu den fluoridreichen Lebensmitteln mit ca. 0,68 mg pro 100 g.

Im Allgemeinen sind es aber insbesondere tierische Lebensmittel (Fleisch und Fisch), die fluoridreich sind.

* * *

Liste mit dem Fluoridgehalt von Lebensmitteln

Hier eine kleine Auswahl der Fluoridgehalte einiger Lebensmitteln **(pro 100 g)**, wobei Sie immer berücksichtigen sollten, dass der Fluoridgehalt auch hier schwanken kann - abhängig von der Fluoridbelastung der jeweiligen Umgebung, aus der das Lebensmittel stammt.

1. Lachs (Gold-, Buckel-, Weisslachs): 0,65 mg
2. Lachs Konserve: 0,16 mg
3. Meersalz: 0,48 mg (pro Gramm also eher wenig: 0,0048 mg)
4. Sardinen/Schwertfisch/Hering (jeweils frisch oder tiefgefroren): 0,4 mg
5. Matjes: 0,38 mg (als Konserve 0,27 mg)
6. Fischkonserven: 0,3 mg
7. Hering mager gebraten: 0,24 mg
8. Schweineleber zubereitet: 0,28 mg
9. Gerstengraupen: 0,24 mg
10. Bierhefetabletten/Trockenhefe: 0,2 mg

11. Kaffee-Instantpulver: 0,2 mg
12. Kalbsbries: 0,2 mg
13. Krabben frisch: 0,16 mg
14. Roquefort/Bergkäse/Emmentaler: 0,16 mg
15. Leberwurst: 0,16 mg
16. Roggen und Roggenmehl: 0,15 mg
17. Fischfrikadellen: 0,15 mg
18. Rinderfilet gegart: 0,14 mg
19. Cashewkerne: 0,14 mg
20. Schmelzkäse: 0,14 mg

21. Vollkornbrot: 0,1 mg
22. Feldsalat/ Spinat: 0,1 mg
23. Mandeln: 0,09 mg
24. Avocado: 0,05 mg
25. Schokolade (Vollmilch und Bitter): 0,05 mg
26. Haferflocken: 0,037 mg

27. Tofu: 0,007 - 0,013 mg
28. Gemüse: 0,007 - 0,05 mg
29. Obst: 0,002 - 0,02 mg
30. Kartoffeln: 0,001 mg

31. Bier: 0,001 - 0,005 mg
32. Rotwein: 0,01 - 0,02 mg

Weitere Lebensmittel und ihre Werte können Sie Quelle (2) entnehmen.

Sie sehen, dass Sie mit einer pflanzenbasierten Ernährung eher nicht zu viel Fluorid aufnehmen werden. Bedenken Sie außerdem, dass gerade pflanzliche Lebensmittel sehr viele entgiftende, antioxidative und damit schützende Eigenschaften aufweisen, so dass diese eine mögliche schädliche Wirkung von Fluoriden häufig sehr gut kompensieren können.

Wenn Sie zusätzlich immer wieder ausleitende Maßnahmen ergreifen, dürfte es nicht zu einer Fluoridüberdosis kommen.

Hier finden Sie Informationen über die Ausleitung von Fluorid und wie gut Curcumin vor Fluoriden schützen kann.

Update 11.08.2024

Wir haben zwei weitere Links (33 + 34) eingesetzt, die auf die Schädlichkeit von Fluoriden auf das Gehirn hinweisen.

Wichtiger Hinweis

Dieser Artikel wurde auf Grundlage (zur Zeit der Veröffentlichung) aktueller Studien verfasst und von MedizinerInnen geprüft, darf aber **nicht** zur

Selbstdiagnose oder **Selbstbehandlung genutzt** werden, ersetzt also nicht den Besuch bei Ihrem Arzt. Besprechen Sie daher jede Maßnahme (ob aus diesem oder einem anderen unserer Artikel) immer zuerst mit Ihrem Arzt.

Kurkuma

LEITUNGSWASSER / TRINKWASSER

Qualität deutsches Leitungswasser
Kann man es bedenkenlos trinken?

https://www.inspiriert-sein.de/kann-man-deutsches-leitungswasser-bedenkenlos-trinken

* * *

Ist deutsches Leitungswasser schlechter
als sein Ruf?

Wie sieht es aus um die Qualität von Leitungswasser?

Deutsches Leitungswasser gilt als eins der besten.
Man kann es ebenso wie kaufbares Mineralwasser unbedenklich trinken.

Die hohen Sicherheitsstandards der Trinkwasserverordnung machen´s möglich, oder?

Wer das immer noch für wahre Tatsachen hält, sollte jetzt einmal tief Durchatmen, sich zurücklehnen und sich darauf gefasst machen, dass das Bild vom heilen und so fortschrittlichen Land der Superlative ins Wanken geraten könnte.

* * *

Erschreckend:

Trinkwasserqualität in Deutschland schlechter als im afrikanischen Ghana!

Kurz vor dem dritten Weltwasserforum im Jahr 2003 haben die Vereinten Nationen die Wasserqualität in 122 Ländern überprüft und miteinander verglichen.
Während sich Finnland, Kanada und Neuseeland als Erstplatzierte über die Auswertung freuen können, sieht es für die Schweiz mit einem 16. Platz und Österreich auf Platz 18 schon weniger erfreulich aus.

* * *

Erschreckend jedoch ist die Platzierung Deutschlands.

189

Das deutsche Trinkwasser landet im internationalen Vergleich als zweitschlechtestes EU-Land nur auf Platz 57!

Und damit weit hinter sogenannten Entwicklungsländern wie Ghana oder Bangladesch.

Die Uno-Rangliste der Wasserqualität in 122 Ländern finden Sie hier unter diesem Link:

https://www.unesco.de/kultur-und-natur/wasser-und-ozeane/wasser

Selbstverständlich wurde hinterher versucht sich herauszureden.
Die Datenauswahl habe sich auf unzureichende Indikatoren gestützt und damit ein verzerrtes Bild der deutschen Wasserqualität gezeichnet, so Sprecher vom BMU, dem Bundesministerium für Umwelt, Naturschutz, Bau und Reaktorsicherheit.

* * *

Die deutsche Trinkwasserverordnung und ihre Lücken

Zur Zeit gibt es rund **80.000 Basisstoffe in der Industrie**, die nach ihrem Einsatz letztendlich im Wasserkreislauf landen können.
Während die WHO immerhin noch 200 Stoffe und die Einhaltung ihrer Grenzwerte testet, werden nach der deutschen Trinkwasserverordnung lediglich ca. 40 Parameter wie Chemikalien, einige Pestizide, zwei

Bakterienarten, Geruch und Leitfähigkeit überprüft.
In der Mineral- und Tafelwasserverordnung sind es gerade mal 10 Stoffe.

Für alle anderen Stoffe gibt es keine Grenzwerte, sie werden bei der Messung nicht berücksichtigt.
Das gilt beispielsweise für Medikamente, Hormone und deren Rückstände sowie für Krankheitserreger wie Viren oder Parasiten.

Hierzu müssen in Deutschland grundsätzlich keine Tests durchgeführt werden. Erschreckend, oder?

Fragen Sie sich immer noch, warum wir krank werden????

* * *

Auf diese Stoffe wird deutsches Trinkwasser überprüft: Dies sind die Links zu den entsprechenden Seiten!

http://www.dvgw.de/wasser/recht-trinkwasserverordnung/trinkwasserverordnung

http://www.dvgw.de/wasser/recht-trinkwasserverordnung/trinkwasserverordnung/anlage-3/

* * *

Die Qualität von deutschem Leitungswassers ist nicht mehr das, was sie mal war – leider

Leider macht die zunehmende Verschmutzung der Umwelt nicht vor unserem Grundwasser halt.

- Abwässer aus Industrien und Landwirtschaft, saurer Regen,
- Reinigungsmittelrückstände aus privaten Haushalten,
- Arzneimittelrückstände der Pharmaindustrie,
- Ausscheidungen von Menschen, die Medikamente Einnahmen (inkl. Anti-Babypille),
- Schadstoffe aus Mülldeponien,
- radioaktive Partikel aus Regen und Luft,
- Schwer- und Leichtmetalle aus Rohrleitungssystemen

beeinträchtigen die Qualität unseres Grundwassers erheblich.

Und auch, wenn die Trinkwasseraufbereitungssysteme der Wasserwerke alles daran setzen, das Grundwasser möglichst zu reinem Trinkwasser aufzubereiten, können sie das in Anbetracht der Vielzahl an Fremd- und Giftstoffen einfach nicht leisten.

* * *

Noch mehr Informationen zum Thema Wasser, finden Sie hier:

https://www.inspiriert-sein.de/kann-man-deutsches-leitungswasser-bedenkenlos-trinken

* * *

PFAS - Verseuchung und Folgen in Mittelbaden

von Michael Billig

Quelle:
https://www.zdf.de/nachrichten/panorama/kriminalitaet/
pfas-chemikalien-mittelbaden-trinkwasser-100.html

Die Region Mittelbaden ist großflächig mit **PFAS-Chemikalien** belastet.
Teile der Bevölkerung haben hohe Konzentrationen davon im Blut - aufgenommen über das Trinkwasser.

Mittelbaden 2012:
Eine riesige Fläche wird mit PFAS kontaminiert.
Die Chemikalie gelangt ins Trinkwasser und auch ins Blut der Menschen. Ein Umweltverbrechen mit Folgen bis heute.

* * *

In Mittelbaden belasten umweltschädliche per- und polyfluorierte Chemikalien (PFAS oder PFC) seit Jahren Grundwasser und Ackerland.
Der Landkreis Rastatt, der besonders betroffen ist, macht für die großflächige Belastung einen Komposthersteller verantwortlich.
In der Region sind rund 1.100 Hektar Ackerland und circa 170 Millionen Kubikmeter Grundwasser verseucht.
Der Anfang des Skandals reicht bis ins Jahr 1999 zurück. Da begann eine Kompostfirma damit, sogenannte

Papierschlämme zu verarbeiten.
Das sind Abfälle aus der Papierindustrie. Sie sollen PFAS enthalten haben. Die Firma vermischte diese Abfälle mit Kompost und ließ sie auf Felder ausbringen - bis zu einer behördlichen Untersagung im Jahr 2008.
Über Boden und Grundwasser sollen die PFAS schließlich auch ins Trinkwasser gelangt sein.

Link:
https://www.zdf.de/nachrichten/panorama/wasser-pfas-belastung-chemiepark-altoetting-100.html

* * *

Chemikalien in Wasser und Böden:
PFAS:
geruchlos, geschmacklos, krebserregend?

von Renée Severin
|
In der Industrie gelten PFAS-Stoffe als Wundermittel. Doch die Chemikalien haben eine Kehrseite für Umwelt und Gesundheit. Ein Landkreis ist besonders betroffen.

* * *

Was ist PFAS?

PFAS steht für per- und polyfluorierten Alkylsubstanzen.
Sie sind wasser- und fettabweisend und sind beispielsweise in Regenjacken, Kosmetika oder im Kochgeschirr enthalten.

Man nennt sie auch **Ewigkeitschemikalien**, da sie sich nur extrem langsam abbauen.

Diese künstlich hergestellten Stoffe können Mensch und Umwelt erheblich schaden. In Deutschland und anderen Staaten der EU wird aktuell über ein weitgehendes Verbot dieser Substanzen diskutiert.

* * *

Milliarden-Projekt Sanierung

Im Jahr 2012 entdecken die Stadtwerke Raststatt die Chemikalien erstmals in einem ihrer Brunnen.

Seitdem hat die PFAS-Belastung immer größere Ausmaße angenommen.

Reiner Söhlmann vom Landkreis Raststatt sagte jüngst bei einer Anhörung im Umweltausschuss des Deutschen Bundestages, der sich mit einem diskutierten PFAS-Verbot beschäftigte:

Es handelt sich um einen sehr außergewöhnlichen Schadensfall.

Reiner Söhlmann, Landkreis Raststatt

Würde man Boden und Grundwasser in Rastatt und Umgebung sanieren wollen, würde das bis zu vier Milliarden Euro kosten, so Söhlmann weiter.

Link:
https://www.zdf.de/nachrichten/thema/bundestag-498.html

Anmerkung von mir:
Und das ist wohl zu viel Geld für die eigene Bevölkerung?

195

Thora Schubert will herausfinden, wie viele Weichmacher in unserem Körper zu finden sind und welche Gefahr von ihnen ausgeht.
06.05.2023 | 20:33 min

Anmerkung:
Noch habe ich keine entsprechenden Ergebnisse gefunden!

Die Stadtwerke Rastatt haben mittlerweile **eines** ihrer Wasserwerke mit einer Filteranlage ausgestattet, die die Schadstoffe entfernt.
Andere Trinkwasserbrunnen hingegen wurden stillgelegt.
Bauern mussten ihre Ernten vernichten.
Noch heute müssen sie Ackerpflanzen und Feldfrüchte auf PFAS testen, bevor sie sie in den Handel geben.

* * *

Blutuntersuchungen bestätigen Verdacht

Für einige Menschen in Mittelbaden kommen diese Maßnahmen zu spät.
PFAS haben sich in ihren Körpern in hohen Konzentrationen angereichert.
Das konnte 2015 erstmals eine Bürgerinitiative beweisen.
Deren Mitglieder hatten ihr Blut auf eigene Kosten untersuchen lassen.
Drei Jahre später zog das Land Baden-Württemberg nach und ließ zufällig ausgewählte Personen aus der Region auf PFAS testen.

196

Die Ergebnisse bestätigten den Verdacht:
Wer den Industriechemikalien über das Trinkwasser ausgesetzt war, wies hohe Werte auf.

* * *

Was die Forschung bisher zu gesundheitlichen PFAS-Folgen weiß

Die gesundheitlichen Folgen für die betroffenen Menschen sind indes völlig unklar.
Das liegt auch daran, dass die Wirkung von PFAS noch nicht ausreichend erforscht ist.
Die sogenannte Kommission Human-Biomonitoring des Umweltbundesamtes hat für PFAS im Blut lediglich Werte festgelegt, bei deren Überschreitung
"eine gesundheitliche Beeinträchtigung möglich" sei.

Anmerkung von mir:
Scheint wohl nicht wichtig zu sein, zu wissen, wie gefährlich PFAS wirklich ist!!!

Deutschlandweit sind mehr als 1.500 Orte nachweislich mit PFAS verunreinigt.

Im Landkreis Altötting sind die Messwerte so hoch, dass Blutspenden nicht mehr für Blutkonserven verwendet werden können.
16.03.2023 | 2:10 min

In der Region **Mittelbaden** trifft das auf mehrere der untersuchten Personen zu.

Bei einer zweiten Untersuchung des Landes im Jahr 2020 fielen die Konzentrationen zwar niedriger aus als zuvor.

In einigen Fällen lagen sie aber immer noch über den Werten der Expertenkommission.

Vor ein paar Monaten lief die dritte Untersuchungsrunde, die Bekanntgabe der Ergebnisse steht noch aus.

Anmerkung: Wann die wohl kommt?

* * *

Dem bisherigen Forschungsstand zufolge können PFAS verschiedenen Krankheiten auslösen oder verstärken.

Dazu zählen:
- Herz-Kreislauf-Erkrankungen,
- Nieren- und Hodenkrebs,
- eine Schädigung der Schilddrüsenfunktion und
- eine verminderte Immunantwort auf Impfungen.

Studien, die sich mit konkreten Folgen für die Gesundheit der Betroffenen in Mittelbaden befassen, gibt es aber offenbar nicht.

"Uns sind keine bekannt", teilte das Gesundheitsministerium in Stuttgart auf Anfrage mit.

Link:
https://www.zdf.de/nachrichten/thema/herz-kreislauf-erkrankungen-100.html

Um Schadstoffe unterschiedlichster Art aus dem Wasser zu filtern, haben Wissenschaftler ein neues Verfahren entwickelt.
Als Grundmaterial dienen magnetische Eisenoxid-Nanopartikel.
24.11.2023 | 6:18 min

* * *

Info – Nanopartikel

Link:
https://www.zentrum-der-gesundheit.de/bibliothek/umwelt/schaedliche-faktoren/nanoteilchen-dna

Wie kann man Nanopartikel aus dem Körper entfernen?

Nano-Partikel sammeln sich im **Körper** an Einmal im Körper angekommen, können sich die TiO2 Nanopartikel in den Organen ansammeln, da es **keinen Weg** gibt, diese gefährlichen Teilchen aus dem Körper zu entfernen

* * *

Ist Eisenoxid zum Verzehr unbedenklich?

Eisenoxid kann bei Aufnahme über die Haut schwere Augen- und Hautreizungen verursachen.
Bei Verzehr oder Einatmen kann es zu Reizungen der Atemwege führen.
Auch trinken gehört zum Verzehr!!!

Sind Eisenoxid-Nanopartikel giftig?

Link:
https://nanopartikel.info/basics/koerperbarrieren/

Ultrakleine Eisenoxid-Nanopartikel **verursachen erhebliche Toxizität,** indem sie gezielt akuten oxidativen Stress in mehreren Organen auslösen.
29.03.2022

Anmerkung von mir:
Will man da den Teufel mit dem Beelzebub austreiben?

MINERALÖL
IN LEBENSMITTELN UND ANDEREM

Lebensmittel: Kontaminanten: Mineralöl

Link:
https://www.lgl.bayern.de/lebensmittel/chemie/
kontaminanten/mineraloel/index.htm

https://www.lgl.bayern.de › kontaminanten › mineraloel

von MHBL für Gesundheit · 2023 — Laut Angaben der europäischen Behörde für Lebensmittelsicherheit (EFSA) sind *Mineralöl*-komponenten in nahezu allen *Lebensmitteln* vorhanden. Verbraucher können...

* * *

Was sind Mineralöle?

- Wie kommt der Verbraucher mit Mineralölen in Kontakt?
- Wie gelangen Mineralöle in das Lebensmittel?
- Welche toxikologischen Eigenschaften besitzen Mineralöle?
- Wie stuft die und das die Gefährdung durch Mineralöle ein?
- Wie sind Mineralölkontaminationen rechtlich geregelt?
- Was passiert in der EU, um den Verbraucher vor Mineralölkontaminationen zu schützen?

Mehr zu diesem Thema
Link:
https://www.lgl.bayern.de/lebensmittel/chemie/
kontaminanten/mineraloel/index.htm#mehr

* * *

Wie kommt der Verbraucher mit Mineralölen in Kontakt?

Laut Angaben der europäischen Behörde für Lebensmittelsicherheit (EFSA) sind Mineralöl-komponenten in **nahezu allen Lebensmitteln** vorhanden.
Verbraucher können damit durch den Verzehr von Lebensmitteln tagtäglich mit Mineralölen in Kontakt kommen.
Besonders bei trockenen Lebensmitteln mit einer großen Oberfläche wie:
- Mehl,
- Grieß,
- Reis,
- Semmelbrösel oder
- Frühstückscerealien
ist eine Kontamination mit Mineralölen möglich.

Auch fettreiche Lebensmittel, Schokoladen, Butter, Nüsse oder Speiseöle können mit Mineralölen belastet sein.

Ein weiterer möglicher Kontakt mit Mineralölen besteht bei der Verwendung von **Kosmetika.**

Verarbeitete Mineralöle haben in kosmetischen Mitteln verschiedene Funktionen und finden sich unter anderem in:
- Hautcremes,
- Körper- und
- Gesichtsreinigungsmitteln,
- Sonnenschutzmitteln,
- Deodorantien und
- Antitranspirantien oder
- Lippenpflegeprodukten.

* * *

Wie gelangen Mineralöle in Lebensmittel?

Mineralölbestandteile können über viele verschiedene Wege in Lebensmittel gelangen.
Ein relevanter Beitrag kann durch die Verwendung von **Lebensmittelverpackungen** aus **Altpapier** entstehen.

Hier werden Mineralöle durch Tageszeitungen eingetragen, die als Recyclingrohstoff dienen, und bei deren Bedruckung mineralölhaltige Druckfarben verwendet werden.

Mineralölbasierte Farben können zudem auch zur Bedruckung von Lebensmittelverpackungen aus Papier und Karton
(sowohl aus Altpapier, als auch aus Frischfaser) verwendet werden.
Außerdem gibt es einige Mineralöle, die für die unterschiedlichsten Zwecke bei der Papierherstellung zum Einsatz kommen.

Im Bereich der **Lebensmittelverpackungen** spielen auch Jutesäcke für den Transport von Kakaobohnen eine Rolle, die mit Mineralölen imprägniert sein können. Neben Kontaminationen durch **Verpackungen** gibt es noch weitere Quellen, wie beispielsweise **Schmieröle** von Maschinen, die zur Ernte und Produktion von Lebensmitteln eingesetzt werden, oder **Verarbeitungshilfsmittel Zusatzstoffe** für Lebensmittel auf Mineralölbasis.

Schließlich sind Mineralöle auch ubiquitäre **Umweltkontaminanten**, die über Abgase, Straßenbeläge oder Reifenabrieb in die Umwelt gelangen.
Neben dem direkten Kontakt von Lebensmitteln mit mineralölhaltigen Verpackungen, kann eine Kontamination auch über die Luft erfolgen.
Diese Eigenschaft besitzen allerdings nur die leicht flüchtigen Verbindungen der MOSH- -Fraktion mit einer Kohlenstoffzahl ≤ 24.

Es ist daher auch möglich, dass Transportkartons, die gar nicht unmittelbar mit dem Lebensmittel in Kontakt stehen, zu einer Kontamination führen.

Gegen diesen Übergang der Mineralöle in das Lebensmittel helfen Verpackungen aus geeigneten Materialien, die als Barrieren wirken.
Während Aluminium, Polyethylenterephtalat (PET) oder Polyamide (PA) Barrierematerialien darstellen, die den Übergang effektiv verhindern, verzögert Polypropylen (PP) den Mineralölübergang lediglich.
Polyethylen (PE) oder Papier stellen keine Barriere dar.

Welche toxikologischen Eigenschaften besitzen Mineralöle?

Bei der Betrachtung der toxikologischen Eigenschaften ist zwischen **MOSH** und zu unterscheiden.

MOSH werden bis zu einer Kohlenstoffzahl von C35 vom menschlichen Körper aufgenommen und in:
- Lymphknoten,
- Leber,
- Milz und
- Fettgewebe angereichert.

MOSH wurden zwar beim Menschen in den genannten Geweben nachgewiesen, es konnten jedoch keine nachteiligen gesundheitlichen Effekte damit in Verbindung gebracht werden.
Es ist **nicht bekannt**, ab welcher Exposition es zu nachteiligen Auswirkungen beim Menschen kommt.

Im Tierversuch wurden **Entzündungsreaktionen** in der Leber, verursacht durch MOSH, beobachtet.
Nach den verfügbaren wissenschaftlichen Daten werden ebenfalls leicht absorbiert, jedoch nicht angereichert.

Bei der -Fraktion ist jedoch nicht auszuschließen, dass auch krebserregende Stoffe darin enthalten sind.

* * *

Wie wird die Gefährdung durch Mineralöle eingestuft?

Im Jahr 2012 stellte die fest, dass die damalige

Exposition der europäischen Verbraucher mit MOSH **potentiell bedenklich** sei.
Als grundsätzlich bedenklich stuft die , die über Lebensmittel aufgenommen werden, ein.

Laut Bundesinstitut für Risikobewertung (BfR) sind Mineralölkontaminationen grundsätzlich unerwünscht. Übergänge von MOSH auf Lebensmittel sollten so weit wie technisch möglich minimiert werden und es sollte kein nachweisbarer Übergang von auf Lebensmittel stattfinden.

* * *

Wie sind Mineralölkontaminationen rechtlich geregelt?

Der Gesetzgeber legt in Artikel 3 der Rahmenverordnung für Lebensmittelkontaktmaterialien Verordnung (EG) 1935/2004 fest, dass Materialien und Gegenstände nach guter Herstellungspraxis so herzustellen sind, dass sie unter den normalen oder vorhersehbaren Verwendungsbedingungen **keine Bestandteile** auf Lebensmittel in Mengen abgeben, die geeignet sind, die menschliche Gesundheit zu gefährden oder eine unvertretbare Veränderung der Zusammensetzung der Lebensmittel herbeizuführen.

Diese allgemein formulierte Anforderung soll in Zukunft für den Übergang von Mineralölbestandteilen auf Lebensmittel konkretisiert werden.
In einem Entwurf zur Änderung der nationalen **Bedarfsgegenständeverordnung**, der sogenannten

„**Mineralölverordnung**", soll der Übergang von aus Papier- und.
Kartonverpackungen auf Lebensmittel mit einem Grenzwert belegt werden.
Die Regelung wird sich allerdings nur auf Verpackungen aus Recyclingmaterial beziehen.
Zum Schutz vor möglichen Gesundheitsgefahren im Verkehr mit bedruckten Lebensmittelbedarfsgegenständen wurde ein weiterer Entwurf zur Änderung der Bedarfsgegenstände-verordnung, die sogenannte „**Druckfarbenverordnung**", auf den Weg gebracht, welcher unter anderem eine Positivliste der Stoffe vorsieht, die zur Bedruckung verwendet werden dürfen.

Der bereits notifizierte nationale Entwurf der **Druckfarbenverordnung** ist bislang noch nicht in Kraft getreten.
Derzeit werden Regelungen auf europäischer Ebene, welche bereits in Planung sind, abgewartet.

Abseits von Übergängen aus Lebensmittelverpackungen fallen Mineralölkontaminationen von Lebensmitteln in die Anwendungsbereiche der EU-Basisverordnung für Lebensmittel (EG) 178/2002 und der EU-Kontaminantenverordnung (EWG) 315/93.

Nach Artikel 14 (EG) 178/2002 dürfen Lebensmittel, die gesundheitsschädlich oder für den Verzehr durch den Menschen ungeeignet sind, nicht in den Verkehr gebracht werden.
Entsprechend 2 (EWG) 315/93 sind Kontaminanten auf so niedrige Werte zu begrenzen, wie sie durch gute

Praxis auf allen Stufen der Lebensmittelproduktion sinnvoll erreicht werden können.

* * *

Was passiert in der EU, um den Verbraucher vor Mineralölkontaminationen zu schützen?

Auf EU-Ebene liegt derzeit die Empfehlung (EU) 2017/84 vor, welche eine Datensammlung in den Jahren 2017 bis 2019 bezüglich der Mineralölkontamination in Lebensmitteln vorsieht.
Dazu sollen die Mitgliedstaaten 2017 und 2018 das Vorhandensein von Mineralölkohlenwasserstoffen in den verschiedensten Lebensmitteln überwachen.

Die Untersuchung sollte sich auf tierische Fette, Brot und Kleingebäck, Feinbackwaren, Frühstückscerealien, Süßwaren (einschließlich Schokolade) und Kakao, Fischfleisch, Fischprodukte (Fischkonserven), Körner für den menschlichen Verzehr, Speiseeis und Süßspeisen, Ölsaaten, Teigwaren, Getreideerzeugnisse, Hülsenfrüchte, Wurst, Schalenfrüchte, pflanzliche Öle sowie für diese Produkte verwendete Lebensmittelkontaktmaterialien erstrecken.

Bei positiven Befunden von Mineralölkohlenwasserstoffen in Lebensmitteln sollen außerdem die Quellen für die Kontamination durch weitere Untersuchungen und bei belasteten Lebensmittelkontaktmaterialien unter anderem deren Art und Zusammensetzung ermittelt werden.

Auf die Weise gesammelte Daten sollen bis Ende Februar 2019 an die EU übermittelt werden.
Die dadurch geschaffene breite Datenbasis ermöglicht die Einschätzung, welche Mineralöl-Gehalte mit dem derzeitigen Stand der Technik vermeidbar sind.

Damit verbunden können Lebensmittel identifiziert werden, die aufgrund ihres erhöhten Mineralölgehaltes für den Verzehr durch den Menschen ungeeignet und damit nicht sicher im Sinne des Artikels 14 (EG) 178/2002 sind.
Dies stellt eine wesentliche Erleichterung des lebensmittelrechtlichen Vollzugs dar, solange noch keine Grenzwerte existieren.
Die Bereitstellung der Ergebnisse unterstützt zudem potentiell die Schaffung von konkreten Richt- oder Grenzwerten in der EU für MOSH und in Lebensmitteln.

Auf nationaler Ebene haben die Daten außerdem gegebenenfalls Einfluss auf das Rechtsetzungsverfahren zur geplanten Mineralölverordnung.

* * *

Was tut das ?

Das untersucht seit 2013 Lebensmittel auf Mineralölkontaminationen.
Während zunächst die Adventskalender als Saisonware im Fokus standen, so wurden in der Folge auch Lebensmittel des allgemeinen Verzehrs wie Reis, Nudeln, Müsli oder Schokoladenerzeugnisse analysiert.

Das beteiligt sich aktuell zudem an dem von der EU initiierten Monitoring.

Literatur:
[1] Mineralöle in Kosmetika: Gesundheitliche Risiken sind nach derzeitigem Kenntnisstand bei einer Aufnahme über die Haut nicht zu erwarten Stellungnahme Nr. 014/2015 des vom 26. Mai 2015

[2] Panel on Contaminants in the Food Chain (CONTAM); Scientific Opinion on Mineral Oil Hydrocarbons in Food. Journal 2012;10(6):2704. [185 pp.] doi:10.2903/j.efsa.2012.2704. **Link**: www.efsa.europa.eu/efsajournal

[3] Fragen und Antworten zu Mineralölbestandteilen in Schokolade aus Adventskalendern und anderen Lebensmitteln. Aktualisierte FAQ des vom 26. November 2015.

Link: http://bfr.bund.de/cm/343/fragen-und-antworten-zu-mineraloelbestandteilen-in-schokolade-aus-adventskalendern-und-anderen-lebensmitteln.pdf

* * *

Ist Mineralöl gesund?

Die Sachverständigen kommen zu dem vorläufigen Ergebnis, dass gesättigte Mineralöl-Kohlenwasserstoffe (**MOSH**) **wohl nicht** gesundheitlich bedenklich seien, während aromatische Mineralöl-Kohlenwasserstoffe

(**MOAH**) Anlass zu **gesundheitlichen Bedenken** geben können.

* * *

Öko-Test

Nicht alles in Butter:
17 von 20 Butter-Marken fallen bei Test durch

17 von 20 getesteten Buttermarken sind "**mangelhaft**" oder "**ungenügend**".
Nur in **einem** Produkt hat Öko-Test kein Mineralöl gefunden.

Die Preise für Butter steigen immer weiter – laut dem Statistischen Bundesamt um 72 Prozent seit Herbst 2021. "

Dabei sind die meisten Produkte im Test ihr Geld gar nicht wert", findet die Zeitschrift *Öko-Test*.

20 verschiedene Produkte wurden unter die Lupe genommen.
Nur eins davon ist "gut".
17 schnitten mit "mangelhaft" oder "ungenügend" ab.
Fast jede getestete Butter enthielt Mineralöl.
Die Konzentration ist **teilweise so hoch**, wie es *Öko-Test* noch nie zuvor in einem Lebensmittel gemessen hat.

Bei einem der getesteten Produkte sei der Wert fast **zehnmal** so hoch wie der von der EU vorgeschlagene Richtwert für aromatische Mineralölkohlenwasserstoffe.

Öko-Test: Wie kommt Mineralöl in Butter?

Das Mineralöl kann laut *Öko-Test* aus **Schmierölen** von Maschinen in die Butter gelangen. Auch die **Verpackung** kann einem Hersteller zufolge einen wesentlichen Anteil an der Belastung mit gesättigten Mineralölwasserstoffen haben. Je näher die Butter dem Ablaufdatum rückt, desto höhere Werte seien zu erwarten.

Die einzige Butter im Test, die **kein Mineralöl enthält,** ist die Bio-Fassbutter der Gläsernen Molkerei (3,49 Euro pro 250 Gramm). **Sie ist in Pergamentpapier eingepackt.**

* * *

Empfehlung von Öko-Test: Butter, Margarine oder Öl?

Öko-Test empfiehlt, beim Backen von Rührteigkuchen oder Muffins die Butter durch neutrales Öl zu ersetzen. Geht es darum, ob man lieber Butter oder Margarine verwenden sollte, sollte man mehrere Kriterien beachten. Butter ist nicht nur teurer sondern auch "eine Klimasau". Die Herstellung von einem Kilo Butter verursacht neun Kilo Treibhausgase.

Zu diesem Thema mehr unter CO2!!!!

Bei Margarine sind es mit 2,8 Kilo weniger als ein Drittel. Auch im Wasserverbrauch liegt Butter dreimal so hoch wie Margarine.

Doch auch Margarine kann die Umwelt belasten, zum Beispiel beim Anbau von **Palmöl**.

* * *

Ist in Kinderschokolade Mineralöl drin?

Am stärksten waren Kinderriegel aus dem Hause Ferrero belastet:
Sie enthielten laut **Foodwatch** die höchsten Werte gesättigter Mineralöle (**MOSH**) und aromatischer Mineralöle (**MOAH**).
Beide Stoffe stehen im Verdacht, der Gesundheit schaden zu können.
MOSH werden vom Körper aufgenommen und können sich in Organen anreichern.
Stand 06.07.2016

* * *

Welche Lebensmittel basieren auf Erdöl?

In der **gesamten** Lebensmittelindustrie werden Produkte auf Erdölbasis verwendet.
Kaugummi enthält Erdölwachs, und in vielen Produkten wie **Chips** und **Snacks** werden **Farbstoffe** und andere **Zusatzstoffe** verwendet, die **Erdölprodukte** enthalten.
Mineralöl kann verwendet werden, um verpackte Backwaren länger frisch zu halten.

* * *

In welcher Kosmetik ist Mineralöl?

Ob deine Kosmetik Mineralöle enthält oder nicht, siehst du mit Blick auf die Inhaltsstoffliste:
Hinter Bezeichnungen wie
- Paraffinum liquidum,
- Paraffin,
- Microcristallina Wax Ceresin / Cera Microcristallina,
- Mineral Oil,
- Ozokerite oder
- Petrolatum

verstecken sich Mineralöle.
Stand 01.07.2019

* * *

Ist in Lindt Schokolade Erdöl?

Die Lindt-Schokolade ist wie 14 weitere im Test aus unserer Sicht stark mit Mineralölbestandteilen belastet.
In den getesteten Tafeln stecken **MOSH**-Verbindungen. Diese gesättigten Mineralölkohlenwasserstoffe reichern sich im menschlichen Körper an.
Stand 08.12.2019

* * *

Ist in Nutella Erdöl drin?

Foodwatch hat gesundheitsgefährdendes Mineralöl in Nutella und anderen beliebten Lebensmitteln gefunden.

Nutella-Fans müssen jetzt ganz stark sein, denn:
Die Verbraucherorganisation Foodwatch hat **gesundheitsgefährdendes Mineralöl** in der beliebten Nuss-Nougat-Creme gefunden.
Stand:13.12.2021

* * *

FOODWATCH deckt auf:

In welchen Produkten befindet sich Erdöl?

Die Produktvielfalt reicht von:
- **Benzin über**
- **Dieselkraftstoff,**
- **Heizöl,**
- **Lippenstifte,**
- **Waschmittel,**
- **Speichermedien und**
- **Reifen bis hin zu einer**
. **Vielzahl verschiedener Kunststoffe.**

Der Ausgangsstoff all dieser Produkte, das Erdöl, wird in der Raffinerie verarbeitet.

* * *

Was bewirkt Mineralöl im Körper?

Sie stellen im Körper die wohl größte **Verunreinigung** dar.
In Tierversuchen haben sie zu **Organschäden** geführt. Welche Folgen die Aufnahme für den menschlichen Körper hat, ist **noch nicht geklärt.**

215

Unter aromatischen Mineralölkohlenwasserstoffen (MOAH) **können sich krebserregende Verbindungen befinden.**

Stand: 17.05.2024

* * *

Ist in Ibuprofen Erdöl enthalten?

Auch das rezeptfrei erhältliche Schmerzmittel **Ibuprofen basiert fast komplett auf Erdölderivaten:**
Es wird aus den Raffinerieprodukten Propengas und Toluol hergestellt, die beide wiederum aus Naphta gewonnen werden.

Stand: 12.05.2010

* * *

Ist in Vaseline Mineralöl?

Aus chemischer Sicht ist Vaseline, auch Petrolatum genannt, ein Gemisch aus mindestens zwei verschiedenen Mineralölkomponenten. Davon mindestens ein Öl und mindestens ein Wachs.
Die festen und flüssigen Kohlenwasserstoffe werden aus Paraffinen bei der **Erdölförderung** gewonnen.

* * *

ACHTUNG!!!

Anmerkung von mir:
Paraffine – aus ihnen werden auch Kerzen hergestellt!
Mehr dazu am Ende dieses Berichtes über Mineralöl!!

* * *

In welchem Essen ist Mineralöl?

Mineralöl wurde unter anderem von **Foodwatch** bereits in zahlreichen Lebensmitteln wie:
- Brühwürfeln,
- Schokolade,
- Reis,
- Babymilchpulver oder
- Speiseölen nachgewiesen .

Wenn wir von Mineralöl sprechen sind sogenannte Mineralöl-Kohlenwasserstoffe gemeint.
Das sind chemische Verbindungen, die hauptsächlich aus Rohöl stammen .

Stand: 11.04.2022

* * *

Mineralöl in Lebensmitteln und Kosmetik: Ist das bedenklich?

Quelle:
https://www.oekotest.de/essen-trinken/Mineraloel-in-Lebensmitteln-und-Kosmetik-Ist-das-bedenklich_11667_1.html

Häufig taucht in den Schlagzeilen zu den Tests von ÖKO-TEST das Wort "Mineralöl" auf.
Wir kritisieren es oft in Lebensmitteln und auch immer wieder in Kosmetikprodukten.
Aber um was handelt es sich bei Mineralöl eigentlich genau, und welche Gefahren gehen davon aus?

Den gesamten Bericht lesen Sie unter o.g. Link.

* * *

Neue EFSA-Risikobewertung:

Quelle:
https://mobil.bfr.bund.de/cm/343/neue-efsa-risikobewertung-einige-mineraloel-rueckstaende-in-lebensmitteln-bleiben-gesundheitlich-problematisch.pdf

Einige Mineralöl-Rückstände in Lebensmitteln bleiben gesundheitlich problematisch

Rückstände von Mineralölen können unter anderem aus Kartons und anderen Verpackungs-materialien in Lebensmittel übergehen, wenn diese aus **recyceltem** Altpapier hergestellt wurden.
Inwieweit das gesundheitliche Risiken für Verbraucherinnen und Verbraucher mit
sich bringt, wird in Fachkreisen seit Jahren diskutiert.

Die Europäische Behörde für Lebensmittelsicherheit (EFSA) hat kürzlich ihre Bewertung aus dem Jahr 2012 unter Einbeziehung neuer Daten aktualisiert und das vorläufige Ergebnis vorgestellt:
Die aktuelle Aufnahmemenge an gesättigten Mineralölkohlenwasserstoffen (MOSH) mit der Nahrung stellt demnach aus gesundheitlicher Sicht nach derzeitigem Kenntnisstand keinen Grund zur Besorgnis dar.

Anmerkung : Und heute????
Die Aufnahmemenge an aromatischen Mineralölkohlenwasserstoffen (MOAH) sieht die EFSA allerdings nach wie vor **als zu hoch an, insbesondere für Säuglinge und Kleinkinder.**

Das Bundesinstitut für Risikobewertung (BfR) teilt die Schlussfolgerungen der EFSA und betont, dass die Verunreinigung von Lebensmitteln mit Mineralölbestandteilen grundsätzlich unerwünscht ist.

Bessere Verfahren bei der landwirtschaftlichen Erzeugung, beim Transport, der Lagerung und der Verarbeitung von Lebensmitteln können helfen, den Eintrag von Mineralölbestandteilen zu reduzieren.
Der Übergang solcher Substanzen aus Verpackungen – insbesondere aus Papier und Karton – auf Lebensmittel kann unter anderem durch den Einsatz von Frischfaserkartons und die Verwendung mineralölfreier Druckfarben reduziert werden.
Auch funktionelle Barrieren in den Verpackungen können dazu beitragen, eine Verunreinigung von Lebensmitteln zu verhindern. 219

Nach den neuen Daten der EFSA hat sich die tägliche Aufnahmemenge an Mineralölbestandteilen in allen Bevölkerungsgruppen seit dem Jahr 2012 etwa halbiert.

Anmerkung: wers denn glaubt............

* * *

Mineralölbestandteile können auf verschiedenen Wegen in unsere Nahrung gelangen:

Vorhersehbar ist das, wenn sie etwa in zugelassenen Lebensmittelzusatzstoffen oder Additiven zur Verarbeitung von Lebensmitteln in stecken. Zudem können auch Verunreinigungen der Lebensmittel durch landwirtschaftliche Maschinen, ungeeignete Transport- oder Verarbeitungsverfahren sowie Anreicherungen entlang der Nahrungskette auftreten.

Verpackungen aus Papier oder Karton, die unter Verwendung recyclierter Fasern hergestellt wurden, können ebenfalls Reste von Mineralölen enthalten. Als Rohstoff für das Recycling wird auch bedrucktes Zeitungspapier verwendet, und in den meisten herkömmlich verwendeten Zeitungsdruckfarben sind **Mineralöle** enthalten. Diese können bisher im Recyclingprozess **nicht ausreichend entfernt werden** und gelangen so in die Lebensmittelverpackungen aus Recyclingkarton. Die nachgewiesenen Mineralölgemische bestehen aus jeweils komplexen Mischungen an gesättigten Kohlenwasserstoffen (Mineral Oil Saturated

Hydrocarbons, **MOSH**) sowie aus aromatischen Kohlenwasserstoffen (Mineral Oil Aromatic Hydrocarbons, **MOAH**).

Es ist bekannt, dass **MOSH**, die bis zu rund 45 Kohlenstoffatome enthalten, vom Körper aufgenommen werden.

Sie wurden beim Menschen in einigen Organen wie Leber und Milz sowie im Fettgewebe nachgewiesen.

* * *

Tierexperimentelle Studien hatten zudem gezeigt, dass einige MOSH bei einem bestimmten Rattenstamm Ablagerungen und Entzündungen in der Leber hervorrufen.

Die Relevanz dieses Befundes für den Menschen war lange Zeit unklar. Nach der Auswertung neuer Daten kommt die EFSA im Jahr 2023 in ihrer Neubewertung

(https://connect.efsa.europa.eu/RM/s/publicconsultation2/a0l09000006qqHf/pc0400)

zu dem Schluss, dass die beobachteten Effekte speziell in diesem Rattenstamm auftreten und für den Menschen nicht relevant sind.

Anmerkung: soso

Von sehr hohen Dosen abgesehen hat die EFSA keine

schädigenden Wirkungen von MOSH auf den Menschen festgestellt.
Allerdings ist die Datenlage unvollständig. Insbesondere Langzeitstudien im Tier sowie weitere Daten zu MOSH-Gehalten in menschlichen Organen nach (lebens)langer Aufnahme von Mineralöl fehlen.

Die gesundheitliche Risikobewertung der EFSA basiert auf dem Effekt der Anreicherung von MOSH in Organen und Geweben, da eine Anreicherung körperfremder Stoffe grundsätzlich unerwünscht ist und mögliche (bisher unbekannte) toxikologische Effekte am ehesten durch die sich anreichernden MOSH zu erwarten sind.

Die EFSA kommt zu dem Ergebnis, dass die aktuelle Aufnahmemenge an MOSH in der europäischen Bevölkerung über Lebensmittel keinen Grund zur Besorgnis darstellt.
Dies ist auch ein Ergebnis der Anstrengungen von Behörden und Industrie in den vergangenen Jahren, den Übergang von Mineralöl in Lebensmittel zu verringern.
Nach Ansicht des BfR sollten diese Bestrebungen fortgesetzt werden, um die MOSH-Gehalte in Lebensmitteln weiter zu verringern oder zumindest auf dem aktuellen Level zu halten.

MOAH sind Verbindungen, die ein aromatisches Ringsystem aus einem oder mehreren Ringen aufweisen und zusätzlich zu Kohlenstoff und Wasserstoff manchmal auch Schwefel enthalten.
Die aromatischen Ringe weisen zudem in der Regel eine oder mehrere kurze oder lange Seitenkette(n) aus gesättigten Kohlenwasserstoffen auf. 222

Für die Bewertung der MOAH-Gehalte in Lebensmitteln ist die Fraktion mit drei oder mehr aromatischen Ringen besonders relevant, da in dieser Fraktion erbgutverändernde und krebserzeugende Stoffe enthalten sein können.

Da es zum tatsächlichen Anteil dieser Fraktion an den MOAH, die in Lebensmitteln gefunden wurden, allerdings nur wenig Daten gibt, erarbeitete die EFSA zwei verschiedene Expositions-Szenarien („best case" und „worst case").

Für das „worst case"- Szenario ergab sich für alle Bevölkerungsgruppen und für den „best case" vor allem für die Gruppe der Vielverzehrer unter den Kleinkindern ein Grund zur Besorgnis.

Für MOAH hat die EFSA vor allem angemerkt, dass mehr Daten zum tatsächlichen Vorkommen von MOAH mit drei oder mehr aromatischen Ringen in Lebensmitteln – und damit verbesserte Verfahren in der Routineanalytik – gebraucht werden.

Zudem fehlen Daten zur Toxikologie speziell der MOAH mit einem oder zwei aromatischen Ringen

Weitere Informationen auf der BfR-Website zum Thema Mineralölbestandteile Fragen und Antworten zu Mineralölbestandteilen in Lebensmitteln

Link: https://www.bfr.bund.de/de/fragen_und_ant-worten_zu_mineraloelbestandtei-len_in_lebensmitteln-132213.html

* * *

Hochraffinierte Mineralöle in Kosmetika:

Gesundheitliche Risiken sind nach derzeitigem Kenntnisstand nicht zu erwarten.

https://www.bfr.bund.de/cm/343/hochraffinierte-mineraloele-in-kosmetika-gesundheitliche-risiken-sind-nach-derzeitigem-kenntnisstand-nicht-zu-erwarten.pdf

Anmerkungen von mir:
- Teilweise stammen die Daten aus den Jahren 2012.
- Warum wurden da nicht längst ausführliche Tests und Untersuchungen vorgenommen???

* * *

Paraffin

Für was wird Paraffin verwendet?

Paraffin dient als Grundstoff für Salben und Cremes (Vaseline), für Kosmetik- und Medizinprodukte (z.B.: Labello), (Fußboden)Pflege- und Putzmittel für beispielsweise Holz, Metall und Autopolituren oder Schuhcreme.

* * *

Ist Paraffin bedenklich?
Was ist Paraffin? Paraffin ist eine Mischung aus Alkanen (gesättigte Kohlenwasserstoffe), die aus Rückständen von Erdöl gewonnen werden.

Durch die Verbrennung von Paraffin, beispielsweise bei Kerzen, welche Paraffinwachs enthalten, entstehen giftige Gase, die für die Gesundheit **nicht ungefährlich** sind.

Stand: 07.06.2023

* * *

Ist Paraffin gleich Wachs?

Meistens besteht das Kerzenwachs heutzutage jedoch aus Paraffin. Dieses Wachs ist das weltweit am meisten eingesetzte Wachs.
Dies gilt für Kerzen aber auch für andere Anwendungen.

Stand: 13.04.2020

* * *

Wofür verwenden wir Paraffin?

Paraffin wird häufig als:
- Treibstoff für Düsentriebwerke und
- Raketen sowie als
- Kraftstoff oder Kraftstoffkomponente für Diesel- und Traktormotoren
  verwendet.

Zu den üblichen Verwendungszwecken von Paraffin gehören:
Paraffinwachs: ein weißer oder farbloser weicher Feststoff, der als :

225

- Schmiermittel,
- für Kerzen,
- Buntstifte,
- elektrische Isolierung und
- Vaseline

verwendet wird.

* * *

Warum kein Paraffin?

Paraffine sind schädlich für die Umwelt. Paraffine sind **nicht** biologisch abbaubar und können nur schwer aus dem Wasserkreislauf entfernt werden.

Über Trinkwasser und Lebensmittel gelangen sie in unseren Körper und können sich im Fettgewebe, in der Niere, der Leber und den Lymphknoten ablagern.

* * *

So schädlich ist Paraffin

Eine nachhaltig pflegende Wirkung hat das Öl allerdings nicht.

Eher im Gegenteil:

Kosmetikprodukte, die Paraffin enthalten, machen die Haut zwar zunächst weich, beeinträchtigen auf lange Sicht aber ihre natürlichen Funktionen.

Stand: 29.12.2021

* * *

Warum wird Lebensmitteln Paraffin zugesetzt?

Paraffinwachs, das als chemisches Konservierungsmittel gilt, wird verwendet , um
Obst, Gemüse und Süßigkeiten ein glänzendes Aussehen zu verleihen.
Es hilft auch, Feuchtigkeitsverlust und Verderb zu verlangsamen .
Paraffinwachs wird in einer Vielzahl von Anwendungen eingesetzt, von kommerziell hergestellten Produkten bis hin zu hausgemachten Lebensmitteln.
Stand: 16.03.2019

* * *

Welche Gefahren birgt Paraffin?

Der Verzehr großer Mengen Paraffin kann zu:
- einem Darmverschluss führen,
- der Bauchschmerzen,
- Übelkeit,
- Erbrechen und möglicherweise Verstopfung verursachen kann .

Wenn das Paraffin **Farbstoffe** enthält, kann es bei einer Person mit einer **Allergie** gegen diese Farbstoffe zu
- Schwellungen der Zunge und
- des Rachens,
- Keuchen und
- Atembeschwerden kommen.

* * *

„ Tote Menschen werden in die US – Lebensmittelversorgung gepumpt

Die verflüssigten Überreste von Leichen werden still und leise in die US-Lebensmittelversorgung gepumpt, so die Aussagen mehrerer Top-Wissenschaftler.

Im Jahr 2019 wurde die „Kompostierung von Menschen „ im Bundesstaat Washington im Gesetzentwurf 5001 mit dem Titel „ Soncerning human remains „ legalisiert. Der die „ natürliche organische Reduktion „ menschlicher Überreste legalisierte.

Naturalnews.com Berichte:
Gerichtsmediziner und Einbalsamierer berichten über einen der gröbsten Gräueltaten, die derzeit an amerikanischen Lebensmitteln, Wasser und billigen Nahrungsergänzungsmitteln geschehen.
Die alkalische Hydrolyse, auch Flüssigkeitseinäscherung genannt, ist der Prozess der Zersetzung eines menschlichen Körpers mit ultraheißem Wasser und einer starken basischen Lösung.
Die Mainstream-Medien behaupten, dass es nach der großen Kernschmelze keine menschlich DNA, kein Fleisch oder Krankheitserreger mehr gibt, aber wer glaubt noch irgendetwas, was Big Food behauptet.
Denken Sie daran, dass sie diejenigen sind, die sagen, dass Rapsöl „ herzgesund" ist und Fluorid im Leitungswasser „ gut für den Aufbau starker Zähne" ist. Sicher
Dieser Whistelblower-Gerichtsmedizinersagt, dass dieses Recycling von toten Menschen in die Lebensmittel- und Wasserversorgung in den meisten US-Bundesstaaten stattfindet.   228

Menschliche Knochen werden zu Pulver zermahlen und als Kalziumphosphat für Rezepte verwendet, die Kalziummangel „ behandeln"!
Wenn Sie immer noch nicht glauben, dass dies geschieht, fragen Sie einfach Karina Spade, die Gründerin un CEO von Recompose, einem Unternehmen, das diesen Reduktionsprozess als „ urbane, bodenbasierte, umweltfreundliche Option zur Sterbebegleitung „ nutzt.
Dies wird im Spielfilm „ Bioisludged „ weiter behandelt...."

Artikelquelle:
https://h.me/gesundistbesser

* * *

Anmerkung von mir:
- Werden wir zu Menschenfressern gemacht?
- Immer wieder finden sich Berichte mit entsprechenden Untersuchungsergebnissen, die nachweisen, dass in verschiedenen Nahrungsmittel Menschenfleisch enthalten ist!!

* * *

Grafik zeigt die „ ewigen Chemikalien", die in alltäglichen Lebensmitteln lauern und mitKrebs und Unfruchtbarkeit in Verbindung gebracht werden

Hunderte von Lebensmitteln und Haushaltswaren wurden prositiv auf „ forever chemicals „ getestet.

Die Chemikalien werden mit Krebs, Unfruchtbarkeit, Geburtsfehlern und Autismus in Verbindung gebracht.

Die schockierende Studie hat kürzlich ergeben, dass Liebhaben von Hummer, Krabben und Sushi einem hohen Vergiftungsrisiko durch „ Ewige Chemikalien „ ausgesetzt sind.
Die Forscher, die hinter der Studie stehen, warnten, dass Meeresfrüchte eine unterschätzte Quelle für die giftigen Substanzen sein könnten, die stark mit Krebs in Verbindung gebracht werden.
Eine Grafik von DailyMail.com zeigt jedoch, dass die allgegenwärtigen Chemikalien in so gut wie jeder Lebensmittelgruppe lauern – auch in denen , die sich selbst als gesund bezeichnen.

Es gibt kein sicheres Maß für die Exposition gegenüber chemischen Stoffen für immer, und sie wurden mit:
- zahlreichen Krebsarten,
- Asthma,
- Fruchtbarkeitsstörungen,
- Fettleibigkeit,
- Geburtsfehlern,
- Diabetes und
- Autismus in Verbindung gebracht.

Das Bild basiert auf Testergebnissen von Überwachungs-organisationen, die den Gehalt an PFAS (Per- und Poly-fluorierte Alkyl Substanzen) und anderen chemischen Stoffen in Lebensmitteln analysiert haben.

Das Produkt mit der höchsten Menge an Phthalaten – eine Art von Chemikalien, die bei der Herstellung von

Kunststoffen verwenden werden – Annie's Bio-Käse-Ravioli in Dosen, die 53.580 Nanogramm Phthalate pro Portion enthielten.

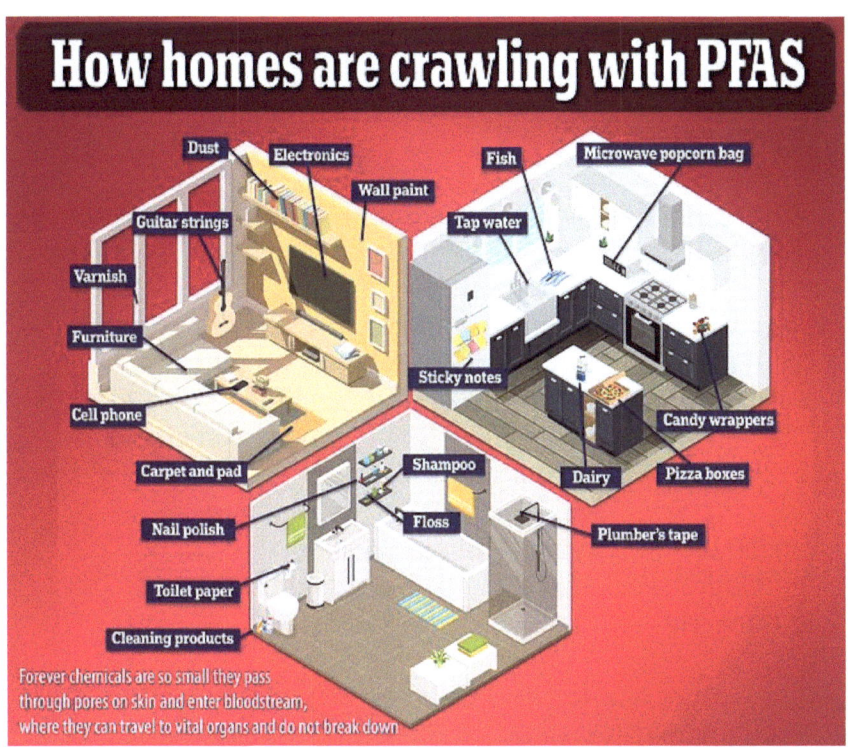

Phthalate können in der Auskleidung von Dosenprodukten und in Plastikbehältern enthalten sein und in die Lebensmittel selbst gelangen.

Sie sind als Hormonstörer bekannt und werden mit Brustkrebs, Fortpflanzungs- und Entwicklungsstörungen, Herz- und Atemwegskomplikationen sowie neurologischen und Verhaltensproblemen in Verbindung gebracht.

Verbraucher, die diese Chemikalien vermeiden wollen, sollten auf den Produktetiketten auf „ **BPA-frei** „ achten.

Weitere Produkte mit den höchsten Werten waren:
- Pfirsichkonserven von Del Monte (**25.000**)
- rosa Lachs in Dosen von Chicken of die Sea **(24.320)**
- Proteinmilch von Fairlife, die in einer Plastikflasche geliefert wird (**20.450**).

Ähnlich wie bei Annie's Dosenravioli, ist der Phthalatgehalt dieser Produkte wahrscheinlich hoch, da sie entweder in Dosen oder in Plastik verpackt sind.

Hohe Werke wurden in Produkten aus allen Lebensmittelgruppen und Getränken gefunden, wobei keine Kategorie – wie Milchprodukte oder Fleisch – mit größerer Wahrscheinlichkeit Chemikalien für immer enthielt als eine andere.

- Poland Spring Wasser in Plastikflaschen enthielt **4.200** Nanogramm Phthalate pro Portion.
- Yoplait fettarmer Joghurt in einem Plastikbehälter enthielt fast **11.000** Nanogramm der chem. Substanz.

- Herzgesunde Cheerios in einer Plastiktüte in einer Pappschachtel enthielten ebenfalls rund **11.000** Nanogramm.

Selbst Babynahrung war nicht immun gegen die Giftstoffe.
- Gerber-Nahrung in einem Glasgefäß und
- Similac-Babynahrung in einer Dose enthielten beide etwa **4.200** Nanogramm Phthalate pro Portion.

Unvermeidbare Chemikalien sind nicht nur in gekauften Lebensmitteln enthalten – eine andere Kategorie von unvermeidbaren Stoffen, PFAS, wurde in Lebensmittel-behältern in unsicheren Mengen nachgewiesen.

PFAS,Per- und Polyfluoralkylsubstanzen, sind mikroskopisch kleine Substanzen, die Tausende von Jahren brauchen, um sich in der Umwelt oder im menschlichen Körper abzubauen.

Sie kommen in Textilien, Feuerlöschschaum, anti-haftbeschichtetem Kochgeschirr, Kleidung und fettbeständigen Lebensmittelverpackungen vor, wo sie in die Lebensmittel übergehen können.

Es gibt kein sicheres Maß für die Exposition gegenüber diesen Chemikalien, und PFAS werden mit mehreren
- Krebsarten
- Asthma
- Fruchtbarkeitsstörungen
- Fettleibigkeit
- Geburtsschäden
- Diabetes

\-   Austismus
in Verbindung gebracht!

Bei der Aufnahme über die Nahrung ist nichtklar, wie
viele der Chemikalien vom Körper abgebaut oder
während des Verdauungsprozesses auf natürliche Weise
freigesetzt werden.
**Laut CDC können jedoch zwischen 2 und 20
Nanogramm pro Milliliter Blut gesundheitsschädliche
Auswirkungen haben.**

In einem separaten CR-Bericht, der das Vorhandensein
dieser Stoffe untersuchte, wurden 118 Fast-Food-
Verpackungen und Behältern auf ihren Gesamtgehalt an
organischem Fluor getestet, was als einfachste Methode
gilt, um den Gesamtgehalt an PFAS in einem Material zu
ermitteln.

Dreiundsechzig (63) Artikel wiesen nachweisbare
Mengen an organischem Fluor auf, 22 davon mit 100 und
mehr Teilen pro Millionen und 15 mit 20 und mehr ppm.

Eine kalifornische Richtlinie aus dem Jahr 2023 schreibt
nun vor, dass Lebensmittelverpackungen aus Papier
weniger als 100 ppm organisches Fluor enthalten
müssen!

CR-Experten befürworten einen 20 ppm-Grenzwert.

* * *

Erschreckend hohe Konzentrationen an PFAS
in den meisten US-Pestiziden gefunden

Die texanischen Forscher fanden die Chemikalien in **sieben von zehn Insektiziden** – aber **sechs** enthielten extrem große Mengen eines besonders gefährlichen Typs, der stark mit Krebs in Verbindung gebracht wurde.

Die am stärksten kontaminierten Verpackungen war:
- die grüne Tüte für Beilagen von Nathan's Famous **(618 ppm)**
- die Verpackung des Sandwich-Wraps von Chick-fil-A **(553,5 ppm)**
- die Faserschale für Kindergerichte von Cava **(548 ppm)**
- die Faserschale von Cava **(508,3 ppm)**

PFAS scheinen zwar allgegenwärtig zu sein, aber es gibt Möglichkeiten, die Belastung zu verringern!

Dazu gehört:
- Lebensmittel nicht in der Originalverpackung aufzuwärmen,
- Speisen zum Mitnehmen aus dem Originalbehälter zu nehmen und in Glasbehältern aufzubewahren.
- sowie Unternehmen zu wählen, die sich verpflichtet haben, die Verwendung von PFAS in ihren Produkten zu reduzieren.

Weitere Tests des Natural Resources Defense Council (NRDC) zu Kleidung, Schuhen und Accessoires bewerteten 14 Unternehmen hinsichtlich der Verwendung von PFAS in ihren Produkten mit F.

Das NRDC stellte den Unternehmen eine Reihe von Fragen zu PFAS und ihren Bekleidungsarktikeln, u.a. ob sie Richtlinien haben, die die Verwendung von PFAS einschränken oder verbieten, oder ob sie Pläne haben, die Chemikalien aus ihren Produkten zu entfernen.

Auf Grundlage ihrer Antworten erhielten die Marken vom NRDC eine Note.

Diejenigen, die eine schlechte Note erhielten, waren:
- REI
- Culumbia Sportwear,
- Macy's
- Walmart
- Nordstrom
- Kate Spade
- Under Armour
- Skechers
- Micheal Kors

Und ToxiFreeFuture. Org fand PFAS:
- in Kissenschützern von Amazon
- Matratzenauflagen von Costco
- schmutzabweisender Bettwäsche von Macy's
- und einem Laken-Set von Target

Die Testergebnisse mögen ein düsteres Bild von den Chemikalien zeichnen, die Amerikaner täglich konsumieren, aber CR sagte, dass die Werte einiger Substanzen niedriger waren als bei der Prüfung ähnlicher Produkte im Jahr 2009.

Das deutet darauf hin, dass wir uns zumindest bei den Bisphenolen in die richtige Richtung bewegen, sagte Dr. James Rogers, der bei Consumer Reports (CR) die Tests zur Produktsicherung leitet.   236

SAHARASTAUB

1. **Analyse von «Sahara-Staub» liegt vor:**
   Terror-Alarm!" (von Ivo Sasek)

Die Labor-Analyse besagt, dass uns mit jedem sogenannten „Saharastaub-Regen" **mindestens** 26 teils hochgiftig

https://youtube.com/watch?v=shVn7FsJZ4o&si=x21ncO-lPatxQsMh

* * *

Hochgiftige Elemente auf deinem Bio – Gemüse

Link:
https://www.kla.tv/30151

Dieses Umweltverbrechen durch Geoengineering-Einsätze muss ein Ende haben!

Analyse von «Sahara-Staub» liegt vor: Terror-Alarm! (von Ivo Sasek)

In mein er Kla.TV-Rede vom 11. Mai 24 habe ich zum 1. Mal den Verdacht geäußert, dass die neuartigen Sahara-Staub-Niederschläge vielleicht mehr mit dem Einsatz von längst patentierten Wetterwaffen zu tun haben, als mit dem Sand der Sahara selbst.

Heute lege ich euch einen **1. Analyse-Bericht vor,** der besagt, dass uns mit jedem sogenannten

Sahara-Staubregen mindestens **26, teils hochgiftige Elemente** auf den Kopf herabrieseln.
Aber nicht nur:
- auf den Kopf, sondern auch auf unsere
- gesamte Landwirtschaft,
- auf unsere Seen,
- Flüsse,
- Gärten,
- Wiesen,
- auf all unsere Tiere,
- Insekten-Bestände in der Luft, auf dem Boden und unter dem Boden.

* * *

Doch nun der Reihe nach:
Zuerst erinnere ich noch einmal an das US-Patent 9924640.
Und dies ist nur gerade eines von Dutzenden ähnlichen Patenten: Darin wird beschrieben, wie Boeing-Flugzeuge umfunktioniert werden, um Ladungen von jeweils 25 Tonnen sandartige Nanopartikel in 18.000 m Höhe zu bringen.

Der Grund:
Um unser Wetter und unser Klima zu steuern, zu manipulieren.
Dann erinnere ich noch mal an den NATO-Treibstoff JP 8, den die freimaurerische NATO längst zu etwa 90 % der Zivilluftfahrt verkauft, sprich an fast alle großen Flughäfen der Welt.
Das Erschreckende dabei sind die Analyse-Ergebnisse der benannten Additive:

In diesen wohl bemerkt militärischen Treibstoffen wurden **nämlich hohe Mengen an:**

- Aluminium,
- Barium,
- Beryllium,
- Blei,
- Cadmium,
- Chrom,
- Eisen,
- Kobalt,
- Kupfer,
- Molybdän,
- Natrium,
- Nickel,
- Strontium,
- Titanium,
- Vanadium,
- Zink und
- Zinn nachgewiesen,

sowie viele Oxide dieser Metalle und weitere giftige Stoffe.

Diese Messergebnisse haben uns überhaupt erst auf den Gedanken gebracht, dass sich ähnliche Substanzen auch in den sandartigen Nano-Feinstaub-Partikeln befinden könnten, die bereits zu hunderten Millionen Tonnen über unser aller Köpfen versprüht wurden – und dann eben, dass es sich auch bei dem sogenannten Sahara-Staubregen um einen Niederschlag mit genau solchen Substanzen handeln könnte.

Denn die enthüllt gewordenen Wettermanipulations-Patente, **sprich Wetterwaffen-Patente,** beschreiben ja schwarz auf weiß, wie diese Nano-Sandpartikel nach ihrem Auswurf dann bis zu zwei Jahre in der oberen Atmosphäre herum schweben – dann aber allmählich auf uns herabrieseln.

Und ich sage:
dies entweder lautlos, oder in Verbindung mit prasselndem Regen, der dann auf unsere Köpfe niedergeht, aber auch auf die Köpfe unserer Liebsten, unserer Kinder.
Und dann verkleistern sie auch unsere Solaranlagen, beschmieren all unsere Transportmittel, vergiften alle unsere Äcker und, und und.
Bevor ich zu den besagten Analyse-Ergebnisse des sogenannten Sahara-Staubregens komme, muss ich auch nochmals auf die groß angelegten und längst aufgeflogenen Völker-Experimente von z.B. 1994 in den USA hinweisen.

Dies muss ich so tun, damit ihr ausreichend versteht, dass solch grausame Völker-Experimente tatsächlich von Regierungen durchgeführt und dann auch noch von der Justiz gedeckt werden.
Und hier behandeln wir nur gerade wieder das **Spitzchen** jenes Eisberges, das freie Aufklärer bereits aufgedeckt haben.

* * *

**Die unfreiwilligen Testobjekte von 1994
waren US-Bürger – ganze Großstädte.**

Was ist passiert? Militärflugzeuge haben sie gezielt über lange Zeiträume mit Gift übersprüht, weil das Militär angeblich sehen wollte, was passiert – da Kampfstoffe erprobt werden müssen, bevor sie beim „Feind" zum Einsatz kommen.

Selbst eine Grundschule mit Kindern wurde drei Monate lang gezielt täglich mit **Zink-Cadmium-Sulfid** übersprüht. Merkt euch diese 2 Elemente schon einmal, denn ihr werdet gleich noch mehr darüber hören.
Die Folgen nämlich schon allein dieses Zink-Cadmium-Sulfid-Nebels waren grausam.

Die Hälfte einer ganzen Schulklasse ist daraufhin buchstäblich verreckt, die andere Hälfte erlitt schwerste Krankheiten, Sterilisationen und sonstige Behinderungen.

Denn diese wehrlosen Opfer, diese Kindlein, später als sie erwachsen waren, gebaren selber schwerbehinderte Kinder usw.
Und versteht bitte an dieser Stelle, **dass wir hier nicht von bloßen Verschwörungstheorien reden,** sondern von längst zugegebenen, aber nie gebührend bestraft und veröffentlicht gewordenen Verbrechen ganzer Regierungen und deren Justiz.
Auf Nachfrage gaben jene zuvor an, dass die Flugzeuge nur unschädliche Chemikalien versprühen würden.

Dieselben Antworten geben uns übrigens auch unsere Regierungen, wenn wir sie nach den Inhalten der versprühten Millionen Tonnen Nano-Feinstaub fragen.

Und rund um den sogenannten Sahara-Staub-Regen gibt es schon gar keinen Aufschrei – zuallerletzt von unseren Mainstream Medien.

Doch nun zu den erschreckenden Analyseergebnissen, die uns von unabhängigen Aufklärern aus Bosnien überreicht wurden.

* * *

Hinten eingeblendet die Original-Dokumente.

Diese haben nämlich eine Vergleichsanalyse von Original-Saharasand und dem angeblichen Saharasand aus den Niederschlägen in Bosnien-Herzegowina durchführen lassen.
Ihr einziges Interesse galt der Frage, ob sich in diesem sogenannten „Saharastaub-Regen" vielleicht giftige Elemente befinden.
Etwas, das uns selber oder unserem Ökosystem schadet.

Und genau solches wäre ja eigentlich
die Aufgabe von Regierungen gewesen.
Weil diese aber allesamt nichts unternommen haben, entstand diese nun folgende Analyse auf privater Basis.

Sie haben also dem Institut für chemische Verfahrenstechnik in Tuzla nebst dem Original-Saharasand auch noch eine Sandprobe aus Lukavac eingeschickt:
„Wir haben am 6. Mai 2022 dem Institut für chemische Verfahrenstechnik Tuzla zwei Proben zugestellt:

Eine Sandprobe von einem Seeufer in Südtunesien und **eine Sandprobe** aus Dobošnica Donja bei Lukavac, die am 7. April 2022 nach dem roten "Blutregen" entnommen wurde." … die am 7. April 2022 nach dem sogenannten Sahara-Regen entnommen wurde.

Diese Probe ist darum von höchster Brisanz, weil ja in Bosnien meistens der Westwind bläst und somit die Niederschläge in Lukavac nicht von Abgasen irgendeiner Industrie oder von Wärmekraftwerken und dergleichen beeinflusst werden konnten.

Und jetzt kommt's:
Im untersuchten sogenannten Saharastaub-Regen wurden nicht weniger als folgende 26 teils hochgiftige Elemente gefunden:
Aluminium, Arsen, Bor, Barium, Beryllium, Bismut, Kobalt, Chrom, Kupfer, Eisen, Lithium, Mangan, Molybdän, Nickel, Blei, Antimon, Selen, Zinn, Strontium, Thallium, Vanadium, Zink, Cadmium.

Ich sagte ja, merkt euch Letztere Elemente.
Schon allein die **Aluminium Anteile** im bosnischen sogenannten Saharastaub-Regen waren also
728-mal höher als im Original Saharasand.
Aluminium-Feinstaub kann zum Beispiel:
-    Alzheimer verursachen,
-    Nieren,
-    Leber und
-    Knochen schädigen und
-    vielerlei mehr.

Die Arsen-Anteile waren 44-mal höher.
Die Barium-Anteile 660-mal höher und
die Nickel-Anteile sogar 2.500-mal höher
als im Original Saharasand.

Von **Zink** wurde im sogenannten Sahara-Regen ein **64-mal höherer Anteil** gefunden und
von Eisen ein 23-mal höherer Anteil, usw.

Die betroffenen Völker interessiert nach dieser Offenlegung nur noch eines:
- Wer zum Teufel lässt uns zunehmend diese neuartigen hochgiftigen Cocktails über unsere Köpfe ausschütten?
- Wer genau tut so was und warum?
- Wie sind die Namen dieser Übeltäter?

Das wollen wir jetzt wissen.
- In welchem Auftrag und mit welchen letzten Zielen handeln sie?

Weil mit diesen eingereichten Analysen mehr als nur gerade ein Anfangsverdacht gegeben ist, dass hier ganz Europa zum Angriffsziel übelster hybrid agierender Terroristen geworden ist, rufe ich hiermit all unsere Zuschauer dazu auf, sich an der weiteren Aufklärungs-Arbeit auch in dieser Sache aktiv zu beteiligen.
Denn die Zwangsabgabemedien berichten wie üblich wieder nichts darüber und verschleiern sogar noch weit schlimmere Dinge wider jedes bessere Wissen.
Darüber berichten wir ja seit 2012 täglich neu.

Vergesst bitte nicht, dass ihr mit jeder weiteren sogenannten Sahara-Staubwolke all dieses Zeug so lange einatmet, wie es frei in der Luft schwebt.
Und hernach nehmt ihr diese Nanopartikel des Periodensystems über jede Pore eurer Haut auf, ihr esst sie auch mit eurem Bio-Gemüse, schluckt sie mit eurem

Trinkwasser und selbst beim Schwimmen geht das Zeugs in euch rein.
Von allen Seiten, nicht nur durch den Mund.
Bedenkt, dass das endgültige Schadensmaß und die Langzeitfolgen erst noch zu ermitteln sind.
Doch schon allein die zunehmenden Entstellungen unserer Bäume lässt uns das Schlimmste erahnen.

Jeder sachdienliche Hinweis kann also das Leben unserer Natur und die Existenz ganzer Völker schützen und retten!

Für ein endgültiges Attest über Herkunft, Ursache und Ziele dieser chemischen Staubzusammensetzung braucht es möglichst viele zusätzliche Analysen von Proben unterschiedlicher Herkunftsorte.
Auch ist noch ungewiss, in welcher Art, in welchem Ausmaß und mit welchen Konsequenzen die gefundenen Elemente von den verschiedenen Organismen aufgenommen werden.

Aber ich sage:
Fordert die Abgeordneten eures Wahlkreises unablässig dazu auf, nicht allein das Versprühen von NATO-Treibstoffe aus unseren Flugzeugen als Klima- und Menschenkiller zu verbieten!
Klärt auch alle nicht Wissenden darüber auf, wie tödlich viele dieser zuvor benannten Elemente für uns sind.

Fordert eure Abgeordneten dazu auf, die Völker über das jährliche Versprühen von zig Millionen Tonnen Aluminium-Nanopartikel bis hin zu Kohle-Feinstaub aufzuklären.

Fordert unablässig einen offenen Diskurs über all diese hier genannten Wettermanipulationspatente und Wetterwaffen-Einsätze und den damit schleichend einhergehenden Völkermord.

Anders kann man das nicht bezeichnen.

Fordert eure Politiker und Abgeordneten dazu auf, öffentlich auch über die eben erwähnte Saharastaub-Analyse zu berichten.

Und schließlich müssen wir als Volk so lange das Recht auf unsere End-Entscheidungs-Kompetenz einfordern, bis sie in jeder einzelnen Verfassung fest verankert ist und die abgeordneten Politiker sich unseren Einsprachen nicht mehr einfach widersetzen können.

Bitte verbreitet Sendungen wie diese unter so viele Menschen wie Ihr könnt, allem voran unter noch Nicht-Wissende, was irgend das Zeug hält.

Ich bin Ivo Sasek, der im 48. Jahr vor Gott steht.

**DANKE, DANKE, DANKE FÜR IHRE
WERTVOLLE ARBEIT**

∗ ∗ ∗

Blutregen in Bosnien - erschreckende Analyseergebnisse - Sahara

Link:

∗ ∗ ∗

Wetterpatente:
Wo die Katastrophenmacher hocken

Link:
https://www.kla.tv/GeoEngineering/19915

Am Montag, 13. September 2021, erreichte viele Menschen in Deutschland eine Mail der deutschen Klimaaktivistin Luisa Neubauer.
Ihr Anliegen ist es, dass wir Menschen geschlossen aufstehen, um die Politik zu zwingen, den menschengemachten Klimawandel und die damit einhergehenden Katastrophen, wie Dürren oder Überflutungen u.v.a.m., zu stoppen.
Am 24. September 2021 sollen Jung und Alt geschlossen auf die Straße gehen, um – noch kurz vor der Bundestagswahl – das Ruder zur Rettung der Menschheit herumzureißen.
Dass sich das Wetter nicht mehr normal verhält und sich dringend etwas ändern muss, spürt vermutlich jeder. Und ganz sicher ist es eine existenziell wichtige Sache, Verantwortung für die Gestaltung der Zukunft zu übernehmen, und zwar geschlossen als ganze Menschheit.

Nur stellt sich die Frage, stimmen die Ansätze und Lösungsvorschläge von Luisa Neubauer oder rudern wir hier gleich in die nächste Sackgasse, sprich Katastrophe?
Gehört wirklich die ganze Menschheit auf die Anklagebank für Katastrophenverursacher oder wo hocken die Katastrophenmacher wirklich?

Als Blick über den Zaun, Gegenstimme und Denkanstoß zeigen wir Ihnen nun auszugsweise ein Video der Internetplattform „Wetteradler.de" zum Thema „Patente zur Wetterkontrolle".

Mehr dazu unter o.g. Link.

Quellen/Links:
Patente zur Wetterkontrolle
https://wetteradler.de/mediathek
https://vimeo.com/567794253

* * *

Mehr Informationen über Wetterkontrolle, HAARP, „ Chemtrails", usw. lesen Sie unter der Ruprik:

Geo – Engineering

STRAHLUNGEN

* * *

Smart Meter

Praktisch zur Ablesung des Stromverbrauches, oder gesundheitsschädlich?

* * *

Gericht stoppt Einbaupflicht für Smart Meter

Die intelligenten Stromzähler – auch Smart Meter genannt – die derzeit im Umlauf sind, genügen nicht den gesetzlichen Anforderungen.
Das hat das Oberverwaltungsgericht von NRW entschieden und die Pflicht zum Einbau gestoppt.

Quelle:
https://www.handwerksblatt.de/themen-specials/weg-frei-fuer-smart-meter/gericht-stoppt-einbaupflicht-fuer-smart-meter

* * *

Einer der Gründe, warum Smart Meter nicht eingebaut werden sollen.
Leider gibt es aber auch Gründe, in denen klar erklärt wird, dass Smart Meter gesundheitsschädlich sind!

* * *

Dazu habe ich einige Quellen gefunden!

Welche Nachteile hat ein digitaler Stromzähler?

Datenschutz:
Digitale Stromzähler sammeln viele Daten über den Stromverbrauch, die in die Hände Dritter gelangen könnten.
Datenschützer befürchten, dass die Verbraucher gläsern werden.

Kosten:
Der Einbau digitaler Stromzähler ist teuer und die Kosten werden auf die Verbraucher umgelegt

Abhängigkeit von der Technologie:
Ein Ausfall oder eine Störung der Smart-Meter-Technologie kann zu Problemen bei der Energieversorgung führen und die Verbraucher verwundbar machen.

Wie weit von einem Smart Meter entfernt sollten Sie schlafen?

Halten Sie in der Zwischenzeit zwischen Ihren Betten und Hauptarbeits-/Wohnbereichen
mindestens 3 Meter (besser noch 6 Meter oder mehr!) Abstand zu jedem Smart Meter.
Die Menge der abgegebenen HF-Energie sinkt erheblich, je weiter Sie von der Quelle entfernt sind.

Anmerkung von mir:
Mein Schlafzimmer liegt direkt über dem Raum mit den Stromzählern.
Sollten hier Smart Meter eingebaut werden, oder schon sein????

Wie erkenne ich ob ich einen Smart Meter habe?

Die Smart-Meter-Einstellung IMS (Standard) und IME (Erweitert) kann man einfach **am Display erkennen**.
Bei den Ausführungen IMS und IME finden Sie am Display über den Bezeichnungen LP1, LP2 und MK ein Dreieckssymbol .
Ein weiteres Kennzeichen ist das am Display angezeigte Breakersymbol .

* * *

Welche Nachteile hat ein Smart Meter noch??

Ein Nachteil von Smart Metern ist außerdem, dass sie **selbst deutlich mehr Strom verbrauchen als die alten Ferraris-Stromzähler.**
Aretz schätzt, dass der Betrieb eines Smart Meters etwa **20 bis 25 Kilowatt** mehr im Jahr verbrauchen als bisherige Zähler.

* * *

Muss ich meinen Gaszähler auf einen Smart Meter umstellen?

Sie müssen keinen intelligenten Zähler akzeptieren, wenn Sie keinen wollen .
Wenn Ihr Lieferant Ihnen sagt, dass Sie einen installieren lassen müssen, wenden Sie sich an die Verbraucher-Hotline von Citizens Advice.
Wenn Sie einen intelligenten Zähler ablehnen, kann es für Sie schwierig werden, auf alle Tarife zuzugreifen.

251

Anmerkung von mir:
Wonach schaut das aus?

* * *

Wie schützt man ein Haus vor einem intelligenten Zähler?

Smartblock ist ein Faradayscher Käfig, der perfekt auf alle in Australien erhältlichen Smart Meter passt . Er schützt Familien vor der hohen elektromagnetischen Strahlung (EMR), die von Smart Metern ausgeht.

Anmerkung von mir:
Offenbar braucht man einen Schutz vor den Strahlungen!!???

* * *

So lehnen Sie den Smart Meter ab
Smart Meter – die strahlende Blackbox

Quelle:
https://schutz-vor-strahlung.ch/news/smartmeter-die-strahlende-blackbox/

Smart Mmeter: niedlich und hübsch – oder eine Blackbox?

Immer mehr Strom-, Wasser- und Gaszähler werden durch elektronische Smart Meter ersetzt.
Damit einher gehen nicht nur ein bedenklicher Ausbau der Überwachung, sondern meist auch neue **Strahlung** im ganzen Haus.

Lehnen Sie deshalb Smart Meter vorsorglich ab – ihrer Gesundheit, Freiheit und der Umwelt zuliebe.

* * *

Was sich hinter dem Namen Smart Meter verbirgt

Die Bezeichnung Smart Meter – zu Deutsch «niedliches hübsches Messgerät» – hat sich durchgesetzt für elektronische Strom-, Wasser- und Gaszähler, die ihre Messresultate speichern und selbst an den Energieversorger übermitteln.
Viele können auch Daten empfangen und extern ausgelöste Befehle ausführen.
Sie können also mehr als die bisherigen Zähler, die in einem Feld oder auf einem Bildschirm lediglich den aktuellen Zählerstand anzeigen und zwischen Hoch- und Niedertarif wechseln können.

Smart Meter sind eigentliche Computer.
Sie können Strom-, Wasser- und Gaszähler verbinden und tragen deshalb auch den Namen «Intelligente Messsysteme»*.
Solche Systeme stellen immer eine Verbindung gegen außen her, entweder zu einer Zentrale oder zu jemandem, der aus großer Distanz den Zählerstand abliest.
Die Geräte machen dies regelmäßig und von selbst und übermitteln Daten, ob nun ein Empfänger da ist oder nicht.
Entweder senden sie die Daten per Funkstrahlung durch die Luft oder via Kabel.

Es gibt Zähler, die dies alle paar Sekunden machen, andere nur einmal pro Jahr.

* * *

Der Smart Meter weiß sehr viel

Smart Meter können verschiedene Daten verarbeiten, die direkt an den Energieversorger übermittelt werden:
1. Eine eindeutige Referenznummer, damit man weiß, wer die Rechnung bekommt.
2. Das Datum und die Zeit, wann ein Messresultat erfasst wurde
3. Zählerstand der verschiedenen Zähler (von verbundenen Gas- und Wasserzählern)
4. Informationen über Spannungsänderungen, Stromausfälle, Stromqualität
5. Protokolle, wann in den letzten Minuten wie viel Strom gebraucht wurde (Last-Grafiken)

Aus diesen Daten kann unter anderem gefolgert werden, wie viele Personen in einem Haushalt leben und wie viele elektronische Geräte in einem Haushalt genutzt werden. Man kann sehen, welche Geräte wann zum Einsatz kommen, ob und wann jemand zu Hause ist und wann nicht.

Energieversorger könnten mit der Fülle an Daten über den Verbrauch einzelner Geräte wertvolle Informationen über das Verhalten ihrer Kunden gewinnen
Andreas Rumsch, Leiter der Forschungsgruppe Smart Energy Management

Link*:*
https://web.archive.org/web/20210824011120/https://
www.energie-experten.ch/de/wissen/detail/datengold-
aus-haushaltgeraeten-bergen.html

Jedes Gerät gibt bestimmte, schwache elektronische Störsignale ins Netz ab.
Wer Dimmlampen hat kennt den Effekt, dass beispielsweise der Staubsauger zu einem Flackern der Lampen führen kann.
Doch auch ein Computer oder eine Waschmaschine geben solche Störsignale übers Kabel ins Netz ab.
Der Smartmeter kann diese unter Umständen sammeln.

Die gesammelten Daten können sehr genau sein und ermöglichen unter anderem die Feststellung, welches Objekt zu welchem Zeitpunkt benutzt wird.
Die Entwicklung neuerer Smart Meter geht in die Richtung, dass sogar die Marke der Geräte und das eingeschaltete Programm beziehungsweise das abgespielte Video erkennbar ist.

* * *

**Wie werden die Daten vom Smart Meter
zur Zentrale übertragen?**

Der Smart Meter schickt die Daten zu einer Zentrale oder zu jemandem, der die Daten aus Distanz abliest.
Es kommt niemand mehr ins Haus, um den Zähler abzulesen.
Es gibt viele Hersteller von Smart Meter-Geräten.

Datenübertragung erfolgt per Funk, Stromkabel (PLC) oder Glasfaser

Per Funk über kurze Distanzen
a) Stromzähler: Das Signal wird an den nächsten Zähler im Nachbarhaus gesendet (Mesh-System).

b) Wasser- und Gaszähler: Der Zähler sendet alle 15 Sekunden bis einmal pro Tag ein Signal zum Stromzähler. Es ist auch möglich, dass der Versorger einmal pro Jahr mit einem Messgerät durch die Strassen fährt und die Signale empfängt.

Per Funk über grössere Distanzen
a) Stromzähler: Das Signal wird zu einer Zentrale im Quartier per Funk gesendet.
b) Stromzähler: Verbindung mit einer Mobilfunkanlage, entweder dauerhaft oder regelmässiges Signal.

Per Kabel über kurze Distanzen
a) Stromzähler: Verbindung über Powerline Communication (PLC) zum nächsten Zähler im Nachbarhaus (Mesh-System).
Achtung: Hier entsteht auch Strahlung!
b) Wasser-/Gaszähler: Verbindung zum Stromzähler mit Kabel (keine Strahlung) oder **per Funk (Strahlung).**

Per Kabel über grössere Distanzen
a) Stromzähler: PLC-Verbindung mit der Zentrale/Trafostation.

Achtung: Auch hier entsteht Strahlung!
b) Stromzähler: Glasfaserkabel-Verbindung zur Zentrale/Trafostation (keine Strahlung).

* * *

Strahlende Datenübertragungen

Wo Daten übertragen werden, ist entweder eine Funkverbindung oder ein Kabel notwendig.
Doch beim Smart Meter heisst es:
Achtung! Auch die Kabelübertragung führt ausnahmsweise zu Strahlung!
Es gibt nur die Glasfaser-Verbindung, die keine Strahlung verursacht.
Alle anderen Verbindungen laufen über die sogenannte Powerline Communication.
Hierbei dient das gewöhnliche Stromkabel der Daten-Übertragung.
Die Daten fließen durch das ganze Haus und durch den Boden weg vom Haus.
Die eigentlich runde und gleichmäßige Welle des Wechselstroms im Kabel nimmt dabei eine fein gewellte Form an.
Die feinen Wellen schwingen sehr schnell mit hoher Frequenz. Das Stromkabel verhält sich wie eine Antenne und strahlt das Signal in die Luft ab.

Die Strahlung kommt somit aus allen Lampen, aus verlegten Stromkabeln in den Wänden, aus dem Computer, aus dem Bügeleisen, aus dem Kühlschrank und anderen elektrischen Geräten, welche an den Strom angeschlossen sind.

Wie stark das Signal ist kann nur schwer festgestellt werden und variiert in jedem Gebäude.

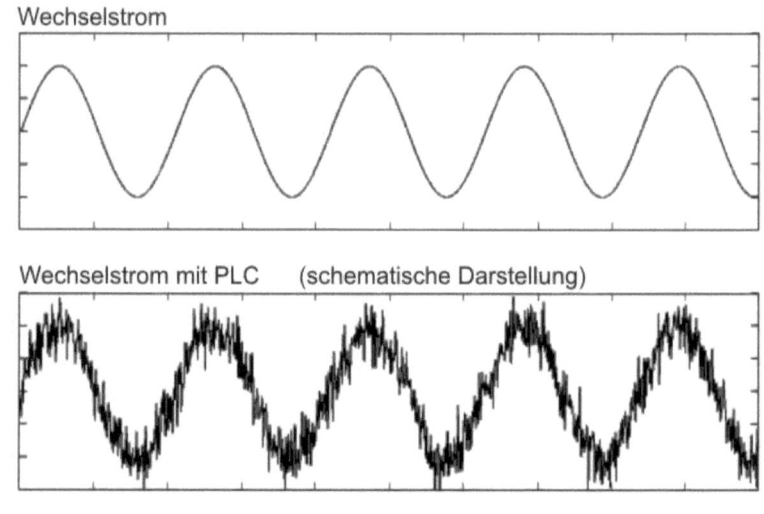

Wechselstrom

Wechselstrom mit PLC   (schematische Darstellung)

Wechselstrom mit PLC   (schematische Darstellung)

Quelle:
https://schutz-vor-strahlung.ch/news/smartmeter-die-strahlende-blackbox/

* * *

Körperliche Beschwerden:

Betroffene Personen klagen oft über ein Gefühl, als ob immer etwas los sei, als ob sie innerlich stets auf Trab seien.
Sie schlafen nur noch an der Oberfläche, fühlen sich morgens gerädert und haben teils unerträgliche und unerklärbare chronische Schmerzen in Rücken und im Nacken. 258

Manche sind auch dauernd krank oder erkältet, haben Kopfschmerzen, Tinnitus und andere unerklärbare Leiden.
Wenn die Strahlung weg ist, fühlen sie sich wie ein neuer Mensch.

* * *

Fehlender Nutzen

Im Zusammenhang mit Smart Metern hört man immer das Argument, dass die Systeme zur Reduktion des Stromverbrauchs beitragen würden.
Doch dieser Beitrag ist – wenn überhaupt – nur marginal. Eine Technologieabschätzung des Bundesamts für Energie spricht von einer Einsparung von gerade mal 1.8 Prozent.

Wenn man bedenkt, dass in der Schweiz in den kommenden Jahren mehrere Millionen funktionsfähige Strom-, Wasser- und Gaszähler ersetzt und vernichtet werden sollen und Smart Meter nach 15 Jahren schon wieder als Elektronik-Schrott entsorgt werden müssen, dann hat diese Entwicklung eine schlechte Umweltbilanz.

* * *

Die rechtliche Definition für «Intelligente Messsysteme» lautet nach Artikel 17a des Stromversorgungsgesetzes StromVG:
«Messeinrichtungen zur Erfassung elektrischer Energie, die eine bidirektionale Datenübertragung unterstützen

259

und beim Endverbraucher den tatsächlichen Energiefluss sowie dessen zeitlichen Verlauf erfassen».
Im Unterschied zu traditionellen nicht-intelligenten Messeinrichtungen ermöglichen sie es, digitale Daten an den Netzbetreiber zu übermitteln.

* * *

Rechtsgutachten:
Umrüstung auf adaptive Antennen
ist keine Bagatelle

Medienmitteilung: «Tausende Antennen illegal umgerüstet!»

Quelle:
https://schutz-vor-strahlung.ch/news/medienmitteilung-tausende-antennen-illegal-umgeruestet/

Seit einigen Jahren können sich Mobilfunkanbieter kleine Änderungen an Antennen im «Bagatellverfahren» von der kantonalen Fachstelle bewilligen lassen.

Doch ein neues, unabhängiges Gutachten im Auftrag der Bau-, Planungs- und Umweltdirektoren-Konferenz (BPUK) zeigt nun:
Die Umrüstung auf eine adaptive Antenne ist keine Bagatelle, sondern bedarf eines ordentlichen Baubewilligungsverfahrens.

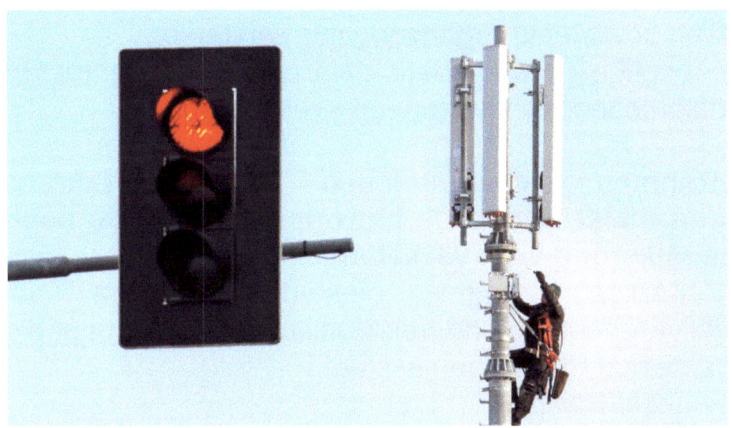

Dies gilt auch für den Korrekturfaktor bei adaptiven Antennen.
Damit bleibt die ultraschnelle und strahlungsintensive 5G-Welt vorerst nur eine Vision?

Link*:*
https://schutz-vor-strahlung.ch/site/wp-content/uploads/2021/09/Faktenblatt-Verfahrensmoeglichkeiten-zur-Einfuehrung-von-5G-auf-Mobilfunkanlagen.pdf

Wer in der Schweiz etwas umbauen will, braucht eine Baubewilligung.

Doch galt dies bisher nur selten für Mobilfunkbetreiber. Folgendes Beispiel möge dies aufzeigen:
Ein Mobilfunkbetreiber beantragt im Jahr 2008 den Bau einer 3G-Antenne und erhält eine Baubewilligung. Danach findet bestenfalls eine Abnahmemessung vor Ort statt.
Gut zehn Jahre später wird beim Kanton eine Umrüstung auf 4G/5G beantragt:

Ersatz der Antennenkörper mit äußerlich leicht größeren Modellen sowie eine Ergänzung mit Verstärkern.
Nach Abschluss des Umbaus geht eine Kontrolle vor Ort mit entsprechenden Messungen «vergessen».

Im Rahmen eines solchen Bagatellverfahrens erfahren meist weder die betroffene Gemeinde noch die Bevölkerung vom Vorhaben.
Der Kanton stimmt diesem Vorhaben im Bagatellverfahren zu und der Mobilfunkbetreiber baut die Anlage seinen Plänen gemäss um.
Soweit unser Beispiel.
Dass solche Bagatellverfahren existieren, zeigt das Faktenblatt: Verfahrensmöglichkeiten zur Einführung von 5G auf Mobilfunkanlagen.

Link:
https://schutz-vor-strahlung.ch/site/wp-content/uploads/2021/09/Faktenblatt-Verfahrensmoeglichkeiten-zur-Einfuehrung-von-5G-auf-Mobilfunkanlagen.pdf

Bagatellverfahren beschneiden Rechte der Anwohner

Rechtlich gesehen befreit der Kanton die Mobilfunkbetreiber im Rahmen eines Bagatellverfahrens von der Baubewilligungspflicht.
Doch er müsste in unseren Augen das Gegenteil tun:
Bei Änderungen auf adaptive Antennen muss er ein Baubewilligungsverfahren verlangen!
Änderungen, die räumliche Folgen haben oder die Umwelt (zusätzlich) beeinträchtigen, bedürfen einer Baubewilligung, meist durch die Gemeinde.

Im obigen Beispiel hat sich die Anzahl Frequenzbänder verdoppelt.
Zudem werden die Anwohner von nun an mit einer adaptiven 5G-Antenne bestrahlt. Über deren Köpfe hinweg installierten die Betreiber eine völlig neue, gefährliche Technologie.

EU-Briefing: «Studien deuten darauf hin, dass 5G die Gesundheit von Menschen, Pflanzen, Tieren, Insekten und Mikroben beeinträchtigen könnte!»

Link:
https://schutz-vor-strahlung.ch/news/eu-briefing-studien-deuten-darauf-hin-dass-5g-die-gesundheit-von-menschen-pflanzen-tieren-insekten-und-mikroben-beeintraechtigen-koennte/

Sie beschnitten damit auf unzulässige Weise die Rechte der Betroffenen.
Hunderte Anlagen in Landwirtschaftszonen müssen abgeschaltet werden.
In Nicht-Bauzonen, zu denen auch Landwirtschaftszonen gehören, ist der Fall noch klarer:
In mehreren Gemeinden mussten adaptive Antennen bereits außer Betrieb genommen werden, da sie im Bagatellverfahren umgerüstet worden waren.

Nicht-Bauzonen sind durch das Raumplanungsgesetz Art. 24 gut und konsequent geschützt:
Eine Baubewilligung wird bei **jeder** Änderung nötig. Mobilfunkbetreiber erschleichen sich ab und zu mit folgendem Trick grünes Licht für eine Bagatelländerung

beim zuständigen Kanton: Sie fragen bloß jene kantonale Fachstelle an, welche die **technischen** Aspekte prüft. Elegant umgehen sie so die Baubewilligungspflicht!

Unsere Recherchen ergaben, dass **schweizweit rund 600 Mobilfunkanlagen in Landwirtschaftszonen widerrechtlich auf adaptives 5G umgerüstet** wurden. Rechtlich gesehen muss zumindest die adaptive Antenne auf diesen Anlagen wieder abgeschaltet werden.
Brisant ist dabei insbesondere, dass mehrere Kantone unsere Anfragen für Listen von adaptiven 5G-Antennen in ihren Landwirtschaftszonen abblocken.
Gemeinden ihrerseits reagieren kaum auf unsere Aufforderung, selbstständig alle Antennen zu überprüfen, um sie wenn nötig ausschalten zu lassen.
Dies führt heute dazu, dass die Bevölkerung in aufwändigen Verfahren die Abschaltung einer Antenne erstreiten muss, was auch für die Gemeinden unnötigen Mehraufwand und Ärger bedeutet.

Muss der Kanton über die Bücher?
Sieg für 5G-Gegner:
Die Aufrüstung auf 5G verläuft im Kanton Bern nicht überall korrekt.
In vielen Fällen haben Behörden und Mobilfunkfirmen wohl zu Unrecht auf ein Baugesuch verzichtet.

Link:
https://schutz-vor-strahlung.ch/site/wp-content/uploads/2021/09/Muss-der-Kanton-ueber-die-Buecher-Seite-19-Der-Bund-2020-10-15.pdf

Das Buebetrickli für die Grenzwert-Lockerung

Seit zwanzig Jahren fordern die Mobilfunkbetreiber in regelmäßigen Abständen eine Lockerung der Grenzwerte.
Sie sind bis heute an allen Stellen abgeblitzt.
Bereits 2002 ließ SP-Nationalrätin Simonetta Sommaruga verlauten:
Es sei eine Frechheit, wie die Telekom-Anbieter mit Drohungen, Erpressungen und Trotz versucht hätten, die Grenzwerte für Mobilfunkantennen in den Verhandlungen aufzuweichen – getrieben durch reines Gewinnstreben.

2018 prognostizierten einzelne Ständeräte gar den Zusammenbruch des gesamten Mobilfunknetzes in wenigen Monaten!
Doch der Ständerat lehnte eine Lockerung der Grenzwerte zwei Mal ab – und die Prophezeiung der Ständeräte traf nicht ein.

2020 versprach dann Bundesrätin Simonetta Sommaruga, die Grenzwerte nicht zu lockern, was sich auch die große Mehrheit unserer Bevölkerung wünscht (85 Prozent der Befragten in der repräsentativen Umfrage «Digitalbarometer» der Mobiliar).

Die Mobilfunkbetreiber mögen sich danach wohl gedacht haben:
«Warum nicht die Grenzwerte durch einen Trick wie das Bagatellverfahren lockern?»
Zu diesem Zweck erfanden Sie den **Korrekturfaktor** und machten ihn dem Bundesamt für Umwelt (BAFU) schmackhaft.

265

Doch dem Vernehmen nach sollen die Kantone davon nie so richtig begeistert gewesen sein.
Denn sie haben den Anwohnern von Antennen jahrelang mit Nachdruck versprochen: Die Grenzwerte werden jederzeit eingehalten.
Genau so hat man auch 20 Jahre lang das Wort «**Anlagegrenzwert**» verstanden: im Sinn einer **absoluten Grenze der Strahlenbelastung**, die von einer Antenne ausgeht.

* * *

Der Korrekturfaktor täuscht über höhere Strahlenbelastung hinweg!

Zur Erinnerung:
Der Korrekturfaktor soll es Mobilfunkbetreiber ermöglichen, bis zu zehn Mal stärker als bewilligt, zu strahlen und die Grenzwerte nur noch über 6 Minuten gemittelt einzuhalten.

Wir nennen ihn auch «**Mogelfaktor**», weil nur die Mobilfunkbetreiber selbst und die fachkundigen Behörden erkennen, dass eine Antenne um diesen Faktor stärker als bewilligt strahlt.
Vergleicht man ein bisheriges Standort-Datenblatt (technische Beschreibung der Antenne mit Berechnungen der Strahlenbelastungen) mit einem neuen Standort-Datenblatt, so sind nur zwei neue Felder ersichtlich: Adaptiver Betrieb Ja/Nein und Anzahl Sub-Arrays.
Diese beiden Angaben sollen ausdrücken, dass die Antenne ebendiesen Korrekturfaktor ausnutzt.

Doch bei der Berechnung der Strahlenbelastung bei den Anwohnern wird dieser Faktor ausgeklammert – und so scheinen die Grenzwerte auf dem Papier eingehalten.

Weil auf dem Papier praktisch alles gleich bleibe, schlägt das BAFU vor, dass der Korrekturfaktor von den Betreibern ohne Weiteres einfach aktiviert werden könne.

Weder Bagatelländerung noch Baubewilligung seien nötig! Doch täuscht sich hier das BAFU sehr. Denn für die Antennen-Anwohner ändert sich die Situation beträchtlich!

Durch die schnellen Änderungen der Strahlungseigenschaften, die sehr hohen Spitzenbelastungen sowie die neuartigen Pulsationen sind diese Antennen eine deutlich größere Gefahr für die Gesundheit.

Aus rechtlicher Sicht verändert eine adaptive Antenne die Umweltbelastung erheblich und untersteht somit der Baubewilligungspflicht.

Was bedeuten diese neuen Erkenntnisse nun für die Mobilfunkbetreiber? In den meisten Fällen werden sie noch mal ganz von vorne beginnen müssen, wenn sie adaptive Antennen mit Korrekturfaktor anwenden möchten.

Doch ob der Korrekturfaktor jemals angewendet werden darf, steht in den Sternen:

Für die Einführung dieses «Buebetrickli» zur Grenzwerterhöhung fehlt dem BAFU die Kompetenz!

Der Bundesrat hingegen, der die entsprechende Verordnung beschließt, lehnt eine Lockerung der Grenzwerte entschieden ab.

Es ist nun Sache der Kantone als Vollzugsbehörden, dafür zu sorgen, dass die aktuelle Situation einheitlich und rechtlich korrekt gehandhabt wird.

Medienkontakt Verein Schutz vor Strahlung
Rebekka Meier, Präsidentin und Leiterin der Baurechtsabteilung
rebekka.meier@schutz-vor-strahlung.ch
032 652 61 61

Anmerkung von mir:
Ich weiß, dieser Bericht entspricht den Daten aus der Schweiz!
Doch wer sagt uns, ob hier in Deutschland nicht genau so, oder ähnlich verfahren wird????

* * *

5 G - Satelliten

Link:
https://schutz-vor-strahlung.ch/sich-informieren/ mobilfunk/5g-satelliten/

Mindestens fünf Unternehmen beabsichtigen, mittels tausender Satelliten aus dem Weltraum gebündelte und lenkbare 5G-Strahlen zu senden, um damit die gesamte Erde abzudecken.

Jeder Satellit wird extrem kurzwellige Strahlen (Millimeterwellen) mit einer effektiven Leistung von bis zu **5 Millionen Watt (!)** senden –

mit Hilfe tausender Antennen, die als phasengesteuerte Gruppenantenne (phased array) angeordnet sind.

Obwohl die tatsächlich am Boden auftreffende Strahlungsenergie dieser Satelliten geringer ist als jene der Boden-Antennen, werden die Satelliten auch all jene Bereiche der Erde bestrahlen, die nicht von den anderen Sendern erreicht werden.
Diese Strahlungsenergie trifft zusätzlich zur Strahlung von Milliarden Objekten des Internet-Of-Things am Boden auf.
Da sich die Satelliten in der Magnetosphäre der Erde – dem Erdmagnetfeld – befinden, haben sie einen bedeutenden Einfluss auf die natürliche Elektrizität der Atmosphäre.
Damit einher geht eine Veränderung des elektromagnetischen Umfelds unserer Erde, was möglicherweise eine noch größere Bedrohung für die Natur und unser Leben darstellt als die Strahlung der Boden-Antennen.

∗ ∗ ∗

Wlan

Link:
https://schutz-vor-strahlung.ch/news/rubrik/wlan/

∗ ∗ ∗

DVD-Empfehlung:
Aufwach(s)en im Umgang mit digitalen Medien

Link:
https://schutz-vor-strahlung.ch/news/dvd-empfehlung-aufwachsen-im-umgang-mit-digitalen-medien/

* * *

Was Eltern und Erzieher wissen sollten:
Ein Film, der zeigt, wie der frühe Gebrauch digitaler Medien die Gehirnentwicklung beeinflusst.

Ein Film für alle, die Kinder pädagogisch begleiten, ein Film für Eltern, Lehrer, Erzieher, Fachkräfte in der psychologischen und ärztlichen Praxis, die mit den Auswirkungen des digitalen Medienkonsums konfrontiert sind.

Er richtet sich an alle, die Kinder pädagogisch begleiten. Es ist ein Film für Eltern, Lehrer, Erzieher sowie Fachkräfte in der psychologischen und ärztlichen Praxis, die mit den Auswirkungen des digitalen Medienkonsums konfrontiert sind.
Wie verträgt sich der Einsatz von digitalen Medien mit Bewegungsdrang, mit freiem Spielen und dem Entdecken des kindlichen Kosmos?

Wie werden Kinder und Jugendliche medienmündig?
Spielerisches Lernen und Sinneserfahrungen in der realen Welt schaffen die Grundlage, um später als

Erwachsener mit Gefühlen, Wünschen und Frustrationen umgehen zu können und das Leben zu meistern.

Diagnose:
Funk hat diesen Film entwickelt, um Eltern und ErzieherInnen in diesen anstrengenden und schwierigen Zeiten besonders beizustehen.

Und vor allem:
Wie es gelingen kann, dass Kinder und Jugendliche medienmündig werden.
Drei zusätzliche Bonustracks und Grundlagenartikel (s. Downloads) liefern wissenschaftliche Vertiefungen, die den Film für Kita- und Schulkollegien, Lehramts-, Fach- und Hochschulseminare und Workshops zu einem idealen Fortbildungsmedium machen.

Weitere Informationen finden Sie bei diagnose:funk.

Link:
https://www.diagnose-funk.org/start/themenuebersicht/wlan

* * *

Forschungs- und Faktenlage erfordert die Anwendung des Vorsorgeprinzips Englischer Epidemiologe fordert ein 5G-Moratorium

Der renommierte Epidemiologe Prof. John William Frank, der am Usher Institute der Universität von Edinburgh lehrt, kommt zu dem Schluss, dass **5G nicht eingeführt werden darf.** 271

Link:
https://schutz-vor-strahlung.ch/news/englischer-epidemiologe-fordert-ein-5g-moratorium/

* * *

Bundesrat antwortet auf Motion «Strahlungs- und Energieminderung bei Schnurlos-Telefonen und WLAN-Geräten»

Link:
https://schutz-vor-strahlung.ch/news/bundesrat-antwortet-auf-motion-strahlungs-und-energieminderung-bei-schnurlos-telefonen-und-wlan-geraeten/

* * *

UN-Generalsekretär António Guterres lacht über WLAN

Link:
https://schutz-vor-strahlung.ch/news/un-generalsekretaer-antonio-guterres-lacht-ueber-wlan/

Der Generalsekretär der Vereinten Nationen, António Guterres, lacht über WLAN und gibt vor, noch nie von einer "Gefahr" im Zusammenhang mit WLAN gehört zu haben.
Unwissen oder Absicht? Ist es möglich, dass jemand in dieser Position noch nie was von Elektrosmog gehört hat?

Claire Edwards hat 18 Jahre für die Vereinten Nationen gearbeitet und hat während zweieinhalb Jahren versucht, die Belegschaft der UNO über die Gefahren elektromagnetischer Strahlung aufzuklären.

In ihrem Erläuterungstext (siehe Dokumente am Ende dieses Artikels) steht, dass Herr Guterres **Elektroingenieur und Physiker** ist.

Wieso weiß er denn nichts über Nebenwirkungen von WLAN?

Oder kommt hier die Verallgemeinerung zur Anwendung: „ Zuhause habe ich auch WLAN, deshalb kann es nicht schädlich sein. „

Des Weiteren wartet Edwards Bericht mit einem klaren Urteil über die ICNIRP auf.
Guterres' Verhalten wirkt wie ein gescheiterter Versuch, die Thematik ins Lächerliche zu ziehen und der Anfrage von Frau Claire Edwards den Wind aus den Segeln zu nehmen.
Dies scheint ihm anhand seiner plötzlichen Unsicherheit nicht gelungen zu sein.

Frau C. Edwards spricht von einem **Sitzkrieg gegen 5G**:

Erläuterungstext von Claire Edwards

5G – ein „Sitzkrieg" gegen die Menschheit

Claire Edwards, 28 Januar 2019

Die Periode der ersten acht Monate des Zweiten Weltkriegs, die weitgehend kampflos verliefen, wurde auch „Sitzkrieg" genannt. Die Benutzung von Millimeterwellen der fünften Generation drahtloser Kommunikationstechnologie (5G) ist ein Sitzkrieg der anderen Art.

Dieser Sitzkrieg verläuft zwar still und leise, aber dieses Mal wird geschossen – in Form laserstrahlartiger hochfrequenter elektromagnetischer Strahlung (RF-Strahlung) tausender winzig-kleiner Antenne[1] – und kaum jemand in der Schusslinie weiss überhaupt Bescheid, dass er lautlos, aber schwerwiegend und irreparabel verletzt wird.

Zunächst einmal ist es sehr wahrscheinlich, dass Menschen durch 5G elektrohypersensitiv (EHS)[2] werden. Bei mir waren wahrscheinlich die unzähligen Stunden, die ich in den 18 Jahren meiner Tätigkeit bei der UNO vor zwei Computerbildschirmen verbrachte, der Auslöser für meine EHS Erkrankung. Als im Dezember 2015 dann leistungsstarke WLAN- und Mobiltelefonzugangspunkte – zur Versorgung großer öffentlicher Bereiche – in den schmalen, mit Metallwänden ausgestatteten Korridoren des gesamten VIC (Vienna International Center) installiert wurden, war ich für sieben Monate kontinuierlich krank.

Ich tat während der nächsten zweieinhalb Jahre mein Bestes, um die Belegschaft der UNO, deren Administration sowie den medizinischen Dienst der UNO über die Gefahren von elektromagnetischer Strahlung für alle Mitarbeiter der UNO aufzuklären, wurde aber stets ignoriert. Aus diesem Grund beschloss ich im Mai 2018 den Generalsekretär der UNO, António Guterres [Protokoll], auf dieses Thema anzusprechen. Er ist Physiker und darüber hinaus Elektroingenieur, lehrte früh in seiner Karriere über Telekommunikationssignale, gab aber an, keine Kenntnis über dieses Thema zu haben. Er sprach sich dafür aus, an die Weltgesundheitsorganisation (WHO) heranzutreten, damit diese sich näher mit dieser Thematik befasst. Sieben Monate später sind jedoch diese leistungsstarken WLAN- und Mobiltelefonzugangspunkte immer noch vorhanden. Ich erhielt auch keine Antworten auf meine zahlreichen der ersten Anfrage folgenden E-Mails.

Also ergriff ich bereitwillig die Gelegenheit, mich einem internationalen Appell zum Stopp von 5G auf der Erde und im Weltraum zu widmen, weil ich den Eindruck hatte, dass trotz 43 vorheriger wissenschaftlicher Appelle nach wie vor noch sehr wenige Menschen über die ernstzunehmenden Gefahren von elektromagnetischer Strahlung Bescheid wissen. Bei einem neuen Appell, speziell über 5G, welcher auch die Übertragung von 5G-Signalen vom Weltall aus behandelte, war meine Erfahrung als Redakteurin hilfreich, um diesen auch für Nichtwissenschaftler zugänglich und die Thematik für jeden verständlich zu machen. Der Internationale Appell zum Stopp von 5G auf der Erde und im Weltraum ist vollständig referenziert und zitiert über einhundert der über zehntausend in den letzten 80 Jahren veröffentlichten wissenschaftlichen Studien zu den biologischen Auswirkungen von elektromagnetischer Strahlung.[3,4]

Alle Beiträge aus der Rubrik «Sich schützen»

Link:
https://schutz-vor-strahlung.ch/news/rubrik/sich-schuetzen/

Funksignale
Die integrierten Antennen Ihres Speedport senden und empfangen Funksignale bspw. für die Bereitstellung Ihres WLAN. Vermeiden Sie das Aufstellen Ihres Speedport in unmittelbarer Nähe zu Schlaf-, Kinder- und Aufenthaltsräumen, um die Belastung durch elektromagnetische Felder so gering wie möglich zu halten.

Notrufe
Bei einem Stromausfall kann nicht über die an Ihrem Speedport angeschlossenen Festnetztelefone telefoniert werden. Wir empfehlen Ihnen als Absicherung jederzeit ein Mobiltelefon im Haushalt bereitzuhalten, mit dem Sie im Ernstfall einen Notruf absetzen können.

Gerätepasswort, WLAN-Name und WLAN-Schlüssel
Auf dem Typenschild und im Router-Pass finden Sie die Werkseinstellungen für den WLAN-Namen, den WLAN-Schlüssel und das Gerätepasswort Ihres Speedport. Wir empfehlen Ihnen, diese Daten umgehend zu ändern. Notieren Sie die Daten bspw. auf dem Router-Pass und bewahren Sie den Router-Pass an einem sicheren Ort auf.

Vergeben Sie sichere Passwörter für den Zugang zu Ihrem Speedport und für Ihr kabelloses Heimnetzwerk (WLAN). Verwenden Sie eine Mischung aus Groß- und Kleinbuchstaben, Zahlen und Sonderzeichen. Sie erhöhen die Sicherheit, indem Sie persönliche Informationen wie E-Mail-Adressen, Geburtstage und Namen vermeiden.

Sicherheitshinweis in Router-Anleitung: WLAN nicht in Aufenthaltsraum platzieren

Die deutsche Telekom weist in der Bedienungsanleitung des Routers «Speedport Smart» auf **«Belastung durch elektromagnetische Felder»** hin und empfiehlt, den Router nicht in die Nähe von Kinder-, Schlaf- und Aufenthaltsräumen aufzustellen.

Dies kann man durchaus als klares Eingeständnis der Strahlungsgefahr sehen. Büro und Wohnzimmer fallen in die Kategorie Aufenthaltsraum.

275

Somit dürfte man den Router gar nicht dort platzieren, wo er am meisten benötigt wird.

* * *

Zu starke Strahlung wegen skandalöser Messmethode erwartet!
So mangelhaft werden 5G-Antennen kontrolliert

Link:
https://schutz-vor-strahlung.ch/news/so-mangelhaft-werden-5g-antennen-kontrolliert/

Mobilfunkantennen unterstehen einer gesetzlichen Kontrolle.
Doch die Strahlung von 5G-Antennen kann gar nicht effektiv gemessen werden. Die Messresultate beruhen auf **Modellrechnungen**, die auf Angaben der Mobilfunkbetreiber basieren.
Viele Antennen werden erst gar nicht gemessen.
Es sind enorme Grenzwertüberschreitungen zu erwarten. Um den Skandal abzuwenden, müssen die Behörden jetzt handeln!

Anmerkung von mir:
Es handelt sich hierbei zwar um Berichte welche die Schweiz betreffen, doch wer sagt uns, dass es hier nicht genau so oder ähnlich gehandhabt wird???

* * *

5 G Mobilfunk-Experte Laubscher: „5G führt zu Chromosomen-Schäden und Krebs"

Link:
https://www.auf1.tv/nachrichten-auf1/mobilfunk-experte-laubscher-5g-fuehrt-zu-chromosomen-schaeden-und-krebs

Kürzlich wurde bekannt:

Die Schweizer Regulierungsbehörde will offenbar noch keine höheren Mobilfunkfrequenzen wie 6G.
Die Kantone hatten vor Experimenten mit der Gesundheit von Menschen gewarnt.
Der Schweizer Raumplaner und Mobilfunk-Experte Daniel Laubscher hatte zuvor mit dem „Schweizerischen Verein WIR" zahlreiche baupolizeiliche Anzeigen gegen 5G-Antennen eingereicht.
Doch wie ist der plötzliche Sinneswandel der Behörden zu bewerten?
Und wie unterscheidet sich 6G von der 5G-Strahlung?

Dokumentarfilm „Das digitale Dilemma"
https://das-digitale-dilemma.de/ ATHEM3-Studie:

Bewertung von oxidativem Stress und genetischer Instabilität (Mobilfunk)
https://das-digitale-dilemma.de/athem-3-studie/

Infos zu 5G, Elektrosmog und Aktionen des Vereins „WIR" https://www.vereinwir.ch/5g-elektrosmog/

Mobilfunk-Spezialist Laubscher:
„5G ist Entwicklung des Militärs"

Link:
https://www.auf1.tv/nachrichten-auf1/mobilfunk-spezialist-laubscher-5g-ist-entwicklung-des-militaers

127 baupolizeiliche Anzeigen gegen den Betrieb von 5G-Antennen haben der „Schweizerische Verein WIR" mit „Laubscher plannetzwerk" und der Initiative „Gigaherz" gestellt.
Denn die Strahlung sei um ein Vielfaches höher als offiziell angegeben.
Über das rechtsgültige Urteil berichtet Daniel Laubscher.

* * *

Hat die 5G-Technologie auch gesundheitliche Auswirkungen?

Kann sie zur Überwachung genutzt werden?

Und wie können sich Bürger dagegen zur Wehr setzen?
Antworten auf diese Fragen gibt der Mobilfunk-Spezialist Laubscher im AUF1-Interview.

* * *

Der Elektrosmog-Albtraum

Link:
https://www.auf1.tv/nachrichten-auf1/der-elektrosmog-albtraum

Bei Ihnen Zuhause oder am Arbeitsplatz, wo elektrische und magnetische Felder in einem geheimnisvollen Tanz mit elektromagnetischen Wellen eine gemeinsame Symphonie erschaffen, steigt ein Sturm des Chaos und der Zerstörung auf:

* * *

Der Elektrosmog

Die unterschiedlichen Verbraucher, sei es zu Hause oder am Arbeitsplatz, weben ein Netz der EM-Strahlung.
Doch die tiefste Ironie liegt darin, dass dieser schattenhafte Faden nicht nur die Umwelt, sondern auch uns selbst durchdringt.
Geist, Herz, Muskulatur und Seele – sie alle sind Gefangene dieser unsichtbaren Fesseln.

Der Tanz der Hormone, die Sinfonie des Schlafes und der Regeneration.
Den Original-Beitrag unserer Schweizer Kollegen von **QS24.tv** finden Sie hier:

https://www.youtube.com/watch?v=NytVSl9Lsk0

* * *

Laubscher:
„Die Auswirkungen von 5G auf die Gesundheit, bestreitet nicht einmal der Bund"

Link:
https://www.auf1.tv/nachrichten-auf1/laubscher-die-auswirkungen-von-5g-auf-die-gesundheit-bestreitet-nicht-einmal-der-bund

Wie in weiten Teilen Europas bauen die Netzbetreiber auch in der Schweiz ihre 5G-Kapazitäten aus.
Auf die gesundheitlichen Gefahren dieser Strahlung wird in der Regel nicht hingewiesen.
Der Raumplaner Daniel Laubscher beschäftigt sich mit dieser Problematik und errang kürzlich einen Sieg beim Verwaltungsgericht Bern.
Thomas Eglinski hat sich mit ihm darüber unterhalten.

* * *

Völlig verstrahlt?
Auf den Spuren von 5G, Elektrosmog und Radioaktivität

Link:
https://www.auf1.tv/gesund-auf1/voellig-verstrahlt-auf-den-spuren-von-5g-elektrosmog-und-radioaktivitaet

5G, Mikrowellen, Infrarot, Radioaktivität, Röntgen. Strahlung umgibt uns alle.
Sie kann gefährlich sein - wie Radioaktivität, aber auch lebensnotwendig - wie Sonnenstrahlen.

In dieser Folge von „Gesund AUF1" beschäftigen wir uns deshalb mit der Wirkung von Strahlung.
Insbesondere der Wirkung von elektromagnetischen Strahlen.
Dazu zu Gast:
Der Volkswirt Gregor von Drabich-Waechter. Er spricht mit Isabelle Janotka über 5G und Mobilfunk, aber auch über die positiven Möglichkeiten von Hochfrequenz-Energie.

* * *

Mikrowellen - Strahlungen

Mikrowellen arbeiten mit **hochfrequenter elektromagnetischer Strahlung auf einer Frequenz von 2,45 Gigahertz**.
Durch Abschirmmaßnahmen gewährleisten die Hersteller, dass im Betrieb nur sehr wenig Strahlung nach außen gelangt.
Trotzdem tritt in der Umgebung der Sichtblende und der Türen eine geringe Leckstrahlung.

* * *

Wie kann ich mich vor Mikrowellen schützen?

Wie kann man hochfrequente elektromagnetische Felder abschirmen?
Hochfrequente elektromagnetische Felder werden **durch leitfähige Materialien wie etwa Metallfolien, Metallgitternetze oder metallisch bedampfte**

Fensterscheiben (zum Wärmeschutz) vollständig oder teilweise abgeschirmt.

* * *

Langzeitwirkung der Mikrowellenstrahlung

Link:
https://www.zentrum-der-gesundheit.de/news/
gesundheit/allgemein-gesundheit/mikrowellen-handy-
langzeitfolgen

Handys, Schnurlostelefone, Radar, Handymasten und WLAN-Geräte:
Sie alle funktionieren nur dank **Mikrowellen.**
Doch genau diese Mikrowellen – auch bekannt als Handystrahlung – stehen schon seit langem im Verdacht, die Gesundheit nachhaltig zu gefährden.

* * *

Mikrowellenstrahlung: Gefahr von Langzeitwirkungen

Aus Studien kennt man die gesundheitlichen Risiken, besonders die Langzeitwirkungen, die von Mikrowellen ausgehen.
Doch die Politik schweigt – und Wirtschaft und Industrie sorgen dafür, dass es auch so bleibt.

Das Höchste der Gefühle war, als die Weltgesundheitsorganisation (WHO) die Handystrahlung im Juni 2011 als "möglicherweise krebserregend" eingestuft hat.

Das Wort "möglicherweise" erscheint in Anbetracht des internationalen Forschungsstandes jedoch wie blanker Hohn.

Die Beurteilung der WHO basierte auf den Ergebnissen der sogenannten Interphone-Studie der Internationalen Agentur für Krebsforschung (IARC).

Das Resultat lautete, dass bei einer durchschnittlichen Handynutzung für erwachsene Menschen kein erhöhtes Tumorrisiko bestehe.

Zeitgleich wurde aber eingeräumt, dass die Handystrahlung bei intensiver Nutzung und auch langfristig betrachtet, gesundheitsschädlich sein könnte.

Anmerkung von mir:
--- möglicherweise …….. sein könnte……!! ???

* * *

Mikrowellen beim Militär??!!!

Link:
https://www.google.com/url?
sa=t&source=web&rct=j&opi=89978449&url=https://
translate.google.com/translate%3Fu%3Dhttps://
mmrjournal.biomedcentral.com/articles/10.1186/s40779-
017-0139-0%26hl%3Dde%26sl%3Den%26tl%3Dde
%26client%3Drq%26prev
%3Dsearch&ved=2ahUKEwjbhOjisKSIAxUO3QIHHS2KE
vsQFnoECAYQAw&usg=AOvVaw1ZN1GwZHZiVX9SaJp
J8dqz

Nach Angaben des Pentagons erhitzen die Mikrowellen die Haut der Getroffenen auf 50 bis 55 Grad Celsius.

Die Strahlung mit einer Frequenz von 95 Gigahertz dringe aber nur 0,4 Millimeter tief in die Haut ein, so dass keine Gefahr bleibender Schäden bestehe.

* * *

Wofür verwendet das Militär Mikrowellen?

Eine Hochleistungsmikrowelle ist eine Art Energiewaffe, die einen Kegel elektromagnetischer Interferenzen erzeugt, um **die Elektronik von Drohnen und Raketen außer Gefecht** zu setzen.

* * *

Was sind Mikrowellenwaffen?

Es klingt nach Science Fiction:
Mit Mikrowellen will die US-Armee künftig feindliche Elektronik zerstören - ohne dass dabei dabei Menschen oder Gebäude zu Schaden kommen.
Führende US-Konzerne arbeiten an Waffen, die den Feind mittels Mikrowellen ausschalten sollen.

Anmerkung von mir:
Arbeiten daran? Wetten, sie sind längst im Einsatz?

* * *

Was ist gerichtete Mikrowellenstrahlung?

Energiewaffen (DEW) verwenden konzentrierte elektromagnetische Energie, um feindliche Streitkräfte

und Ressourcen zu bekämpfen .
Zu diesen Waffen gehören Hochenergielaser und andere Hochleistungselektromagnetika, wie Millimeterwellen- und Hochleistungsmikrowellenwaffen.

∗ ∗ ∗

Wie weit kann eine Mikrowellenwaffe fliegen?

Sie können Nebel leicht durchdringen. Laserwaffen hingegen haben große Schwierigkeiten, Nebel zu durchdringen.
Hochenergetische Mikrowellenwaffen haben eine große Reichweite, die normalerweise **Dutzende bis Hunderte von Kilometern** beträgt.

∗ ∗ ∗

Welche Wirkung haben Mikrowellen auf das Gehirn?

Zahlreiche Studien haben gezeigt, dass Mikrowellenstrahlung eine Reihe von Nebenwirkungen im zentralen Nervensystem hervorrufen kann, darunter **Schlafstörungen sowie Lern- und Gedächtnisstörungen** .
Mikrowellen werden häufig im Rundfunk, in der Kommunikation und in vielen Industriebereichen eingesetzt.

∗ ∗ ∗

Was sind die Nebenwirkungen von Energiewaffen?
Nichttödliche **Waffenfähigkeit**
Zu den **häufigsten** biologischen Auswirkungen nichttödlicher elektromagnetischer Waffen zählen: **Atembeschwerden** , **Desorientierung und Übelkeit.**

* * *

Wie fühlt sich eine gerichtete Energiewaffe an?

Gerichtete Energiewaffen, auch unter dem Markennamen **Active Denial System** bekannt, sind eine neue Technologie, die vom US-Militär entwickelt wurde.
Diese Technologie sendet hochfrequente elektromagnetische Strahlen im Millimeterwellenbereich aus, die bei Kontakt die Haut erhitzen und ein **schmerzhaftes Brennen** verursachen.

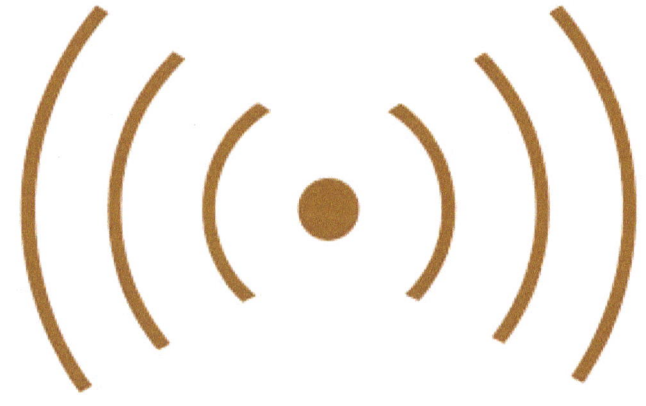

EMF Messung an einer Autobahn

Quelle:
www.wetteradler.de

Ob auffällig an der Straße oder versteckt im Wald - Funkmasten stehen mittlerweile in einem Abstand von wenigen Hundert Metern an den meisten europäischen Autobahnen.

Viele Millionen Menschen bewegen sich täglich auf Europas Straßen.
Stichprobenartig haben wir die Hochfrequenz Strahlung an einem Autobahn Rastplatz gemessen und sind aus dem Staunen nicht mehr heraus gekommen.

Anmerkung von mir:
Früher war ich viel mit dem Auto unterwegs.
Dabei fielen mir natürlich auch die o.g. Funkmasten auf.
Oft versteckt zwischen den Bäumen.
Ich bemerkte diese recht schnell, stellten sich bei mir doch Kopfschmerzen und Sehstörungen ein.
Daher mied ich Parkplätze mit Funkmasten so gut es ging.

* * *

Vorrichtung zur Beeinflussung der Gehirnwellensynchronisation über die Stromleitung eines Gebäudes

Link:
https://patents.google.com/patent/US8579793B1/en

Den folgenden Text habe ich mit Hilfe von Google übersetzt.

Patent Nr. US8579793B1 United States

* * *

Vorrichtung zur Beeinflussung der Gehirnwellensynchronisation über die Stromleitung eines Gebäudes

Zusammenfassung

Diese Erfindung beschreibt eine Vorrichtung und Methode zur Beeinflussung der Gehirnwellen-synchronisation durch eine sehr niederfrequente exklusive OR-Modulation (XOR) eines sehr hochfrequenten Trägers über die Wechselstromverkabelung (AC) eines Gebäudes.

Ein Mikrocontroller mit gespeichertemProgrammspeicherplatz wird verwendet, um die Wellenformen zu speichern und zu erzeugen, die zur Gehirnwellensynchronisation führen, indem er eine H-Brücke steuert, die bipolare Rechteckwellen erzeugen kann, deren Ausgang kapazitiv mit einer Wechselstrom-Stromleitung des Gebäudes gekoppelt ist, und ein Lichtsensor wird vom Mikrocontroller verwendet, um zu bestimmen, ob Synchronisationsfrequenzen für den Tag oder die Nacht erzeugt werden sollen.

* * *

Klassifizierungen

A61M21/00 Andere Geräte oder Verfahren zur

288

Veränderung des Bewusstseinszustandes; Geräte zur Erzeugung oder Beendigung des Schlafes durch mechanische, optische oder akustische Mittel, z. B. zur Hypnose Beschreibung

* * *

VERWEIS AUF VERWANDTE ANWENDUNG

Diese Anwendung beansprucht den Vorteil der vorläufigen US-Anwendung Nr. 61/298.851, eingereicht am 27. Januar 2010.
Die vorstehende Anwendung wird hiermit in ihrer Gesamtheit durch Bezugnahme aufgenommen.

* * *

GEBIET DER ERFINDUNG

Diese Erfindung betrifft das Gebiet der Verwendung eines Mikrocontrollers mit gespeichertem Programm-speicherplatz zur Erzeugung von Wellenformen zur Steuerung einer H-Brücke, die kapazitiv an die Wechselstrom-Stromleitung eines Gebäudes gekoppelt ist, um ein nicht sensorisches elektromagnetisches Signal auszusenden, um die Gehirnwellen-synchronisation durch eine sehr niederfrequente exklusive ODER-Modulation (XOR) eines sehr hochfrequenten Trägersignals zu bewirken.

* * *

HINTERGRUND DER ERFINDUNG

Gehirnwellensynchronisation tritt auf, wenn beobachtbare und messbare Gehirnwellenaktivität den sich wiederholenden Mustern eines externen Reizes folgt. Sensorische Formen der Synchronisation, einschließlich visueller Stimulation wie durch eine flackernde Kerze oder akustischer Stimulation wie durch einen tropfenden Wasserhahn, können eine Person in einen tranceähnlichen Zustand versetzen.

Dieser Zustand kann häufig während der Fahrt auf der Autobahn auftreten und das weit verbreitete Phänomen der **„Autobahnhypnose"** hervorrufen.

Solche tranceähnlichen Zustände können durch Elektroenzephalografie (EEG) bestätigt werden, bei der die Gehirnwellenaktivität einer Person überwacht wird, wobei die Gehirnwellenaktivität die von Gehirnwellen im Schlaf nachahmt.

Es wurde nachgewiesen, dass menschliche Gehirnwellen standardisierte Muster aufweisen, die von Tag zu Tag gleich bleiben.
Diese Muster oder Rhythmen werden als zirkadiane Rhythmen bezeichnet, wenn die Muster eine Periode von 24 Stunden haben, bevor sie sich wiederholen. Perioden oder Zyklen mit ungefähr 90 Minuten werden als ultradiane Rhythmen bezeichnet. Während die spezifische Gehirnaktivität eines bestimmten ultradianen Rhythmus variieren kann, sind die allgemeinen Muster innerhalb des größeren zirkadianen Rhythmus gleich.

Diese ultradianen Rhythmen wurden für Nachtzyklen umfassend untersucht und haben gebräuchliche Namen wie „Stadium 1", „Stadium 2" und „REM"-Schlaf.
Ebenso gibt es ultradiane Zyklen für Tageszyklen.

Ultradiane Rhythmen am Tag werden normalerweise durch Messen der Körperkerntemperatur eines Säugetiers identifiziert, da eine ambulante EEG-Überwachung sowohl teuer als auch invasiv ist.

Solche ultradianen Rhythmen am Tag können intuitiv erkannt werden, da die meisten Menschen die typischen Energieeinbrüche am Vormittag und Nachmittag sowie die damit einhergehenden Aktivitätsspitzen erleben.
FIG. 1 zeigt einen vollständigen zirkadianen Rhythmus mit ultradianen Zyklen sowohl am Tag als auch in der Nacht.

Mit der Zeit neigen die während der Schlafzyklen beobachteten ultradianen Rhythmen jedoch dazu, abzuflachen, was zu schlechterem Schlaf führt.

Darüber hinaus kann man die natürlichen Rhythmen von Schlafen, Wachsein und Leben verlieren, die einen gesunden und glücklichen Lebensstil hervorbringen.
Was dann gewünscht wird, ist eine Möglichkeit, eine gesunde Gehirnwellenaktivität so zu emulieren, dass eine Synchronisation erfolgt, sodass die Gehirnwellenaktivität auf einem gesunden Niveau bleibt oder wieder auf ein solches zurückkehrt.

Es gibt zwar Technologien zur Durchführung von **Brainwave Entrainment**, diese Iterationen weisen jedoch erhebliche Mängel auf.

Beispielsweise liefern die meisten Iterationen kein bipolares Signal, basieren diese Brainwave Entrainments nicht auf natürlichen therapeutischen Heilfrequenzen, die natürlichen zirkadianen und ultradianen Rhythmen folgen, und modulieren die Signale nicht mit einer Pulsweitenmodulation (PWM) unter Verwendung eines EXCLUSIVE OR (XOR).

Jene Iterationen, die bipolare, XOR-modulierte natürliche Heilfrequenzen verwenden, insbesondere jene, die in **den US-Patentanmeldungen Ser. Nos. 11/307,348 und 11/949,717 b**eschrieben sind, verfügen nicht über die Fähigkeit, die für Brainwave Entrainment erforderlichen Frequenzstimulationen zu empfangen, es sei denn, man befindet sich in sehr kurzer Entfernung vom Entrainment-Gerät oder berührt es sogar.

Es ist daher wünschenswert, ein bipolares, auf natürlichen therapeutischen Frequenzen basierendes zirkadianes Rhythmus- und XOR-moduliertes Gerät zur Gehirnwellensynchronisation zu haben, mit dem man die Synchronisationssignale empfangen kann, ohne an ein Gerät gebunden zu sein, sondern diese Signale empfangen kann, während man sich an einem bestimmten Ort aufhält.

* * *

KURZE ZUSAMMENFASSUNG DER ERFINDUNG

Die hierin offenbarte und beanspruchte Erfindung befasst sich mit den oben genannten und anderen Bedürfnissen und bietet Mittel zur Erzielung einer Gehirnwellen-synchronisation bei Säugetieren, einschließlich Menschen, innerhalb eines Ortes unter Verwendung der Wechselstrom-Stromleitungsverkabelung.

Anstatt einfach einen tranceähnlichen Zustand bei den Menschen und Tieren innerhalb des Ortes zu erzeugen, etabliert die vorliegende Erfindung einen 24-Stunden-Zirkadianrhythmus, der die internen zirkadianen und nachfolgenden ultradianen Rhythmen eines Säugetiers unterstützt und so für verbesserten Schlaf und verbesserte Wachphasen sorgt.

Ein lichtempfindlicher Fotosensor wird verwendet, um die Umgebungslichtstärke innerhalb des Ortes zu bestimmen, wobei diese Informationen dann an einen Mikrocontroller übertragen werden.

Der Mikrocontroller, der von einem Quarzkristall mit einer Grundresonanzfrequenz sehr nahe an einer Fibonacci-Zahl getaktet wird, erzeugt dann ausgewählte Frequenzen, um eine Gehirnwellensynchronisierung zu induzieren, entweder zur Unterstützung natürlicher Schlafzyklen während Perioden relativer Dunkelheit oder zur Unterstützung des Lernens, der erweiterten

Wahrnehmung und der Entspannung während Perioden relativer Helligkeit.
Diese Frequenzen, von denen eine deutlich höher ist als die andere, werden dann mithilfe einer H-Brücke XOR-moduliert.

Der Ausgang der H-Brücke wird dann kapazitiv an die Wechselstromleitung eines Gebäudes gekoppelt.
Der überprüfte Abdeckungsbereich umfasst eine Wohnung mit 110 bis 240 Volt Wechselstrom-Zweiphasenverkabelung in Wohn- und Arbeitsräumen, wobei keine einzelne Verkabelung länger als 100 Meter

vom Anschluss des Geräts an die Stromleitung ist und die Gesamtlast für ein einzelnes Gerät 250 Ampere nicht übersteigt.
Für Wohnungen, die diese Beschränkungen überschreiten, können mehrere Geräte verwendet werden.

Weitere Informationen unter o.g. genannten Link!!!!

Anmerkung von mir:
Wozu kann, oder wird, dieses Patent noch genutzt???

* * *

Ionisationsrauchmelder

Rauchmelder – radioaktiv – Entsorgung

Nicht mehr benötigte Ionisationsrauchmelder sind an den Hersteller oder die behördlich bestimmte Landessammelmeldestelle für **radioaktive Abfälle** abzugeben, und dürfen auf keinen Fall mit dem normalen Industrie- oder Hausmüll entsorgt werden.
Quelle:
https://wwww.dguv.de

* * *

Hellmann Process Managemant

Iosnisationsrauchmelder entsorgen: Achtung radioaktive Quelle – hpm
Wir übernehmen auch Ihre optischen Rauchmelder sowie
294

andere schwach radioaktive Quellen aus Produktions-
bereichen, wie z.B. der Medizin- und Messtechnik.

Quelle:
https://www.umweltmanager.net

* * *

Schutzfabrik

Entsorgung von Ionisationsrauchmeldern. Sollten Melder
in den Abbruchschutt gelangen, sind sie entweder aus
dem Schutt herauszusuchen, oder der gesamt Schutt als
radioaktiver Sondermüll zu entsorgen!

Quelle:
https://www.schutzfabrik.de

* * *

Abfallratgeber Bayern

Infoblätter Kreislaufwirtschaft – Ionisationsrauchmelder
Die I-Melder sind nach Strahlenschutzgesetz zu
entsorgen. I-Melder werden nur noch in geringen
Stückzahlen neu eingebaut.
Der Ausbau darf nur durch eine Betriebsfachfirma
erfolgen.

Quelle:
https://www.abfallratgeber.bayern.de

Mein Rat: Prüfen Sie unbedingt nach, welche
Rauchmelder bei Ihnen eingebaut sind!!   295

Funkende Zähler / Smart Meter: Dauersender nicht akzeptieren!!

Wöchentlich wird diagnose:funk angefragt, ob der Einbau von digitalen Zählern für Wasser, Strom, Gas und Rauchmelder Pflicht ist. Sorgen machen sich die Menschen um die Strahlenbelastung und den Missbrauch von Daten, die mit diesen Zählern gesammelt werden können.
Jörn Gutbier hat sich auf diese Fragen spezialisiert. Mit ihm haben wir für die nächste Ausgabe unseres Magazins kompakt ein Interview dazu geführt.

Kompakt:
Weiß man, wie hoch die Strahlenbelastung durch die Zähler ist?
In welcher Frequenz und mit welcher Leistungsflussdichte senden sie in der Regel?

Jörn Gutbier:
In der Regel arbeiten die funkenden Verbrauchszähler mit den lizenzfreien Frequenzen im 860 MHz-Band.
Die Abstrahlleistung beträgt zwischen 10 und maximal 25 Milliwatt.
Zum Vergleich: die Standartleistung eines DECT-Telefon oder WLAN-Router beträgt maximal 100 mW. Im Abstand von ca. 1m zu einem Funkzähler werden ca. 1.000 µW/m² gemessen.
Entscheidend ist bei den Funkzählersystemen die Sendehäufigkeit.
Die Sendehäufigkeit ist je nach Systemanbieter extrem unterschiedlich. Das geht von alle 2 Minuten ein Signal bis zu einmal alle 24 Stunden.

Kompakt:
Muss man auch hinnehmen, dass solche Zähler dauernd, z.B. jede Minute, Daten per Funk übertragen? Muss die Firma die Konfiguration mitteilen?

Jörn Gutbier:
Was wir erleben ist, dass die meisten Firmen sich sehr schwer damit tun, von Anfang an transparent darzustellen, wie genau ihre Gerätesysteme arbeiten, Der Gesetzgeber forderte mit dem Gebäudeenergiegesetz von 2020 und der seit Anfang 2022 geltenden Heizkostenverordnung eine sog. Fernauslesbarkeit von Verbrauchszählersystemen. Das soll alles billiger und einfacher machen und der Endkunde hätte damit den Anspruch, mindestens monatlich über seine Verbäuche informiert zu werden. Das heißt, eine Übertragung der abrechungsrelevanten Daten bräuchte, bzw. dürfte noch Datenschutzgrundverordnung auch nur einmal im Monat erfolgen.

Kompakt:
Warum wird das nicht gemacht?

Jörn Gutbier:
Das ist nicht nachvollziehbar. Ganz dumm wird es dann, wenn ein Systemanbieter wie die Firma Minol mit ihrem System connect ein eigentlich relativ strahlungsarmes System anbietet – die Einzelverbrauchszähler in der Wohnung senden demnach nur einmal am Tag ein sehr kurzes Signal auf Basis der LoRaRAN – Technik an einen Sammler, das sogenannte Gateway. Das Gateway wiederum aber funkt vielfach stärker als jedes dauerstrahlende DECT-Telefon oder WLAN und

doppelt so stark wie ein Mobilfunkgerät mit LTE-Verbindung maximal leisten kann.

In einem aktuellen Fall – und das scheint gemäß der Firmenunterlagen wohl der Standard zu sein – sendet das Gateway mit der Leistung von 500 Milliwatt in jeder Minute ca. 10 bis 15 Sekunden lang ein Funksignal. Und das macht es anscheinend 365 Tage im Jahr.

Auch wenn die Firma Minol weiterhin darauf pocht, die gesammelten Zählerdaten nur zweimal im Monat zu übersenden – was wir aber nicht überprüfen können – ist der Gateway quasi kontinuierlich funkaktiv – was für ein Unsinn.

Das Gateway stammt von der Firma Zenner, welche auch zur „familiengeführten Unternehmensgruppe Minor-Zenner" gehört.

Es wäre also ein Leichtes, hier ein vollständig funkarmes System anzubieten.

Seit Januar 2023 bis aktuell verweigert die Minol-Unternehmenszentrale in Leinfelden-Echterdingen dazu aber jede weitere Kommunikation.

Schlechte Presse ist anscheinend egal.

Darüberhinaus informieren die Minol-Vertreter in den uns bekannten Fällen ihre Kunden entweder völlig unzureichend und sogar wissentlich falsch über diesen Sachverhalt.

Ganz zu schweigen von den irreführenden Grafiken in deren Sachinformationen, die das „dauerfunkende „Gateway gar nicht erst erwähnen und falsche Angaben zur Sendeleistung moderner LTW-Smartphones machen.

Das mit 500 mW „dauersendende „Gateway im Hausflur

neben den Kinderzimmern der Umliegenden Wohnungen **grenzt an Körperverletzung.**

Ich möchte auch noch darauf hinweisen, dass die Systeme der anderen Hersteller am Markt nicht anders agieren.
Die drei von uns untersuchten Systeme weiterer Marktführer sind noch viel dümmer als die von **Minol**, weil hier die installierten Verbrauchszähler in einer Wohnung in viel kürzeren Abständen funken (**Qundis**) oder viermal im Monat währen 10 Stunden am Tag quasi dauergefunkt wird (**ISTA**).
Der Fehler liegt im System – die Hersteller dürfen das, die Standardisierungen lasse es zu und leider hat anscheinen kein Verantwortlicher bei diesen Firmen hierfür einen Blick.
Das wiederum liegt wohl im wesentlichen daran, dass über die Thematik Funk und dessen Auswirkungen auf Mensch und Umwelt von den verantwortlichen Ministerien gezielt desinformiert wird.
Es wäre so einfach, hier ein funktechnisch akzeptables System umzusetzen und Minol ist dicht daran, versagt aber auf den letzten Metern.

Kompakt:
Ist man verpflichtet, den Einbau von digitalen Zählern zu akzeptieren?
Kann man gegen den Einbau juristisch vorgehen?

Jörn Gutbier
Im Bereich der Kaltwasserzähler diskutieren wir ja gleiches. Hier agiert in der Regel ein lokaler Monopolist – der Wasserversorger, und kann vorschreiben, welche

Art von Zähler er benutzt.

In der juristischen Auseinandersetzung stehen wir aktuell an dem Punkt, dass Landesgerichte Klagen gegen die Dauerfunkerei dieser Geräte, auch aus datenschutzrechtlichen Gründen, ablehnend gegenüber stehen.

Gerichte gewichten hier das Scheinargument des Verbraucherschutzes im Sinne der Sicherheit der Wasserversorgung höher und den Klagen wird nicht stattgegeben.

Mit den dauernd funkenden Zählern aus allen Haushalten solle es vermeintlich möglich sein, im Bedarfsfall schneller Leckagen im Wasserversorgungssystem finden zu können.

In der Praxis spielt dabei aber der Endverbraucher Haushalt faktisch keine Rolle. Im Fall der Verbrauchs- zähler in den Wohnung ist dieser juristische Weg noch nicht beschritten worden.

Klar ist nur, dass der Vermieter über die Wahl des Systemanbieters entscheidet. Ob diese Systeme dann aber datenschutzkonform aufgebaut sind, darüber ist noch nicht abschließen geurteilt worden.

Kompakt:
Kann man Bedingungen stellen, z.B. dass der Zähler nur einmal im Monat zur Abrechnung an die Sammelstelle sendet?

Jörn Gutbier:
Wir meinen, dass eine Datenübertragung häufiger als für die abrechnungsrelevanten Zwecke – das heißt also **maximal einmal im Monat** – nicht vereinbar ist mit der geltenden Datenschutzgrundverordnung. Im Sinne der

Interessen der Vermieter ist aber noch nachvollziehbar, die Datenübertragung auf zweimal im Monat zu erhöhen, also am 1. und am 15., um damit jeden Mieterwechsel problemlos abdecken zu können. Im Fall der Kaltwasser-zähler – wovon es es immer nur einen pro Haus gibt – regieren nicht wenige Wasserversorger auf den Widerstand der Endkunden gegen diese quasi Dauer-funker (Sendeintervalle bei 10, 16 oder alle 240 Sekunden) insoweit vernünftig, dass sie auf solche Kunden Rücksicht nehmen und hier funkfreie Zähler einbauen, um die angedrohte juristische Auseinandersetzung erst gar nicht gehen zu müssen.

Kompakt:
Und wie ist es bei einem Rauchwarnmelder?

Jörn Gutbier:
Es gibt keinen gesetzlichen oder verordnungsrechtlichen zwang zu funkvernetzten Rauchwarnmeldern. Grundsätzlich entscheidet der Vermieter über das System.
Mit den funkvernetzten Rauchmeldern besteht die Möglichkeit, dass die vorgeschriebenen jährlichen Funktionstests, die früher händisch und über Inaugenscheinnahme der Geräte vor Ort stattfanden, heute über funkt erfolgen können.
Dabei wird die Funktionsfähigkeit der Geräte über ein Funksignal übermittelt und muss protokolliert werden.
Die meisten Geräte am Markt verwenden Funkintervalle von täglich, stündlich bis hinzu alle paar Minuten .
Ausreichend wären auch hier Monatsintervalle. Wer weiterhin analoge Rauchwarnmelder oder nur monatlich

sendende Geräte haben will, sollte dies rechtzeitig mit seinem Vermieter, der Hausverwaltung, bzw. seiner Wohneigentümergemeinschaft abstimmen.
Leider sind uns aktuell keine funkvernetzten Rauchwarnmelder am Markt bekannt, die nur einmal monatlich senden. Aber funkfreie Geräte gibt es sehr wohl noch.
Hier kann z.b. mit dem Eigentümer vereinbart werden, selbst über einen zertifizierten Fachbetrieb (i.d.R. ein Elektriker) die Überprüfungen vornehmen zu lassen und das entsprechende Protokoll dann zur Verfügung zu stellen.

Kompakt:
Nochmals zusammengefasst:
Ein Brief flattert ins Haus, mit der Ankündigung, in vier Wochen wir umgerüstet, was mache ich dann?

Jörn Gutbier:
Legen Sie Widerspruch ein und stellen Sie Bedingungen, z.B. dass nur einmal im Monat sowohl vom Ablesegerät als auch vom Gateway (Sammler) gesendet wird.
Beziehen Sie dazu den Datenschutzbeauftragten des Landes mit ein und fordern Unterstützung.
Je mehr Kunden dies hartnäckig tun, desto größer ist die Chance, dass die Hersteller und Systemanbieter endlich funkarme und datenschutzkonforme Systeme anbieten.
Es müssen nur sehr viel mehr Vermieter, Hausverwaltungen und Wohnungseigentümer (gemeinschaftlich) danach verlangen.
Wehren Sie sich auch öffentlich wahrnehmbar z.B. über Leserbriefe gegen den Unsinn.
Es ist einerseits technisch und organisatorisch gar nicht

erforderlich, dass hier das ganze Jahr über die persönlichen sensiblen Verbrauchszähler Daten in die Welt gefunkt werden und andererseits geht es um Ihre persönlichen Daten, die nur zu abrechnungsrelefanten Zwecken überhaupt erhoben, gespeichert und versandt werden dürfen.

Und wenn das bei jedem noch kein Thema ist, sollte er / sie sich proaktiv um diese Angelegenheit kümmern und nicht erst warten, bis die Monteure vor der Türe stehen. Das kann allen Beteiligten sehr viel Stress ersparen.

Kompakt:
Lieber Jörn, danke für diese Auskünfte, die vielen Mietern und Vermietern hoffentlich weiterhelfen werden.

* * *

Ein Übersichtsartikel zu den verschiedenen Verbrauchszähler-Systemen:
https://www.diagone-funk.org/1774

Weitere Auskünfte, auch zu Detailfragen finden Sie auf:
https://www.diagnose-funk.org/vorsorge/private-vorsorge-arbeitsschutz/smart-meter-funkzaehler-fuer-wasser-strom-heizung

Das Gateway der Firma Zenner/Minol lässt sich auch an ein LAN-Netzwerk anschließen. Die Steckerbuchse dafür ist vorhanden und laut Datenblatt wechselt das Gerät automatisch von Mobilfunk auf Ethernet (falls verfügbar).
Ob dann quasi Dauerfunkerrei aufhört, ist uns soweit nicht bekannt.

VERGIFTETE PFLANZEN

Nein ich meine nicht Giftpflanzen, sondern tatsächlich vergiftete Pflanzen.
Was es damit auf sich hat, lesen Sie in den angrenzenden Artikeln!

* * *

Blumen und Bienenliebhaber aufgepasst!
Sehr wichtige Nachricht!!

Kaufen Sie KEINE, und ich wiederhole, KEINE mit **Neonicotinoiden** behandelten Pflanzen.
Bienen bringen den Pollen zurück in den Stock und verfüttern ihn an die Brut.
Dies ist eine der Hauptursachen für den Zusammenbruch von Bienenvölkern. Neonicotinoide sind in Europa größtenteils verboten!
Es ist wichtig, diese Pflanzen **NICHT** zu kaufen!

Neonicotinoide

Als *Neonicotinoide* oder Neonikotinoide wird eine Gruppe von hochwirksamen Insektiziden bezeichnet. Sie alle sind synthetisch hergestellte Wirkstoffe, die an den Nikotinischen Acetylcholinrezeptor (nAChR) von Nervenzellen binden und so die Weiterleitung von Nervenreizen stören.
Neonicotinoide sind selektive **Nervengifte**, die auf die Nervenzellen von Insekten weit stärker als auf die Nerven von Wirbeltieren wirken.

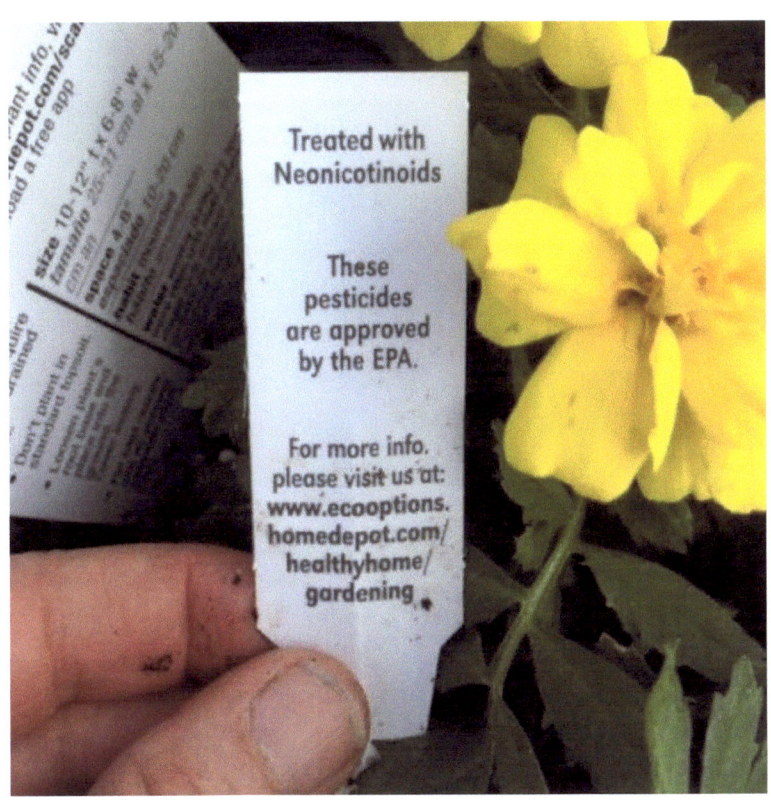

Treated with
Neonicotinoids

These
pesticides
are approved
by the EPA.

For more info,
please visit us at:
www.ecooptions.
homedepot.com/
healthyhome/
gardening

* * *

Pflanzen im Zimmer:
Nach übler Entdeckung – Gesundheitsgefahr
bei Blumen droht

Stand:
10.05.2021 **Von: Lena Zschirpe**

Quelle:
https://www.ruhr24.de/service/pflanzen-blumen-gefahr-
gift-warnung-gesundheit-gefahr-bfr-kunden-deutschland-
pestizide-zimmer-90504317.html

**Pflanzen und frische Schnittblumen werden vor
Schädlingen geschützt.**
Aber was machen die eingesetzten Mittel mit der
Gesundheit?

* * *

Das BfR warnt.

Dortmund -
Wer selbst Pflanzen zu Hause hat, hatte vielleicht auch
schon Probleme mit Schädlingen. Vor dem Verkauf
werden Schnittblumen und Zimmerpflanzen vor ihnen
geschützt.
Und **nicht immer** sind die Methoden **unbedenklich**.

Wie schädlich sind die Pestizide wirklich für die Gesundheit?
Pestizide auf Pflanzen und Schnittblumen: Eine Gefahr für die Gesundheit?

Das hat das **Bundesinstitut für Risikobewertung (BfR)** in einer aktuellen Untersuchung zusammengefasst. Als Grundlage haben Recherchen und bereits gesammelte Daten und Studien anderer Institutionen gedient.

Das BfR ist laut eigenen Angaben konkret der Frage nachgegangen, inwiefern
„mögliche gesundheitliche Risiken durch Pflanzenschutzmittelrückstände auf Schnittblumen aus europäischer Produktion sowie anderer Exportländer" bestehen.

Und zwar sowohl für Kunden als auch für Floristen.

Immer wieder werden Rückstände von Pflanzenschutzmitteln beziehungsweise Pestizide nachgewiesen. Wie das BfR erklärt, ist das zunächst nichts Ungewöhnliches. Denn viele dieser Mittel sind in Deutschland, Europa und gängigen Exportländern für Pflanzen und Schnittblumen zugelassen.
„Ihr Einsatz zählt zur gärtnerischen Anbaupraxis", schreibt das BfR.

* * *

Pflanzen und Schnittblumen:

Höchstmenge von Pestiziden nicht festlegt!!
Problematisch ist jedoch, dass es in der Europäischen Union (EU) keine rechtlichen Regelungen bezüglich der

Rückstände von Pflanzenschutzmitteln gibt.
Die Höchstmenge von Rückständen ist also nicht gesetzlich festgelegt.
Allerdings sieht die **Verordnung (EG) Nr. 1107/2009** vor, dass in Zulassungsverfahren die wahrscheinliche Anwender-Exposition gegenüber dem Pflanzenschutzmittel zu bewerten ist.

Link zum BfR
https://www.bfr.bund.de/cm/343/bewertung-gesundheitlicher-risiken-von-pestizidrueckstaenden-auf-schnittblumen.pdf

* * *

Was bedeutet das genau?

Exposition beschreibt in diesem Fall, in welcher Menge ein Kunde oder Florist Pestiziden ausgesetzt ist. Bei einer **Expositionsschätzung** werden unter anderem die Dauer und das Ausmaß eines möglichen Kontaktes zu behandelten Pflanzen berücksichtigt.
So lässt sich ermitteln, inwiefern die Pflanzenschutzmittel sich etwa auf die Haut übertragen können.
Bei Bienenwachstüchern warnt das BfR derzeit ebenfalls vor Pestiziden.

Link zu Bienenwachstüchern:
Warnung vor Bio-Trend: Bundesinstitut ahnt Gesundheitsgefahr
https://www.ruhr24.de/service/bio-trend-2021-bienenwachstuecher-nachhaltig-selber-machen-alternative-vegan-warnung-bund-90487160.html

Deshalb sind Pestizide auf Pflanzen, Schnittblumen und Lebensmitteln gefährlich

Aber warum sind Pestizide überhaupt ein Problem? Grundsätzlich ist „Pestizid" ein Übergriff für viele Stoffe. Wie der _Bund_ berichtet, ist die Liste von möglichen Gefahren breit gefächert:
- chronische Hauterkrankungen,
- Fruchtbarkeits- und
- Erbgutschäden sowie
- Krebs
können durch Pestizide ausgelöst oder begünstigt werden.

Nicht nur **gesundheitlich** sind die Stoffe umstritten. Pestizide gelten auch als **gefährliche Umweltgifte**. Der _Bund_ hat 2012 eine Stichprobe zu Pestizidrückständen in **Schnittblumen**, in diesem Beispiel Rosen, gemacht.

* * *

Das Ergebnis damals:
die Blumen aus acht von zehn Berliner Geschäften enthielten bedenkliche Pestizide. Darunter alleine elf verschiedene, die teils stark krebserregend und **hormonell wirksam seien.**

* * *

Auch **Greenpeace** hat in einer Studie 2014 ermittelt, dass Pflanzen aus Supermärkten, Gartencentern und Baumärkten zu **mehr als 97 Prozent Rückstände von Pestiziden** aufweisen. 309

Zu 14 Prozent wurden sogar Pestizide eingesetzt, die gar nicht in der EU zugelassen sind. Kommt das BfR Jahre später zu einem ähnlichen Ergebnis?

Floristen und Kunden eher nicht durch Pflanzen und Schnittblumen gefährdet

Nein.

Das BfR geht in seinem Recherche-Vergleich von einem **realistischen** aber **schlimmstmöglichen** Fall („realistic worst case") der Exposition aus.

Bei Pflanzen und Schnittblumen könnte das ein Florist sein, der während einer achtstündigen Schicht im Gewächshaus Blumen berührt und Pestizide einatmet.

Kunden sind dieser möglichen Gefahr weniger ausgesetzt, auch wenn sie Pflanzenfans sind.

Ihre Exposition ist also geringer.

Das BfR kommt zu dem Ergebnis, dass die Pestizide und Pflanzenschutzmittelrückstände auf Zierpflanzen kein Grund zu Sorge sind.

Das gelte auch für Stoffe, die mittlerweile nicht mehr in der EU zugelassen sind.

Allerdings geht das Institut für Risikobewertung in seiner Schlussfolgerung auch davon aus, dass Floristen und Kunden im näheren Umgang mit Pflanzen Handschuhe tragen und sich regelmäßig die Hände waschen **(mehr Warnungen und Rückrufe bei RUHR24).**

Anmerkung von mir:

War das BfR je in einem Blumengeschäft, in einem Gartencenter oder Supermarkt?Besonders in Garten-centern und Supermärten, ist keine Zeit weg zu laufen und sich die Hände zu waschen!! 310

Pflanzen und Schnittblumen
ohne Pestizide kaufen - geht das?

Wer sich bewusst für nachhaltige Pflanzen und Schnittblumen ohne Pestizide entscheidet,

hat laut dem Nachhaltigkeitsmagazin *Cradle Mag* in Deutschland noch keine große
Auswahl.
Für Bio-Pflanzen können verschiedene bekannte Label bei der Orientierung helfen, wie etwa:
* Bioland,
* Demeter,
* Naturland,
das EU-Biosiegel.

Aber Vorsicht im Label-Dschungel: viele sind frei von Herstellern erfunden.
Bei Schnittblumen ist die Auswahl noch **begrenzter**.
Hier kommt aber häufig das Fairtrade-Siegel zum Einsatz.
Dieses soll garantieren, dass strenge soziale und ökologische Standards eingehalten werden.

Wie man echte nachhaltige Siegel und Produkte erkennt
Link:
https://www.ruhr24.de/service/naturkosmetik-creme-pflege-siegel-verbraucher-deutschland-oeko-betrug-tipps-inhaltsstoffe-13910390.html

Anmerkung von mir:
Kennen Sie Bill Gates und seine Firmenverflechtungen und Ideen?

311

Informieren Sie sich diesbezüglich doch!
Denn wie oben bereits erwähnt, auch **Fairtrade** Blumen waren belastet!
Hier eine Liste der nachhaltigen Siegel / Firmen, die ALLE zu seiner Gruppe gehören!!

Pestizid-Cocktail im Blumenstrauß

Am Valentinstag floriert das Geschäft mit Blumen. Doch in den hübschen Sträußen stecken meist große Mengen an Pestiziden.
Woher kommen sie, und was sind die Alternativen?
von Anna von Hopfgarten

Link*:*
https://www.spektrum.de/news/schnittblumen-pestizide-im-blumenstrauss/2206991

* * *

**Schnittblumen, insbesondere Rosen,
sind oft stark mit Pflanzenschutzmitteln belastet.**

1.334.230.011– so viele geschnittene Rosen importierte Deutschland im Jahr 2022, damit die Bürger mit ihnen ihre Liebsten beglücken oder den eigenen Esstisch schmücken konnten.
Für 2023 gibt es noch keine Zahlen, aber es ist anzunehmen, dass die Menge in etwa gleich geblieben ist.
Ein nicht unerheblicher Teil davon dürfte am Valentinstag über den Ladentisch gehen, schließlich gehören Blumensträuße zu den beliebtesten Geschenken an diesem Tag.
Im Februar lässt sich die Sonne, wenn überhaupt, nur kurz blicken, da haben viele Menschen eine regelrechte Sehnsucht nach den leuchtenden Blüten.

Allerdings schlagen Umweltschutzorganisationen regelmäßig Alarm angesichts der angeblich gravierenden Folgen der Floristik für Gesundheit und Umwelt.

Link:
https://www.bund-sachsen.de/service/presse/detail/news/valentinstag-ohne-gift-im-strauss/

* * *

Was hat es mit diesen Warnungen auf sich?

Die hier zu Lande verkauften Schnittblumen haben meist eine weite Reise hinter sich. Gerade die beliebten Rosen stammen im Winter in aller Regel aus Afrika.
So wurden laut Statistischem Bundesamt im Jahr 2022 allein aus
- Kenia rund 7800 Tonnen Schnittblumen nach Deutschland gebracht,
- aus Äthiopien knapp 1200 Tonnen.

Edwin Musungu, Leiter der Frachtdienste der Flughafen-Servicegesellschaft Swissport in Nairobi, erwartet, dass 2024 schon bis Mitte Februar rund 9000Tonnen Blumen über den so genannten Flower Corridor von der kenianischen Hauptstadt nach Europa geflogen sein werden – die meisten davon für den Valentinstag.

Link:
https://www.swissport.com/en/news/current-news/2024/swissport-flower-corridor-facilitates-transit-of-9-000-tons-of-fresh-roses-for-valentine-s-day

Sieht man sich die Einfuhrstatistik an, fällt auf, dass die mit Abstand größte Menge aus unserem Nachbarland, den Niederlanden, nach Deutschland kommt.
Allerdings täuschen die Zahlen, denn die 166.000 Tonnen »holländische« Schnittblumen sind nicht unbedingt auch dort gewachsen.

Das eigentliche Ursprungsland ist oft nicht nachvollziehbar – eine Pflicht zur Deklaration gibt es nicht.
Die Niederlande beziehen selbst große Mengen floristischer Güter aus Nicht-EU-Ländern, tauchen aber, sobald sie die Ware weiterverkaufen, in der Statistik als Quellland auf.
Laut einer Erhebung des Statistischen Amts der Europäischen Union »Eurostat« exportierten die Niederlande im Jahr 2020 rund 514.000 Tonnen an andere EU-Länder, bezogen aber gleichzeitig etwa die Hälfte der Menge aus Staaten außerhalb der EU.

Link:
https://www2.mst.dk/Udgiv/publications/2022/02/978-87-7038-391-2.pdf

* * *

Schnittblumen unter der Giftdusche

Blumenprodukte, die in die Europäische Union eingeführt werden, müssen in puncto Aussehen und Gesundheit strenge Anforderungen erfüllen.
EU-Verordnungen legen genau fest, wie die Pflanzen geschnitten sein sollen, wie weit die Blüte entwickelt sein

muss und wie viele Schadstellen sie haben darf.
Außerdem schreiben sie vor, dass die Blumen frei von Parasiten sind.
Man will sichergehen, dass keine Schädlinge oder neue Pflanzenkrankheiten eingeschleppt werden.

Um das zu erfüllen, setzen die Erzeuger oft verschiedenste Pestizide ein.
»In der Blumenproduktion im globalen Süden werden zahlreiche und zum Teil gefährliche Gifte gespritzt«, sagt Corinna Hölzel vom Bund für Umwelt und Naturschutz Deutschland (**BUND**).
»Darunter sind auch Insektizide und Fungizide, die in der EU auf Grund ihrer Gefährlichkeit verboten sind.« Denn anders als für Schädlinge gibt es für die Rückstände von Pflanzenschutzmitteln auf **Schnittblumen keine rechtlichen Regelungen**.
Solche existieren lediglich für Blüten, die in Tees oder medizinischen Aufgüssen landen.

Anmerkungen von mir:
Ja, es ist sehr wichtig, dass die Pflanzen ganz genau richtig geschnitten sind!
Und auch sehr wichtig, wie weit die Blüten sein dürfen!!

Ok, dass man keine Parasiten, Schädlingen oder Pflanzenkrankheiten einschleppen will,
ist löblich!

* * *

In einer Übersichtsarbeit von 2021 sichtete ein Team um die Biologin Patrícia Pereira von der Cidade Universitária 316 in Rio de Janeiro insgesamt 92 Studien zu Pestiziden in der Blumenproduktion.

Dabei wurden auf vier Kontinenten 201 verschiedene Pflanzenschutzmittel in Schnittblumen gefunden, von denen 93 in der EU verboten sind.

Knapp die Hälfte der verbotenen Stoffe steckten in Proben aus EU-Ländern.
Dabei handelte es sich vor allem um Mittel gegen Insekten, Pilze und Milben, aber auch gegen Unkraut, Fadenwürmer, Schnecken und Bakterien.
Die am häufigsten gefundenen Substanzen stammten aus den Stoffgruppen der Organophosphate, Carbamate, Triazole und Pyrethroide.

* * *

Bedeutung für die Gesundheit

Auch das Verbrauchermagazin »Öko-Test«
fand 2023 in allen der 21 getesteten Rosensträuße teils erhebliche Mengen an Pestiziden, **unter anderem in solchen mit Fair-Trade-Siegel.**
Auf drei Vierteln der Sträuße befanden sich Spritzmittel, deren Anwendung in der EU verboten ist, etwa das laut Europäischer Chemikalienagentur (ECHA) vermutlich **Krebs** erregende **Insektizid Thiacloprid und das Fungizid Carbendazim,** das im Verdacht steht, das **Erbgut** zu verändern.
Allgemein gehört die Rose – die beliebteste Blume der Deutschen – zu den am stärksten belasteten Schnittblumen auf dem deutschen Markt.

Link:
https://www.oekotest.de/freizeit-technik/Rosen-im-Test-Die-meisten-strotzen-nur-so-vor-Pestiziden_13490_1.html

* * *

Welchen Einfluss haben diese Chemikalien auf die Gesundheit der Farmarbeiter, Blumenhändler und Käufer?

Nach dem »global harmonisierten System zur Einstufung und Kennzeichnung von Chemikalien« (GHS) gelten
- 17der 201gefundenen Pestizide als potenziell tödlich, wenn sie in hoher Konzentration eingeatmet werden.
- 25 sind möglicherweise krebserregend,
- 43 können die Atemwege und
- 21 die Fortpflanzungsorgane sowie Embryonen schädigen.

»Von den in Deutschland gehandelten Schnittblumen sind gesundheitliche Beeinträchtigungen für Verbraucherinnen und Verbraucher nicht zu erwarten«Bundesinstitut für Risikobewertung.

Anmerkung von mir:
aha, da fällt selbst mir nichts mehr ein dazu!!

* * *

Am wenigsten in Kontakt mit den Substanzen kommen wahrscheinlich diejenigen Menschen, die die Sträuße lediglich auf ihren Tisch stellen.

Deshalb gibt das Bundesinstitut für Risikobewertung (BfR) auch Entwarnung für die Käufer:

Es kommt *»zu der Einschätzung, dass von den in Deutschland gehandelten Schnittblumen gesundheitliche Beeinträchtigungen für Verbraucherinnen und Verbraucher nicht zu erwarten sind«*,

wie es in einer Stellungnahme von 2021 heißt.

Gleiches gelte für das Personal von Blumenläden, sofern es die empfohlenen Hygienestandards einhalte. Damit ist vor allem das Tragen von Handschuhen gemeint sowie die strikte Trennung von Lebensmitteln und Pflanzenmaterial.

Link zur Stellungnahme:
https://www.bfr.bund.de/cm/343/bewertung-gesundheitlicher-risiken-von-pestizidrueckstaenden-auf-schnittblumen.pdf

* * *

Wie wichtig Schutzkleidung im Umgang mit Schnittblumen ist,

demonstrierte im Jahr 2017 eine Gruppe um Khaoula Toumi vom Pesticide Science Laboratory der Universität Lüttich. Das Team ließ 20 freiwillige Floristinnen und Floristen während der Arbeit mit Blumensträußen Baumwollhandschuhe tragen.

Nach zwei bis drei Stunden extrahierten die Fachleute sämtliche an den Handschuhen haftenden Pflanzenschutzmittel.

Dabei fanden sie insgesamt 111 verschiedene Pestizide, allen voran Fungizide und Insektizide.

* * *

Pflanzenschutzmittel im Urin

In einer weiteren Studie analysierten Toumi und ihr Team Urinproben vom Personal belgischer Blumenläden.
Sie sammelten die Proben von 14 Freiwilligen über jeweils 24 Stunden an drei Zeitpunkten im Jahr, an denen üblicherweise eine besonders hohe Arbeitslast auftritt: zum Valentinstag, zum Muttertag und an Allerheiligen.
Gleichzeitig untersuchten sie den Urin von ebenso vielen Kontrollprobanden, die nichts mit Blumenhandel zu tun hatten.
Bei beiden Gruppen waren in nahezu allen Proben Rückstände von Pestiziden zu finden, wobei der Urin der Floristen eine deutlich größere Zahl an Substanzen enthielt.
Auch die Konzentrationen der einzelnen Stoffe waren beim Fachpersonal signifikant **höher** als in der Kontrollgruppe.
Handschuhe hatte während der Arbeit niemand getragen.

Anmerkung von mir:
Ich kenne niemanden der mit Blumen zu tun hat, unn über diese Belastungen informiert ist.

Ich habe selbst einige Zeit im Einzelhandel auch mit Schnittblumen zu tun gehabt.
Niemand hatte uns darauf hin gewiesen!

* * *

Ein besonders hohes Gesundheitsrisiko ist für jene Menschen zu erwarten, die auf den Blumenfarmen arbeiten.

Tatsächlich weisen zahlreiche epidemiologische Untersuchungen darauf hin, dass bestimmte Erkrankungen gehäuft bei Plantagenarbeitern auftreten, etwa Störungen des Nerven- und Hormonsystems, Zellschäden, Fortpflanzungsstörungen und Missbildungen. Da es sich um rein korrelative Studien handelt, ist allerdings die genaue Ursache in der Regel nicht eindeutig zu bestimmen.

Link:
https://www.sciencedirect.com/science/article/abs/pii/S0269749121013993?via%3Dihub

* * *

Auch die Umwelt leidet

Pflanzenschutzmittel, die in Blumenanbaugebieten gespritzt werden, gelangen häufig über den Regen in umliegende Gewässer und ins Grundwasser – mit gravierenden Folgen für das Ökosystem.
So ergaben Analysen vom Ziway-See in Äthiopien, dass vor allem in der Nähe von Blumenfarmen Pestizide in

teils hohen Konzentrationen im Wasser zu finden sind. Darunter auch solche, die in der EU im Pflanzenbau verboten sind.

Über das Trinkwasser und landwirtschaftliche Produkte ist die lokale Bevölkerung den Stoffen daher dauerhaft ausgesetzt.

Link:
https://edepot.wur.nl/173773

»Es ist besser, im Winter Blumen zu verschenken, die zu dieser Zeit ohne zusätzlichen Energiebedarf in Mitteleuropa blühen«
Wolfdietrich Peiker, Klimaschutz-Organisation »Atmosfair«

* * *

Was also tun, wenn man am Valentinstag seine Liebste oder seinen Liebsten mit einem Blumenstrauß überraschen will?

Grundsätzlich solle man vor allem regional und saisonal kaufen, empfiehlt Wolfdietrich Peiker von der Klimaschutz-Organisation **»Atmosfair«** gegenüber der Deutschen Presse-Agentur.
»Es ist besser, im Winter Blumen zu verschenken, die zu dieser Zeit ohne zusätzlichen Energiebedarf in Mitteleuropa blühen, wie beispielsweise Christrosen oder Lenzrosen.«

Auch Frühblüher wie Krokusse oder Hyazinthen sowie Zweige von Kirsche oder Forsythie könnten eine Alternative sein.

Soll es dennoch ein Strauß aus Übersee sein, kennzeichnen Fairtrade-Siegel Blumen, die nach sozialen und ökologischen Standards gezüchtet wurden, wobei auch hier Schadstoffe offenbar nicht ausgeschlossen werden können.

Anmerkung von mir:
Siehe Bericht weiter oben!

Bio-Siegel zeigen an, ob die Pflanzen aus kontrollierter biologischer Landwirtschaft stammen. Corinna Hölzel vom BUND rät zudem, auf das Slowflower-Siegel zu achten. Floristen der Slowflower-Bewegung verkaufen nur, was aktuell in der Region wächst.

Die Produkte mögen zwar teurer sein – für einen pestizidfreien Liebesbeweis ist es das vielen aber sicherlich wert.

* * *

Schnittblumen aus dem Ausland:
Ökologisch oft bedenklich

Link:ttps://www.ndr.de/ratgeber/garten/zimmerpflanzen/Schnittblumen-aus-dem-Ausland-Oekologisch-oft-bedenklich,schnittblumen106.html

Zur gleichen Ansicht und Ergebnissen kam man auch hier.

Bio-Schnittblumen für Mensch und Biene

Link:
https://www.oekolandbau.de/bio-im-alltag/bio-
warenkunde/bio-schnittblumen-fuer-mensch-und-biene/

* * *

Dass es aber auch anders geht, zeigt diese Seite!
Im Winter machen sich Bio-Schnittblumen noch rar. Aber
zum Valentinstag gibt es bereits die ersten Bio-Tulpen.
Und Bio-Trockenblumen sind immer ein schöne
Überraschung!
Hier erfahren Sie, warum Sie das ganze Jahr über
Blumen aus ökologischem Anbau kaufen oder selbst
pflücken sollten.

Bio-Schnittblumen wachsen entweder im Freiland oder in
Gewächshäusern.

Sie werden mit **organischen** Düngern wie zum Beispiel
Hornmehl, Kompost oder Schafwolle gedüngt.
**Chemisch-synthetische Dünger und Pflanzenschutz-
mittel sind tabu.**

Um die Bio-Pflanzen vorbeugend zu stärken, behandeln
die Bio-Gärtnerinnen und Bio-Gärtner sie häufig mit
sogenannten Pflanzenstärkungsmitteln: das können
- pflanzliche Kräuterauszüge,
- effektive Mikroorganismen,
- homöopathische Präparate oder
- Gesteinsmehle sein,
- oder ein Mix aus allem.

Machen sich doch einmal Schädlinge breit, werden sie mit im Bio-Anbau zulässigen Pflanzenschutzmitteln wie zum Beispiel **Kaliseife** bekämpft.
Beim vorbeugenden Pflanzenschutz spielen Nützlinge die Hauptrolle.
- Raubmilben vertilgen Thripse und Spinnmilben.
- Gegen Läuse helfen Marienkäfer und Schlupfwespen.

Mehr über den Anbei und die Angebote finden Sie unter o.g. Link.

Marienkäfer helfen dem Gärtner

WINDKRAFTRÄDER

Eine geniale Erfindung zur Stromerzeugung, oder gesundheitsschädlich für Mensch und Natur?

* * *

Toxische Energiewende

Diese kleine Präsentation hat es in sich.
Windkraft ist weder sicher, noch gesund oder alternativlos.

Es werden hier hier 5 Argumente zum Thema Windkraftanlagen widerlegt.
So viel vorab: Mikroplastik, Krebsgefahr und Umweltzerstörung sind die unmittelbaren Folgen des fanatischen Ausbaus von Windkraftanlagen.
Was Euch verschwiegen wird, erfahrt Ihr in diesem Video! 326

DIE WAHRHEIT ÜBER WINDKRAFTWERKE

Gesundheitsschädlich und schlecht für die Umwelt

* * *

Windkraftwerke sollen der allgemeinen Klimapropaganda zufolge „grünen" und „sauberen" Strom liefern.

Doch die Realität sieht anders aus.
Vielmehr sorgt die Erosion der Rotorblätter für die großflächige Verbreitung von gefährlichen Giftstoffen, Nanoplastik und Feinstaub.
Hinzu kommen hochgiftige und sogar radioaktive Abfälle bei der Gewinnung der Seltenerdmineralien für die Turbinen.

Eine verschwiegene Gesundheitsgefahr.
In den Hochglanz-Propagandamagazinen der Klimaindustrie findet man lediglich Bilder von nagelneuen und strahlend glänzenden Windkraftwerken.
Doch wissen Sie auch, wie diese Rotoren nach einigen Jahren der Nutzung aussehen?
Wenn Sie nicht gerade in der Nähe solcher Kraftwerke leben, wohl kaum.
Regen und UV-Strahlung der Sonne setzen dem Material nämlich beständig zu und sorgen dafür, dass sich dieses langsam zersetzt.

Das Foto zeit ein Windrad 2 Jahre alt. Es zeigt die Erosion, beginnend nach 1/2 Jahr.
Die Rotorblätter des Windrades ist innen und außen mit Epoxidharz bestrichen, das besteht zu über 50% aus Bisphenol A und das wurde von der EU als sehr

besorgniserregend (giftig) eingestuft, erneut bestätigt am 9.3.2023.

Die Nanopartikel fliegen bis zu 100 km weit und sind **lungengängig** und **krebserregend.**

Bisphenol A wirkt geschlechtsumwandelnd.

URTEIL des Europäischen GERICHTSHOFES
https://dejure.org/dienste/vernetzung/rechtsprechung?
Gericht=EuGH&Datum=31.12.2222&Aktenzeichen=C-119%2F21

EuGH vom 09.03.23 - C-119-21 URTEIL DES GERICHTSHOFS (Vierte Kammer) 9.März 2023(*)
(https://curia.europa.eu/juris/document/document.jsf?
text=&docid=271068&pageIndex=0&doclang=DE&mode
=req&dir=&occ=first&part=1#Footnote*)

„Rechtsmittel – Erstellung eines Verzeichnisses der zulassungspflichtigen Stoffe – Verordnung (EG) Nr. 1907/2006 – Anhang XIV – Liste der für eine Aufnahme in Anhang XIV in Frage kommenden Stoffe – Aktualisierung des Eintrags des Stoffs Bisphenol A als ‚besonders besorgniserregender Stoff'" In der Rechtssache C-119/21 P

Quelle:
https://x.com/daniel_gugger/status/
1761598351848427715?ref_src=twsrc%5Etfw
%7Ctwcamp%5Etweetembed%7Ctwterm
%5E1761598351848427715%7Ctwgr
%5E4e6098f3dffbb2d02557ce27bfc3acab128b0700%7Ct
wcon%5Es1_&ref_url=https%3A%2F%2Freport24.news
%2Fdie-wahrheit-ueber-windkraftwerke-
gesundheitsschaedlich-und-schlecht-fuer-die-umwelt%2F

Foto von Daniel Gugger

* * *

Horror - Studie

So gesundheitsgefährdend lebt es sich in der Nähe von Windkraftwerken

Wer in einem Radius von bis zu zehn Kilometern von Windkraftwerken lebt, muss mit ernsthaften gesundheitlichen Beeinträchtigungen – inklusive Missbildungen, Fehlgeburten und Krebs – rechnen.

Dies legt zumindest eine aktuelle Studie nahe.
Menschen und Tiere sind gleichermaßen von den negativen Auswirkungen betroffen.

In Deutschland und Österreich dürfen solche Anlagen noch näher an Siedlungen gebaut werden.

Es ist weithin bekannt, dass Offshore-Windkraftwerke **Bericht weiter unten!!!** das maritime Leben negativ beeinflussen.
Von den unzähligen geschredderten Vögeln und Fledermäusen durch die Rotorblätter von Windkraftanlagen ganz zu schweigen.
Doch das ist noch lange nicht alles.

Die Erosion der Rotoren sorgt auch für die Verbreitung von gefährlichen Giftstoffen und Nanoplastik, welche die Gesundheit von Mensch und Tier gefährden.
Von den Schallwellen ganz zu schweigen.

Eine aktuelle Studie („Wind turbines: Vacated/abandoned homes study – Exploring research participants' descriptions of observed effects on their pets, animals, and well water")
- zeit nun auf, dass solche Windkraftanlagen eine enorme Gefahr für die Gesundheit von Mensch und Tier darstellen.
- So wurden bei Tieren, die in einem Radius von zehn

Kilometern rund um solche Anlagen leben, vermehrt Fehlbildungen von Gliedmaßen und andere Geburtsfehler festgestellt.

- Auch sank die Fruchtbarkeitsrate deutlich ab.
- Bei Waldtieren war der Cortisonllevel um bis zu 264 Prozent erhöht, was auf massiven Stress hindeutet.
- Zudem wurden die Haus- und Nutztiere auch deutlich aggressiver.
- Bei den untersuchten Menschen fanden sich höhere - Krebsraten sowie ein Anstieg von Tot- und Fehlgeburten.
- Nicht wenige Menschen sind nach dem Bau solcher Anlagen in ihrer Nachbarschaft weggezogen, weil sie sich einfach nicht mehr wohlfühlten.
- Selbst die Wasserqualität in den Brunnen der Region verschlechterte sich deutlich.

* * *

In Deutschland gelten – je nach Bundesland – unterschiedliche Mindestabstände zu Wohnsiedlungen

- Doch mit **Mindestentfernungen** von bis zu 2000 Metern (oftmals deutlich darunter) liegen diese deutlich unter den zehn Kilometern Radius, die in der Studie untersucht wurden.
- Denn in der Bundesrepublik geht es offensichtlich nur um die Lärmbelastung durch die Rotoren.
- Weitere negative gesundheitliche Auswirkungen spielen hierbei wohl keine Rolle.
- Ein möglicherweise noch viel zu wenig beachteter Aspekt als Nebenwirkung der Errichtung von

Windrädern ist, der in der Studie erforschte und thematisierte Einfluss auf das Grundwasser.

- Die Veränderung oder Verseuchung des Grundwassers – sogar durch sichtbare Schmutzpartikel – geschieht nicht nur durch die Windkraftanlagen selbst, sondern auch durch nicht sorgsam isolierte Strommasten.

Zitat:

„ Bei Basistests, die vor dem Bau des IWT durchgeführt wurden, und bei Tests während des Baus wurde festgestellt, dass mindestens ein lokaler Brunnen eine „14.000-fache Zunahme an Schwarzschieferpartikeln" aufwies.

Mehrere Jahre, nachdem Schwarzschiefer im Brunnenwasser aufgetaucht war, ergaben Analysen, dass die Sedimente **mehr Anlass** zur Sorge gaben als zuvor, darunter „übermäßiges Sediment, problematische Gase und potenziell infektionsverursachender Biofilm" und dass diese zu den Problemen gehörten, „mit denen die Brunnenbesitzer" sich in der Gegend „plagten".

Zu den Ergebnissen gehörte Folgendes:

Es wurde festgestellt, dass die Sedimente, die seit dem Bau der Windparks in North Chatham-Kent kontinuierlich in zahlreiche Wasserbrunnen eingeleitet wurden, Kettle Point Black Shale enthalten.

Außerdem:

Der Kettle Point-Schwarzschiefer gilt in Kanada als umweltschädlich, da er nachweislich Schwermetalle wie Arsen, Quecksilber, Blei und Uran enthält.

Die aktuelle Studie zeigt deutlich, dass es noch deutlich umfangreichere Untersuchungen zu den negativen gesundheitlichen Auswirkungen von Windkraftanlagen auf die Gesundheit von Mensch und Tier geben muss.

Den Profiteuren der Klima-Angst kann es gar nicht schnell genug gehen, noch mehr Flächen mit solchen riesigen Anlagen zu versiegeln und noch mehr Wälder dafür zu roden.

Siehe auch der Kampf der Partei MFG gegen entsprechende Projekte in Oberösterreich.

* * *

Regelungen zu Mindestabständen im Bund und in den Ländern

Hier der Link zu der entsprechenden Seite:

https://www.diw.de/de/diw_01.c.698984.de/
publikationen/wochenberichte/2019_48_4/
strikte_mindestabstaende_bremsen_den_ausbau_der_wi
ndenergie.html#section2

* * *

Untersuchung in OÖ: Windkraft-Ziele nicht nur umwelt-, sondern auch menschenfeindlich

OÖ = Oberösterreich

Die derzeitige Energie-Politik geht nicht nur gegen jeden

Natur- und Tierschutz, sondern auch gegen den Menschenschutz:
Dieses Fazit lässt sich aus einer Untersuchung des Umweltanwalts Martin Donat ziehen.

Diese kam zu dem Schluss, dass in Oberösterreich 90 Prozent der Flächen für den Bau von Windkraftanlagen ausscheiden, andernfalls würden verpflichtende Mindestabstände zu bewohnten Objekten verletzt.
Grünenpolitiker übergehen diese Feststellungen.
MFG Oberösterreich-Klubobmann Manuel Krautgartner mahnt: „Grüne Absolutismen und Scheuklappenpolitik führen uns geradewegs in den Untergang. Deutschland zeigt uns das gerade vor."

Homepage von Herrn Manuel Krautgartner:

https://www.klubmfg-ooe.at/ein-umweltanwalt-mit-herz-hirn-und-hausverstand/

Link zu einem sehr interessanten Bericht in der Zeitung:

https://www.nachrichten.at/oberoesterreich/umweltanwalt-oberoesterreich-ist-kein-windkraftland;art4,3852645

* * *

Offshore - Windenergie:

Schäden für das Marineleben größer als bislang gedacht

Bild: freepik / kjpargeter

Nicht nur der **Infraschall** der Windturbinen selbst schädigt das maritime Leben massivst, auch bei der Errichtung der Anlagen kommt es zu extrem negativen Auswirkungen durch den Lärm.
Dies zeigen aktuelle Untersuchungen.
Ganze Ökosysteme werden so nachhaltig zerstört.

Wie **Report24** bereits berichtete, sorgen die Offshore-Windkraftwerke mit ihrem ständigen Lärm für eine massive Störung des maritimen Lebens.
Dies schließt auch den Tod vieler Wale mit ein.

Aber nicht nur der Betrieb dieser Kraftwerke sorgt mit der anhaltenden Infraschall-Belastung für enorme Schäden an Flora und Fauna im küstennahen Bereich, auch bei der Errichtung der Anlagen kommt es zu extremen Belastungen.

Mehr zu dem Thema: Offhore-Windkraftwerke finden Sie hier:

https://report24.news/offshore-windenergie-schaeden-fuer-das-marineleben-groesser-als-bislang-gedacht/

* * *

Mord:
Windturbinen töten jährlich Millionen Vögel und Fledermäuse

Mittlerweile ist die Gefahr für Vögel und Fledermäuse durch die Windkraftwerke auch bei den Klimaapokalyptikern angekommen.

Ein Bericht verdeutlicht, wie die Turbinen faktisch einen Genozid bei diesen Tieren verursachen.
Das Ökosystem leidet darunter.
Jährlich sterben weltweit unzählige Vögel und Fledermäuse, weil sie von den Rotorblättern der Windkraftwerke erschlagen werden.
Diese ganzen Windfarmen zur Erzeugung von elektrischem Strom sorgen damit für ein tagtägliches Massaker.
Die Kadaver der Tiere liegen in der ganzen Gegend verstreut herum, was auf Dauer auch der Bodenqualität zusetzt.
Kritik daran wurde bislang von den Windradbefürwortern weitestgehend ignoriert.

Doch mittlerweile ändert sich das Ganze.

Man will die Zahl der durch die Windkraftwerke getöteten Vögel und Fledermäuse reduzieren.

Vor allem auch deshalb, weil einzelnen Spezies – darunter laut einem Bericht auch bestimmten Fledermausarten – durch die Windturbinen die Ausrottung droht.

Und je mehr solcher Windfarmen entstehen, desto größer wird auch die Zahl der getöteten Tiere.

So heißt es in dem Bericht auch, dass alleine in Australien jährlich mehr als 10.000 Vögel und Zehntausende Fledermäuse durch die Windturbinen ihr Leben lassen müssen.

In den Vereinigten Staaten liegen die Zahlen bei mehreren Hunderttausend Vögeln und beinahe einer Million Fledermäuse.

* * *

Ein faktischer Genozid an diesen Tierarten.

Andere Portale (z.B. „Windmillskill„) rechnen allerdings mit deutlich höheren Zahlen.

So liegt die „Killrate" für Vögel und Fledermäuse laut den dortigen Zahlen bei etwa 111 bis 333 Vögel und 222 bis 666 Fledermäusen pro Windturbine und Jahr allein in Spanien.

In Deutschland belief sich die Zahl (und das im Jahr 1993, als eine Studie durchgeführt wurde) auf 309 Vögel pro Jahr und Windkraftwerk.

In Schweden sogar bei 895.
Weltweit in Betrieb waren und sich diese Zahl mittlerweile etwa verdoppelt haben dürfte, sprechen wir von etwa **600.000 bis 700.000 solcher Anlagen.**

Wenn jede davon (konservativ gerechnet) im Schnitt auch nur 250 Vögel und 500 Fledermäuse tötet, sprechen wir von um die 150 Millionen getöteter Vögel und 300 Millionen getöteter Fledermäuse.

* * *

Und es wird nicht besser.

Denn weltweit werden immer mehr solcher Windkraftanlagen aufgestellt. Mehr solcher Anlagen heißt auch mehr tote Vögel und Fledermäuse. Und das in immer mehr Weltregionen.
Doch das hat auch negative Auswirkungen auf die regionalen Ökosysteme.
Die fliegenden Tierchen spielen nämlich eine wichtige Rolle in der Natur.
Von der Kontrolle über die Insektenpopulationen hin zur Verbreitung von Pflanzensamen – ohne die Vögel und Fledermäuse kollabieren diese Systeme sukzessive.

Quelle:
https://report24.news/gruener-mord-windturbinen-toeten-jaehrlich-millionen-voegel-und-fledermaeuse/

* * *

FATALE BILANZ

Das sind die sieben größten Schadwirkungen von Windrädern

Die Systemmedien versuchten in der letzten Woche mit aller Kraft, die Kandidatin zum EU-Parlament Maria Hubmer-Mogg lächerlich zu machen, die in der ORF Pressestunde betonte, dass man keineswegs alle Energie mit Windkraft decken könne – und zudem diese Windräder selbst viele Probleme verursachen würden, über die kaum gesprochen wird.
Hat sie recht?
Unsere Redaktion ist davon felsenfest überzeugt und hat als Argumentationsleitfaden die schlimmsten Probleme der Windkraft zusammengetragen.

Anmerkung von mir:
Nicht nur die Reaktion von Report24!!!
Es sind immer mehr und mehr Menschen, die strikt gegen Windkraft sind!

* * *

1. Direkte Umweltzerstörung zur Errichtung: Wälder, Böden, Pflanzenwelt
Auf Betreiben von zumeist bestimmten Parteien und mit ihnen aus finanziellem Interesse verbundenen Helfershelfern, wird für Windräder **immenser** direkter Schaden an der Natur angerichtet.
Dieser ist in der Rodung von Wäldern, der Errichtung von Zufahrtsstraßen und dem massiven Fundament zu sehen.

Für die Standfläche eines Windrads werden laut Faktencheckern im Schnitt 0,5 ha Wald gerodet. **Tatsächlich** ist die Rodungsfläche viel größer, wie eine Bürgerinitiative anhand eines regionalen Beispiels vorrechnet – dort mussten **2,5 ha Wald pro Windrad** permanent weichen.
Dazu hat man ein eindrucksvolles Video gedreht.

Alleine für das Fundament werden pro Windrad bis zu
- **10.000 Tonnen Beton** ins Erdreich gepumpt.
- **4.000 Quadratmeter** werden umgegraben,
- **500 Quadratmeter** permanent versiegelt.

- **Für den benötigten Stahl gibt es eine „Faustregel" – pro MW Leistung etwa 100 Tonnen.**
Weder Stahl noch Beton wächst auf den (ohnehin abgeholzten) Bäumen, der Transport- und Logistikaufwand ist dementsprechend enorm und muss selbstverständlich in die Gesamtbilanz eingerechnet werden.
Wer dem CO2-Wahn unterliegt, rechnet für die Herstellung von einer Tonne Stahl mit mindestens 2 Tonnen CO2.

Übrigens:
Wer glaubt, dass die Fundamente von Windrädern nach einer eventuellen Stilllegung jemals wieder aus dem Boden entfernt werden, glaubt auch an den Weihnachtsmann.

Deutschland **umgeht** das Problem damit, dass man die Ungetüme einfach als „denkmalgeschützt" erklärt.

Problem auf deutschgrüne Art gelöst – und die Umweltvernichtung bleibt auf Jahrzehnte sichtbar.
Eine spannende Behauptung in diesem Zusammenhang haben wir beim BR-Faktenfuchs gefunden.
Dort behaupten die Autoren, die Fläche stünde nach der Pachtnutzung für die Windkraft wieder für den Wald zur Verfügung.

* * *

Wald wächst aber nicht auf Stahlbeton.

Die Behauptung, es erfolge ein vollständiger Rückbau, mag zwar sogar gesetzlich festgelegt sein, könnte aber in der Praxis daran scheitern, dass man schnell einmal ein Bauunternehmen oder eine Betreibergesellschaft am Ende der Lebensdauer in die Pleite schicken kann.

Siehe Originalfoto!!

Richtigstellung zu dauerhaft beanspruchter und zerstörter Fläche je Windanlage im Wald

Zitat: „Es braucht pro Anlage dauerhaft eine Freifläche von durchschnittlich 0,46 Hektar. Im Nutzwald könne man auch auf das Wegenetz zurückgreifen, das es schon durch die Forstwirtschaft gibt."

Richtigstellung:
In einer Mittelgebirgslandschaft wie dem Schwarzwald werden weit mehr als 0,5 Hektar je Windenergieanlage (WEA) dauerhaft beansprucht und zerstört.
Auch die vorhandenen Forstwege müssen zur Nutzung durch die Windindustrie verbreitert werden.
Durch den Ausbau der Waldwege zu Waldstraßen entstehen größere Böschungsflächen, auf denen nie mehr ein Baum wächst.

Zum Schönrechnen werden diese Flächen nicht der naturzerstörenden Windindustrie zugerechnet.

* * *

Im Wolftal / Schwarzwald wurden für vier WEA auf einem bewaldeten Bergrücken 10 Hektar Wald dauerhaft abgeholzt.
Für die Zuwegung mussten 3 km neue Straßen mitten durch den Wald geschlagen werden.

Der zusätzliche Ausbau von vorhandenen Forstwegen auf rund 1,6 km Länge ist bei den 10 Hektar nicht mit einberechnet, de facto sind daher **je Anlage mehr als 2,5 Hektar Wald vernichtet** worden.

342

Vor Ort kann dies alles nachgeprüft werden, auf Bildmaterial (u.a. hier und hier) als Beleg sei hiermit hingewiesen.

Links zu den entsprechenden Videos:
https://www.youtube.com/watch?v=oT9VoP0YAIo
https://www.youtube.com/watch?v=cjJqKnoX-OQ

Quelle:
https://www.windkraftfreiesgrobbachtal.de/fakten-statt-fake-mehr-waldrodung-fuer-windanlagen-als-behauptet/
#1632814879349-4e3d02dc-10ca37dd-6bb7

Anmerkung von mir:
Ich kenne das Gebiet gut, bin ich doch im Badnerland geboren und aufgewachsen.
Es tut mir in der Seele weh, was hier und überall mit unserem wundervollen Wald geschieht.

2. Umweltzerstörung im Betrieb:
Vögel, Fledermäuse und Insekten werden geschreddert
Die Natur hat Riesenpropeller wie Grüne-Ökowahn-Windräder nicht vorgesehen.
Sie steht den Ungetümen machtlos, aber auch arglos gegenüber. Vögel wissen evolutionär nicht, welche Gefahr ihnen droht – kommen sie zu nahe, geraten sie in den starken Sog der Rotorblätter und fliegen häufig in den Tod.
Das betrifft große wie kleine. Beginnen wir bei den Raubvögeln.

* * *

343

In den USA wurde nachgewiesen,

dass Windparks des Betreibers ESI 150 (!) geschützte Adler getötet haben – nachdem in den USA zum Glück noch keine Grünen in der Regierung sind, bedeutete dies eine Millionenstrafe für das Unternehmen.

Die seltenen Tiere werden davon aber nicht mehr lebendig.

Die Windräder mussten infolge auch zu jenen Zeiten abgeschaltet werden, wo es wahrscheinlich ist, dass Adler die Region durchfliegen.

Es ist somit völlig ausgeschlossen, dass die betreffenden Windparks finanziell ertragreich sein können, da dies bei Binnenwindparks schon so kaum möglich ist.

Link:
https://www.stern.de/panorama/windenergie--windparks-toeten-150-adler---unternehmen-muss-hohe-strafe-zahlen-31763900.html

Auch in Österreich wurde ein Fall dokumentiert, wo ein Windrad einen wissenschaftlich überwachten Kaiseradler erschlug.

Weitere Fälle wurden aus der **Schweiz** sowie aus **Deutschland** bekannt. An die Öffentlichkeit gerät hier nur eine geringe Zahl der Vorfälle, da die Windenergie eine wichtige Säule heuchlerischer und bösartiger Politik ist.

Links:
https://www.vienna.at/fluegel-abgetrennt-kaiseradler-geriet-in-noe-in-windrad-und-starb/7202555

//www.bernerzeitung.ch/steinadler-von-windturbine-der-bkw-erschlagen-395606314982

https://www.az-online.de/isenhagener-land/brome/ein-seeadler-kollidiert-mit-windrad-bei-ehra-lessien-92876522.html

Weiter stehen auch kleinere Vögel und Fledermäuse auf der Speisekarte der „grünen" Monster.
So dokumentierte GEO im Jahr 2019, dass in den vier norddeutschen Bundesländern jedes Jahr über **8500 Mäusebussarde** getötet werden.
Weiter geht man von **250.000** getöteten **Fledermäusen** pro Jahr aus.

* * *

Die kleinsten direkten Opfer der Tierwelt sind die Insekten.
Hier geht man von 5 bis 6 Milliarden getöteten Tieren pro Tag in Deutschland aus.
Seit einer Studie des DLR aus dem Jahr 2019 sind die Faktenchecker bemüht, ihre lobbyfinanzierten Lügen massiv zu verbreiten.
Alles andere wäre am Insektensterben „mehr schuld" als die Windräder. Zum Glück stagniert die Zahl der Windkraftanlagen in Deutschland seit 2017, wobei anzunehmen ist, dass alte „Leichen" oft auch an neuen Standorten durch Neubauten ersetzt werden.

Links:
https://www.dlr.de/de/aktuelles/nachrichten/2019/01/20190326_dlr-studie-zu-wechselwirkungen-von-fluginsekten-und-windparks

https://www.geo.de/natur/nachhaltigkeit/21698-rtkl-artenschutz-windenergie-und-voegel-die-opferzahlen-sind-viel-hoeher

3. Die Rotorblätter reisen um die halbe Welt
Es ist völlig unklar, ob überhaupt noch Rotorblätter für Windkraftanlagen direkt in Deutschland gefertigt werden. Im Jahr 2023 gaben mehrere Windradhersteller bekannt, ihre Werke in Europa, speziell in Deutschland zu schließen.
Verbliebene Unternehmen sind Nordex mit Standort Rostock und Siemens Gamesa in Cuxhaven.
Ob irgendwo noch vor Ort gefertigt wird, ist fraglich. Beispielsweise finden sich Behauptungen, Enercon würde direkt in Aurich fertigen.
Tatsächlich werden die Rotorblätter aber aus Portugal per Schiff angeliefert.
Es gibt auch Berichte über Rotorblätter, die aus Indien oder China kommen. Beispielsweise zeigte NTV den Schiffstransport von 80-Meter-Rotorblättern per Schiff nach Cuxhaven – wo überhaupt 80 Prozent der deutschen Rotorblätter ankommen würden.

Klar ist, dass die Rotorblätter meist nicht in der Nähe der Anlagen gefertigt werden (oder im Hafen anlanden).
Sie müssen per LKW-Sondertransport über weite Strecken an Land transportiert werden.

Links:
https://www.enercon.de/de/news/e-175-ep5-rotorblatt-am-teststand-eingetroffen?9b1de9ee_page=2

https://www.n-tv.de/wirtschaft/Windkraftausbau-im-Klima-Labor-China-koennte-auf-einen-Knopf-druecken-und-in-Deutschland-waere-es-dunkel-article24882411.html

4. Die Rotorblätter sind giftig und nicht recycelbar

Schockierend ist für viele, dass die Rotorblätter aus giftigen Verbundstoffen (Glasfaser/Duoplast) hergestellt werden, für die es keine Möglichkeit des Recyclings gibt.
Sie können verbrannt werden, was hohe Herausforderungen an den Umweltschutz stellt – oder werden als Sondermüll vergraben.
In Deutschland ist das Vergraben prinzipiell verboten, soll in Einzelfällen aber bereits illegal vorgekommen sein.

Eine weitere Nachnutzung ist die Verwendung als Füllmaterial in der Zementindustrie. Hier ist nicht auszuschließen, dass in Zukunft dieselben Probleme auftreten, die man von anderen Stoffen aus der Bauindustrie kennt, die mittlerweile als extrem gesundheitsgefährdend und krebserregend gelten und nur unter hohen Auflagen abgebaut und entsorgt werden können.
Nicht giftig, aber besonders schlimm: etwa 30 Prozent der weltweit produzierten Rotorblätter werden in Südamerika aus **Balsaholz** hergestellt.

Ein **großes Problem** stellt auch die Erosion von Rotorblättern dar.
Dabei brechen ständig kleinere oder größere Teile des Materials ab und werden kilometerweit in der Landschaft verstreut.
Kritiker sehen es als hochproblematisch, dass die

347

Materialien, aus denen diese Fasern bestehen (GFK, CFK, Bisphenol A usw.), als krebserregend bekannt sind. **So werde das Umland von Windkraftanlagen – bis hin zum Trinkwasser – nachhaltig verseucht.**

Links:
https://efahrer.chip.de/news/rotorblaetter-lassen-sich-nicht-recyceln-muell-problem-beim-windrad-nicht-geloest_107858

https://www.focus.de/finanzen/boerse/rotorblaetter-werden-zum-problem-im-massengrab-4-000-windraeder-jaehrlich-landen-auf-dem-sondermuell_id_11639296.html

https://walderhalt-statt-windindustrie.de/blog-post/problem-erosion-von-rotorblattern-von-windradern

https://web.archive.org/web/20201029052420/https://www.umweltbundesamt.de/sites/default/files/medien/1410/publikationen/2019_10_09_texte_117-2019_uba_weacycle_mit_summary_and_abstract_170719_final_v4_pdfua_0.pdf

* * *

Gesundheit in Gefahr!!!

„ Bei der Beschädigung des Rotorblatts könnten neben scharfkantigen größeren Bruchstücken auch feinste, lungengängige Faserstäube von Carbonfasern freigesetzt worden sein, sogenannte Fiese Fasern, die über Haut und Lunge in den Organismus von Menschen und Tieren eindringen können.

Studien aus den Niederlanden zufolge werden bereits während der Nutzung der Anlagen durch Verschleiß jährlich Dutzende Kilogramm Mikroplastik als Splitter und Feinstäube Hunderte Meter hoch in die Atmosphäre gewirbelt, um teils in großer Entfernung auf den Boden oder in die Meere abzusinken.

Link:
https://paz.de/artikel/die-unterschaetzte-gefahr-der-rotorblaetter-a8023.html

5. Umweltgifte und „Klimakiller" in Windkraftanlagen

Innerhalb von Windanlagen befinden sich zahlreiche problematische Substanzen, so zum Beispiel **Schwefelhexafluorid**, kurz SF6 genannt.
Es handelt sich um „das stärkste aller Treibhausgase" mit einer bis zu 23.500-fachen Wirkung von CO_2.
 (Dabei ist vermutlich nicht gemeint, dass CO_2 kaum einen Beitrag zur behaupteten Erderwärmung leistet, sondern das offizielle Narrativ).
SF6 wird zur Isolierung der Leitungen in Windkraftanlagen verwendet, es verhindert, dass beim Schalten Lichtbögen entstehen.

Die Haltbarkeitszeit des Stoffs ist fast schon vergleichbar mit (alten) Atomabfällen – erst nach 3.000 Jahren wäre es unschädlich, so lange verbleibt es in der Atmosphäre.
Hinzu kommen Schmiermittel aus Mineralölen.
Das fällt vor allem im Schadensfall auf – so berichteten Medien über auslaufendes Öl bei einem abgebrannten Windrad.
Deutlicher sichtbar sind die Öle im Meer, wo rund um die Windkraftanlagen Ölteppiche zu sehen sind.

Dort braucht man die Öle und andere Stoffe nicht nur für die Beweglichkeit der Rotoren, sondern auch als Korrosionsschutz. Dazu gehören Aluminium, Zink und weitere giftige Schwermetalle.

Quellen:
https://utopia.de/ratgeber/sf6-treibhausgas-in-windraedern-windenergie_379777/
#:~:text=Schwefelhexafluorid%2C%20kurz%20SF6%2C%20sorgte%20vergangene,sogar%20%E2%80%9EKlimakiller%20in%20Windkraftanlagen%E2%80%9C.

https://www.agrarheute.com/energie/oel-laeuft-abgebranntem-windrad-ermittlungen-wegen-bodenverunreinigung-618849

https://www.eskp.de/schadstoffe/korrosionsschutz-fuer-offshore-windkraft-problem-fuer-die-umwelt-9351114/

6. Schaden für Mensch und Tier durch Infraschall
Windkraftanlagen erzeugen Infraschall. Auch hier sind die Faktenchecker bemüht, die Problematik zu leugnen oder kleinzureden.

Tatsache ist, dass empfindliche Menschen, aber vor allem auch Tiere – speziell **Nutztiere** in Bauernhöfen, oft ganz extrem auf diese zusätzliche, fast permanente Beschallung reagieren.
Berichte – **auch in Systemmedien** – ließen dadurch aufhorchen, dass **sogar** die Kraft des Herzmuskels durch den **Infraschall** vermindert werden könne.

Medizinisch und physikalisch sind diese Phänomene gut erforscht. So hört der Mensch den Infraschall beispielsweise nicht, sein Ohr meldet aber dennoch elektrische Impulse weiter.

* * *

Was nicht zu vergessen ist:

Errichtet man Windkraftanlagen mitten im Wald, wird in der Folge ein weites Umfeld mit beschallt – mit völlig unerforschten, weil ignorierten Auswirkungen.
Nochmal zurück zu den Faktencheckern, diese sind fest davon überzeugt, dass da nichts dran ist, auch wenn sogar durch **staatliche Messungen** starke Infraschall-Emissionen bewiesen sind.
Diese „tun nichts", so die Faktenchecker.
Die staatlichen Messungen werden auffälligerweise vor allem seit Dienstantritt der deutschen Ampelregierung an allen Orten „korrigiert" und relativiert.

Anmerkung von mir:
Wenn man weiß, wer diese Faktenchecker bezahlt, ist alles klar.

Links:
https://www.lebensqualitaet-oberes-suhrental.ch/argumente/argumente-iglos/haus-nutztiere-und-wildtiere/

file:///home/traude/Downloads/84558-Bericht_%C3%BCber_Ergebnisse_des_Messprojekts_2013-2015.pdf

7. Wirbelschleppen verändern das Klima

„Windkraftanlagen wirken wie große Rührbesen", ist bei eskp.de zum Thema nachzulesen. Dabei kommt es nicht nur hinter den Windkraftanlagen zu Turbulenzen, die verschiedenen Anlagen beeinflussen sich auch gegenseitig. *„Windkraftanlagen und ganze Windparks beeinflussen atmosphärische und ozeanische Prozesse. Turbulenzen und Wirbelschleppen entstehen in der umgebenden Luft und im Meerwasser."*

Report24 berichtete bereits über den Umstand, dass Windfarmen die Lufttemperaturen signifikant verändern: Windfarmen erwärmen die Nächte und schaden der Vegetation. Nach einer größeren Studie in den USA reichten die Auswirkungen bis zu 10 Kilometer nach einem Windrad.

Auch das deutsche Medium Agrarheute berichtete 2019 über die Auswirkungen von Windparks auf das Mikroklima.

Dabei wurde eine andere Studie aus 2018 zitiert, die ebenso eine Erhöhung der Temperatur im Umfeld der Windräder bestätigte.

Die Autoren waren (im Rahmen des CO2-Narrativs) davon überzeugt, dass man 100 Jahre lang CO2 einsparen müsste, um den wärmenden Effekt der Anlagen auszugleichen.

Zudem würden Windkraftanlagen Wärme und Feuchtigkeit in der Atmosphäre verteilen und die atmosphärische Strömung verändern.

Auch wenn der Wärmeeffekt unmittelbar klein erscheine, gemessen an den mathematischen Projektionen der

Erderwärmung, ist der unmittelbare **Erwärmungseffekt sehr groß** – speziell auch größer als der Nutzen durch die Einsparung von CO2.

Links:

https://www.eskp.de/energiewende-umwelt/offshore-windkraftanlagen-verwirbeln-wasser-und-luft-9351111/#:~:text=Im%20Windschatten%20hinter%20einzelnen%20Windkraftanlagen,ver%C3%A4nderte%20Druckverh%C3%A4ltnisse%20und%20erh%C3%B6hte%20Turbulenz.

https://report24.news/windfarmen-erwaermen-die-naechte-und-schaden-der-vegetation/

https://www.agrarheute.com/management/agribusiness/studie-windraeder-beeinflussen-mikroklima-558040

* * *

Fatales Kosten-Nutzenverhältnis

Die heute üblichen, gigantischen Windparks schädigen die Umwelt unmittelbar und nachhaltig.

Hinzu kommt der nicht weniger riesige Aufwand für die Errichtung – mit der Reise der Rotorblätter um die halbe Welt.
Was wir in unserem Artikel noch nicht analysiert haben, sind die Inhalte der Turbinen, in denen seltene Erden wie Neodym, Dysprosium, Praseodymium und Terbium zum Einsatz kommen.

**Diese werden zum Teil durch Kinderarbeit
in ärmeren Ländern gewonnen.**

Die U.S. Environmental Protection Agency (epa.gov) geht von einer 20- bis 40-prozentigen Effizienz der Windräder aus – bei einer durchschnittlichen Lebensdauer von 20 Jahren bei einer Anlage.
Dabei sind die Anlagen ohne staatliche Förderung kaum rentabel, die Kosten sind zu hoch, der Output meist zu niedrig.
Die durchschnittliche Auslastung einer Onshore-(Binnenland)-Anlage liegt angeblich bei 20 Prozent, in Einzelfällen noch deutlich darunter.
Von 8760 möglichen Stunden pro Jahr lag die „Vollbenutzungsstundenzahl" deutscher Windparks von 1990 bis 2022 zwischen 962 und 1931 Stunden.
Windräder im Meer sind weitaus mehr ausgelastet, verströmen dafür aber auch mehr **Umweltgifte**.

Würde man alle Kosten für die Errichtung, aber auch die Demontage eines Windrads so streng einrechnen wie bei den tausendfach nachgerechneten Atomkraftwerken, wäre die Bilanz gewiss nicht besser.

Dabei ist der Schaden an der Natur kaum zu beziffern – denn was sind Milliarden ausgelöschte Tierleben wert?

Fazit:
Was die Grünen mit der Windkraft betreiben ist schreckliche Heuchelei und richtet weitaus mehr Schaden als Nutzen an.
Man muss auch hier wieder der Spur des Geldes folgen, herausfinden, wer wo lobbyiert, welche Politiker mit den

Herstellern eng verbunden sind oder gar Freunde und Familienmitglieder finanziell von der Windlobby profitieren – dann wird man einmal mehr staunen.

Link:
https://www.ingenieur.de/technik/fachbereiche/energie/windkraft-in-deutschland-diskussion-um-die-nicht-auslastung/

Anmerkung von mir:
Alle hier aufgeführten Argumente und Beweise stammen ausschließlich von Report24.
Dass es sich dabei nicht um irgendwelche Behauptungen handelt, zeigen die aufgeführten Quellen und Links.

* * *

Report24.news recherchiert auf eigene Gefahr und Verantwortung.
Daher habe ich diese Bitte hier eingefügt:

Bitte vergessen Sie nicht, dass unsere Recherchen und unsere Arbeit nur durch Ihre Unterstützung möglich sind. Report24 erhält keinerlei staatliche Zuwendungen oder Förderungen und die Zahl möglicher Werbepartner ist stark eingeschränkt, da als Redakteure getarnte Aktivisten der Mainstream Medien solche mutigen Firmen unter Druck setzen.
Wenn Sie die Möglichkeit haben, unseren Kampf um die Wahrheit und für die Freiheit regelmäßig zu unterstützen, herzlichen Dank!

* * *

Große Niederlage für Windindustrie vor Gericht
Dr. Peter F. Mayer

Die Windindustrie macht schwierige Zeiten durch. Betreiber wie **Siemens Energy** schrieben mit ihrem Windgeschäft rote Zahlen.
Nun hat ein US-Richter im Streit mit einem großen italienischen Windkraftprojektierer auf die Seite eines indianischen Stammes gestellt und der Windkraftindustrie zum Jahresende 2023 eine schwere Niederlage zugefügt.
Jennifer Choe-Groves, Richterin am U.S. Court of International Trade, ordnete an, dass Enel, ein großer italienischer Ökostromkonzern mit Sitz in Rom und amerikanischer Präsenz, einen riesigen Windpark abreißen muss, den das Unternehmen in Osage County, Oklahoma, gebaut hatte.
Geklagt hatte der Osage-Stamm, der in diesem Gebiet lebt, wie die Tulsa World berichtet.

Das Urteil ist ein großer Sieg für den Stamm der Osage, der das Projekt wegen seiner Lage in der Nähe von Grabstätten und der ökologischen Schäden, die die massiven Turbinen den Adlern zufügen, ablehnte, und eine herbe Niederlage für Enel, das nun mit Hunderten von Millionen Dollar an Stilllegungskosten rechnen muss.

Der Windpark war Gegenstand eines langwierigen Rechtsstreits zwischen der Osage Nation und dem Projektentwickler, der bis ins Jahr 2011 zurückreichte. Damals reichte der Stamm eine Klage vor einem US-Gericht ein, in der behauptet wurde, dass das Projekt dem Stamm illegal den Zugang zu den Mineralienvorkommen unterhalb des Projektgeländes vorenthalte, so die Tulsa World.

Das Projekt umfasste 84 Turbinen sowie die erforderlichen Anlagen wie Übertragungsleitungen und Wettertürme, die sich über 8.400 Hektar Land erstreckten, das nach Ansicht von Choe-Groves illegal und zum Nachteil der Souveränität des Stammes gepachtet wurde.

Laut der Tulsa World wird es im Anschluss an das Urteil von Choe-Groves einen Prozess um Schadensersatz geben.

Enel erklärt auf seiner Website, dass das Unternehmen „ein unvergleichliches Engagement für Nachhaltigkeit und eine gerechte und integrative Energiewende für alle" an den Tag legt.

Paolo Romanacci, der Leiter von Enel Green Power North America, ist auch Direktor der American Clean Power Association, einer Handelsgruppe für grüne

Energie, die nach Angaben von Open Secrets Millionen von Dollar für Lobbyarbeit bei der Bundesregierung ausgegeben hat, um die Interessen der grünen Energieindustrie zu vertreten.

Der angeordnete Rückbau von 84 Windturbinen ist laut Robert Bryce, einem Experten für den Energiesektor, der auch die lokalen Ablehnungen von Großprojekten für erneuerbare Energien im ganzen Land verfolgt, „beispiellos".
Bryce schätzt, dass das Unternehmen für das Projekt Subventionen in Höhe von mehreren zehn Millionen Dollar vom Steuerzahler erhalten hat, eine Dynamik, die seiner Meinung nach zumindest teilweise dafür verantwortlich ist, dass das Unternehmen trotz der hartnäckigen Einwände des Stammes auf dem Bau und Betrieb des Projekts beharrt.

„Ich hoffe, dass kein anderer Stamm das tun muss, was wir tun mussten,,, sagte Everett Waller, Vorsitzender des Osage Minerals Council, gegenüber der Tulsa World und verwies auf den langen Rechtsstreit des Stammes gegen das Projekt.
„Dies ist nicht nur ein Sieg für den Osage Minerals Council, sondern ein Sieg für das ganze Indianerland. Es gibt eine Menge kleinerer Stämme, die nicht so lange hätten kämpfen können, aber deshalb sind wir Osages. Wir sind hier, und das ist unser Heimatland, und wir werden es um jeden Preis schützen."
In Österreich kämpft eine Bürgerinitiative gegen Waldrodung für einen riesigen Windpark im Waldviertel.

Anmerkung von mir:
Hoffentlich nehmen sich viele Stämme in Amerika und anderswo dieses Urteil zu Herzen, um selbst gegen diese irrsinnige Wald- Tier und Menschenschädliche Vorgehensweisen aufzustehen!

* * *

Waldrodung für Windräder?
Die Waldviertler brauchen Unterstützung!

Von Dr. Peter F. Mayer

Link:
https://tkp.at/2023/09/22/waldrodung-fuer-windraeder-die-waldviertler-brauchen-unterstuetzung/

Den österreichischen Grünen ist das Waldviertel zu grün. Deshalb sollen dort Wälder niedergerissen werden, damit Windräder aufgestellt werden können.
Das nennt sich dann „erneuerbare Energie", obwohl das ein physikalischer Schwachsinn ist, denn Energie kann nur umgewandelt, aber weder verbraucht noch erneuert werden – so der Erhaltungssatz für Energie.
Dabei würde mehr CO_2 in der Luft das Waldwachstum sogar beschleunigen.

Dagegen haben sich Bürgerinitiativen im Waldviertel gebildet, die zur Unterzeichnung einer Petition aufrufen:
Die IG Waldviertel, eine Kooperation überparteilicher Bürgerinitiativen bittet, eine Petition gegen geplante Windparks im Bezirk Waidhofen a.d. Thaya zu unterschreiben.

Auf ihrer Internetseite stehen eine detaillierte Infobroschüre sowie ein Petitionsblatt zur Verfügung.
Die an das Amt der NÖ. Landesregierung gerichtete Petition sollte bis spätestens 30. Sept. an die IG Waldviertel gesendet werden (auch gescannt/fotografiert per E-Mail).

* * *

Aufruf der Wissenschaftlichen Initiative Gesundheit Österreich

Link:
https://www.igwaldviertel.at/

Das nördliche Waldviertel ist eine der gesündesten Regionen Österreichs.
Gesund als Ökosystem, aber auch gesund für den Menschen. Nun sollen **beträchtliche Waldflächen** dem Bau von riesigen Windparks mit den höchsten Windkraftindustrieanlagen der Welt geopfert werden.
Und zwar trotz großen Widerstands der dort lebenden Bevölkerung.

Das muss man sich auf der Zunge zergehen lassen:
Um (angeblich) das Klima zu „retten", soll der natürliche Klimaregulator Wald vernichtet und zu einer Industriezone mit blinkenden Lichtern und Zufahrtsstraßen für Schwerverkehr degradiert werden.

Wer hingegen wirklich Umweltschutz betreiben will, müsste genau das Gegenteil tun: nämlich intakte Wälder erhalten!

Windkraft – nicht um jeden Preis

Vielleicht kann Windkraft zu einer ergänzenden Form der Stromerzeugung werden.
Allerdings nur dann, wenn für jede Anlage vorab sorgfältig geprüft wird, ob der Nutzen den jeweils angerichteten Schaden deutlich überwiegt.

Und genau das ist speziell im Waldviertel offensichtlich nicht der Fall:
Im Bezirk Waidhofen an der Thaya sollen aktuell alle größeren Wälder durch insgesamt 48 Windkraftanlagen zerstört werden. Die bis zu 285 Meter hohen Windräder verbrauchen inklusive der Zufahrtsstraßen jeweils rund 1 Hektar Land.

Insgesamt gehen aber dem Wald nicht nur rund 48 Hektar Fläche verloren:
Durch die bei den Arbeiten entstehenden Schneisen ist auch das gesamte Ökosystem für Pflanzen und Tiere zerstört. Noch brüten sensible Arten, wie Schwarzstörche, Käuze und die seltene Kornweihe in diesen Wäldern.
Abgesehen von der Zerstörung intakter Ökosysteme können Windkraftanlagen für manche Tierarten – wie Fledermäuse und Adler – sogar tödlich sein.
Die ursprünglichen Naturwälder und unberührten Landschaften sind auch wichtiger Erholungsraum für uns Menschen und der Hauptgrund, warum Reisende ins Waldviertel kommen.
Darüber hinaus sind die gesundheitlichen Auswirkungen auf Menschen, die in der Nähe der Windräder leben,

noch lange nicht ausreichend erforscht (z.B. **Infraschallbelastung** etc.).
Auch wenn Betreiber von Windkraftanlagen Gegenteiliges behaupten.

* * *

Die üblichen Methoden

Windenergie ist derzeit das große Geschäft, kein Wunder, dass die Lobby-Maschinerie läuft: Mit fragwürdigen Argumenten werden Windräder sogar als „Gesundheitsbooster" bezeichnet (wir werden den wissenschaftlichen Grundlagen dieser gewagten These gesondert nachgehen), Tierschutz und der Erhalt der Biodiversität spielen plötzlich keine Rolle mehr, Umweltschutz wird lächerlich gemacht, „Bürgerbefragungen" werden verzerrt.
Und das, obwohl die Effizienz dieser Windparks im **windarmen** Waldviertel mehr als fraglich ist.

Fazit
Überdimensionierte Windparks im Waldviertel wären zwar ein Gewinn für deren Betreiber, aber ein Verlust für die Natur, die Menschen und die kleinen Tourismusbetriebe in der Region.
Aus Sicht der bio-psycho-sozialen Medizin ist diese Vorgangsweise unverantwortlich und kann auf kurze und auf lange Sicht großen gesundheitlichen Schaden anrichten.

Unterstützen auch Sie den Erhalt der intakten Ökosysteme, Kultur- und Naturlandschaften Österreichs!

Im Waldviertel kämpfen engagierte Menschen dafür, dass die Bevölkerung vollständig über die Pläne und deren Auswirkungen informiert wird – und dass für jedes Windkraft-Projekt eine Volksbefragung stattfindet.

Wir haben selbstverständlich die Petition der IG-Waldviertel unterschrieben.

Egal, wo in Österreich Sie wohnen:

Bitte unterstützen Sie mit Ihrer Unterschrift die Waldviertler Bevölkerung, damit dieses wichtige Anliegen von der Politik ernst genommen werden muss:

https://www.igwaldviertel.at/

Einfach Formular herunterladen, unterschreiben und per Post oder eingescannt per E-Mail bis spätestens 30.9.2023 an die IG Waldviertel schicken.

Jede Stimme zählt.

Herzliche Grüße

Die Wissenschaftliche Initiative Gesundheit für Österreich

* * *

16 Millionen Bäume für schottische Windparks gerodet

von Thomas Oysmüller

Link:
https://tkp.at/2023/07/20/16-millionen-baeume-fuer-schottische-windparks-gerodet/

16 Millionen Bäume mussten in den letzten 20 Jahren schottischen Windparks weichen. Das hat das Landwirtschaftsministerium bekannt gegeben.
Windräder statt Bäume: Seit dem Jahr 2000 wurden in

Schottland fast 16 Millionen Bäume, die auf öffentlichem Boden gestanden waren, mittlerweile gefällt, um Platz für Windkraft zu schaffen.
Diese Schätzung kommt nun aus dem Landwirtschaftsministerium.
Man glaube, dass es 15,7 Millionen Bäume seien. Das wären mehr als 1.800 Bäume pro Tag.

8.000 Hektar Wald für Windparks
Die Landwirtschaftsministerin betonte aber, dass man Windparkbetreiber auf auffordere, zum Ausgleich woanders Flächen zu begrünen.
Außerdem gebe es bei der Planung ein Prinzip des Waldschutzes.
Die 16 Millionen Bäume waren offenbar zu verkraften.
Liam Kerr, ein schottischer Abgeordneter der Tory-Partei, kritisierte aber die Politik.
Würde die Öffentlichkeit besser über diesen Umweltschaden informiert sein, wäre sie „erstaunt".
Im ganzen Land würden Gemeinden mehr und mehr Bedenken an ihn herantragen.

Die Zahl gab das Ministerium nach einer Anfrage von Kerr weiter. Demnach seien fast 8.000 Hektar Bäume seit 2000 gefällt worden.
Bei einem Durchschnitt von 2.000 Bäumen pro Hektar, sagte sie:

„Das ergibt eine geschätzte Gesamtzahl von 15,7 Millionen Bäumen, die gefällt wurden, um die Entwicklung von Windparks zu ermöglichen".

Zusatz: *„Die Beseitigung von Bäumen sollte nur dann erlaubt werden, wenn dadurch ein erheblicher und klar definierter zusätzlicher öffentlicher Nutzen erzielt wird."*

Keine Zahlen aus Österreich

Aktuell produziert Schottland die Hälfte der Windenergie im Vereinigten Königreich.

Die vorhandenen Turbinen können bis zu 8,4 Gigawatt Leistung erzeugen. Aber die Regierung will mehr – und zwar doppelt so viel.

Es sollen noch weitere 8-12 Gigawatt Leistung hinzugefügt werden.

Erreicht werden soll das durch neue Parks und indem bestehende Turbinen, die ersetzt werden müssen, durch größere ausgetauscht werden.

Dafür sollen die Gesetze, die den Bau von Windrädern regulieren, gelockert werden.

Ganz wie in Österreich (und wohl noch anderen Ländern der EU). In Österreich sind keine Zahlen bekannt, wie viele Bäume den Windparks weichen haben müssen.

Eine **Presseanfrage** vor einigen Monaten an das grüne Klimaschutzministerium ergab, dass man das „recherchieren" müsse.

Eine Antwort habe ich dann nie erhalten.

Widerstand gegen die Lockerung der Gesetze in Schottland kommt von einzelnen Naturschutzorganisationen.

So sagt etwa John Muir Trust, dass der neue Schwellenwert für den Bau von Windkraftanlagen auf wildem Land so niedrig ist, dass es für die Unternehmen unmöglich erscheint, ihn nicht zu erreichen.

Anmerkung von mir:
Als ich all diese Informationen fand, wurde ich sprachlos!! Ohne Wald, ohne die Produktion von Sauerstoff, ohne die Tiere ist die Erde zum Tode verurteilt!

* * *

Es gibt aber Hoffnung!!
**Ehepaar erhält Schmerzensgeld
wegen Windkraftanlage**

Link:
https://www.deutschlandfunknova.de/beitrag/frankreich-entschaedigung-fuer-windrad-kranke-neu

09. November 2021
In Frankreich gilt ein Ehepaar jetzt offiziell als "krank durch Windkraft".
Ein französisches Gericht erkannte an, dass die beiden das sogenannte "Turbinensyndrom" haben.

Über 100.000 Euro Schmerzensgeld müssen Energieunternehmen einem Ehepaar in Frankreich jetzt zahlen, die eine Windkraftanlage in der Nähe des Wohnorts des Paares betreiben.

Denn: Die Windkraftanlage habe ihre Gesundheit gefährdet, sagt das Ehepaar.

366

- Kopfschmerzen,
- depressive Verstimmungen,
- Herzrhythmusstörungen und
- Schwindel

seien bei ihnen durch die Geräusche der Windkraftanlage und ein blinkendes Licht entstanden.

Das Urteil des Gerichts in Toulouse
"Krank durch Windkraft"
ist das wohl erste seiner Art.
"Turbinensyndrom" ist umstritten

Die vermeintlich gesundheitlichen Folgen, die das Ehepaar mit der Windkraftanlage in Verbindung bringt, werden auch Turbinensyndrom genannt.

Die Symptome werden besonders auf **Infraschall** zurückgeführt, also den niedrigfrequenten Klang, der von Windrädern ausgeht.

Dieser hat eine Frequenz von 20 Hertz und ist damit für das menschliche Ohr kaum hörbar, soll sich aber auf den Körper auswirken können.

Das Turbinensyndrom ist umstritten.

Es gibt eine Vielzahl von Studien, die Hinweise dafür liefern, sagt Deutschlandfunk-Nova-Reporterin Julia Polke.

Link: https://www.ncbi.nlm.nih.gov/pmc/articles/PMC6081752/

Ein ähnlicher Mechanismus kann zum Beispiel auch bei Menschen ausgelöst werden, die unter Seekrankheit leiden.

Link:
https://pubs.aip.org/asa/jasa/article-abstract/
137/3/1356/903959/A-theory-to-explain-some-
physiological-effects-of?redirectedFrom=fulltext

Vor allem davon betroffen sind Menschen mit Anomalien im Gleichgewichtsorgan, wodurch sie bei bestimmten Frequenzen oder Bewegungen wie das Schaukeln eines Schiffs mit Übelkeit und Schwindel reagieren.

Link:
https://www.tandfonline.com/doi/abs/
10.1080/09603123.2014.963034?journalCode=cije20

* * *

Infraschall auch in der Natur möglich
Auf der anderen Seite gibt es ähnlich viele Studien, die das Gegenteil aussagen. Danach kann Infraschall zum Beispiel auch in der Natur vorkommen wie am Meer oder im Wald.

Link:
https://www.umweltbundesamt.de/sites/default/files/
medien/378/publikationen/texte_40_2014_machbarkeits-
studie_zu_wirkungen_von_infraschall.pdf

Einige wissenschaftliche Studien zu dem Thema kommen daher zu dem Schluss, dass das Turbinensyndrom nicht direkt durch die Windräder verursacht wird, sondern eher ein soziales Phänomen ist, ausgelöst etwa durch die Erwartung, krank zu werden oder durch den Widerstand gegen die Windkraft.

Link:
https://psycnet.apa.org/doiLanding?
doi=10.1037%2Fa0031760

Anmerkung von mir:
- Ich wohne nicht am Meer und auch nicht am Wald, dennoch habe ich o.g. Symptome!
- Ein soziales Phänomen liegt bei mir auch nicht vor!!
- Sonderbar ist: alle Studien sind einige Jahre alt!!!

* * *

Krank wegen Windturbinen – Ehepaar erhält 116'000 Franken Entschädigung

Link:
https://www.20min.ch/story/krank-wegen-windturbinen-ehepaar-erhaelt-116000-franken-entschaedigung-875461855475

Ein Paar hat gegen die Betreiber eines Windparks geklagt, weil die Anlage die Gesundheit der beiden beeinträchtigt habe.

Ein Ehepaar klagte fünf Jahre nach dem Bau von Windkraft-Turbinen über gesundheitliche Probleme.

Patrick Pleul/dpa-Zentralbild/dpa

* * *

Darum geht es

- Ein Urteil sorgt für Überraschung in der Windenergie.
- Ein Ehepaar, das in der Nähe von sechs Windenergie-Anlagen wohnte und über gesundheitliche Probleme klagte, bekam vor Gericht Recht.
- Nicht nur die Geräusche der Windanlagen brachte das Paar auf die Palme.

Das Haus von Christel und Luc Fockaert aus Frankreich stand 700 Meter von sechs Windenergie-Anlagen entfernt.

Das Ehepaar klagte fünf Jahre nach dem Bau der Windkraft-Turbinen über gesundheitliche Probleme. Immer wieder gibt es Beschwerden wegen der tieffrequenten Geräusche, die von Windmühlen ausgehen.

Doch das Paar in Frankreich hat nun von einem Gericht in Toulouse eine saftige Entschädigung von 110'000 Euro umgerechnet 116'000 Franken zugesprochen bekommen.

2008 wurden die Turbinen gebaut. Schlimmer seien die Probleme geworden als ein Waldstück gerodet wurde, das die Emissionen zuvor gedämpft hatte.

Link:
https://www.20min.ch/story/hier-wird-energie-aufgetuermt-295893094557

Wie eine sich ständig drehende Waschmaschine
Das Ehepaar sagte laut «**Stern**» vor Gericht, dass sie zwei Jahre unter Gesundheitsproblemen wie

Link:
https://www.stern.de/digital/technik/schock-fuer-die-windenergie---paar-erhaelt-110-000-euro-entschaedigung-wegen-turbinensyndrom-30908176.html

Link:
https://www.20min.ch/story/nerviges-brummen-haelt-dorf-in-atem-jetzt-ziehen-deswegen-die-leute-weg-842076905571

Kopfschmerzen, Schlaflosigkeit, Herzrhythmus-störungen, Depressionen, Schwindel, Tinnitus und Übelkeit gelitten hatten.

Die Fockaerts vergleichen den Lärm, mit einer sich **«ständig drehenden Waschmaschine»**

Auch fühlten sie sich von den Blinklichtern der Turbine gestört.

«Wir haben es nicht sofort verstanden, aber nach und nach wurde uns klar, dass das Problem von den Turbinen ausgeht», so Christel Fockaert.

«Die Turbinen blinken alle zwei Sekunden, wir haben Außenlampen aufgestellt, um die Wirkung dieser Blitze auszugleichen.»

In der Wissenschaft ist das «Turbinensyndrom» umstritten.

Allerdings gibt es Studien, die Gesundheits-belastungen im Zusammenhang mit Windkraftanlagen bestätigen.

* * *

Betreiber verweigerten Gespräch

Alice Terrasse, die Anwältin des Paares, sagte im französischen Fernsehen:

«Das ist ein ungewöhnlicher Fall, und soweit ich weiß, gibt es keinen Präzedenzfall.»

Die Betreiber der Windanlagen wurden wegen grober Nachbarschaftsstörung verurteilt.

Zuvor hatten sie das Gespräch mit den Betroffenen verweigert und sich nicht um eine einvernehmliche

Regelung bemüht. Inzwischen sollen Beleuchtung und Drehgeschwindigkeit der Turbinen geändert worden sein.

Zu spät für die Fockaerts, 2015 zog das Paar weg.

* * *

Mysteriöses Brummen hält Dorf in Atem – jetzt ziehen deswegen die Leute weg

Seit Monaten rätselt die kleine Gemeinde Holmfield über ein nerviges Brummen. Woher es kommt, weiß niemand. Nun halten es einige nicht mehr länger aus und ziehen weg.

Im kleinen Örtchen Holmfield in West Yorkshire gibt es 850 Häuser, zwei Pubs und ein permanentes Brummen.

Google Maps

Darum geht es

- Ein Brummen treibt Leute in britischen Holmfield auf die Palme.
- Das Geräusch ist Tag und Nacht zu hören – die Ursache ist unklar.
- Forschende untersuchen solche Phänomene schon seit Jahren.

Im kleinen Örtchen Holmfield im englischen West Yorkshire dröhnt es seit über einem Jahr.
Das Brummen hält die Einwohnerinnen und Einwohner der Ortschaft auf Trab. Es sei die reine Folter, sie werden deswegen in den Wahnsinn getrieben, berichten mehrere Betroffene in britischen Medien.
Woher das Brummen, das im Dorf rund um die Uhr zu hören ist, kommt, weiß bisher niemand.
Denn die Ursache des **waschmaschinenähnlichen** Geräuschs konnte bis heute nicht eruiert werden.

Anmerkung von mir:
- Aussage des franz. Ehepaares:
  „ Wie eine sich ständig drehende Waschmaschine
  Das Ehepaar sagte laut «Stern» vor Gericht, dass sie
  zwei Jahre unter Gesundheitsproblemen wie.... „
- Zwei verschiedene Orte – gleiche Aussage!!!

«Ich bin schon mehrere Stunden mit dem Auto herumgefahren und habe versucht herauszufinden, woher es kommt», erzählt die 50-jährige Yvonne Corner bei Independent.co.uk. *«Nächtelang bin ich mit meinem Freund herumgefahren. Er hörte nichts und dachte ich werde verrückt – und ich auch»,* sagt sie weiter.

Das Geräusch, das erstmals im April 2020 aufgetreten ist, hören nämlich nicht alle im Dorf.

850 Häuser, zwei Pubs

Diejenigen, die es hören, leiden jedoch sehr unter der permanenten Beschallung. Es raube ihnen den Schlaf und die Nerven, berichten sie. Sie vermuten, dass die örtlichen Industriebetriebe für das Brummen verantwortlich sein könnten, aber eine Untersuchung hat «viele mögliche Quellen» ausgemacht.

Nun hat man Unterschriften gesammelt, damit die Untersuchungen in dem Dorf mit 850 Häusern, zwei Pubs und einer Imbissbude nicht eingestellt werden.

Einige Einwohnerinnen und Einwohner berichten, dass es im Dorf schon seit Jahrzehnten ein Brummen geben würde.

«Aber ich bin davon überzeugt, dass während des Corona-Lockdowns etwas passiert ist, das es verstärkt hat», sagt Simon Speechley gegenüber Metro.co.uk.

Er selbst leide aufgrund des Brummens unter Kopfschmerzen. Mindestens eine Person hat mittlerweile ihr Haus verkauft und ist aufgrund des Dröhnens jetzt weggezogen, heißt es.

* * *

Nasenbluten wegen Brummen

Das Phänomen ist allerdings nicht neu: Dutzende Ortschaften rund um die Welt von Ontario bis nach Sydney hatten in den letzten 30 Jahren ähnliche Fälle gemeldet.

Immer waren es unidentifizierbare, niederfrequente Brummgeräusche. Einer der berühmtesten Fälle ist das sogenannte Bristol-Brummen in den 1970er-Jahren.

Dieses war so garstig, dass einige Leute sogar von Nasenbluten berichteten. Was die Geräusche verursachte, blieb in den meisten Fällen ein Mysterium.

Der heute 92-jährige Geoff Leventhall hat 50 Jahre zu dem Thema geforscht. Er schätzt, dass etwa zwei Prozent der Bewohner und Bewohnerinnen eines Brummtongebiets das Geräusch hören, wobei Menschen zwischen 55 und 70 Jahren überproportional betroffen sind.

Eine genaue Ursache hat auch er bisher nicht entdeckt. *«Ich kann mir aber vorstellen, dass es sich bei vielen lokal begrenzten Fällen um Ventilatoren, Dieselmotoren, Kompressoren und dergleichen handelt»*, sagt Leventhall gegenüber Independent.co.uk.

Den einzigen Tipp, den er Betroffenen gibt, ist abzuschalten.

«Man soll zurücklehnen, entspannen und dann versuchen, das Brummen an sich vorbeiziehen zu lassen», sagt er.

Anmerkung von mir:
Wenn es so einfach wäre.............

* * *

WINDKRAFT

Quelle:
https://infraschallglobal.ch/

Verfahren – Messungen – Aufzeichnungen – Datenerhebungen:

Analog der Zusammenfassung auf der Startseite

Zu Nachweise 1

Detektion von Schalldruckwellen nicht hörbarer Schall.

Verfahren "Visuelle Darstellung Schall-Druckwellen "Nicht hörbarer Schall" - Infraschall.

Europa Patent EP3004817A1 "Verfahren und Vorrichtung zur Detektion und Lokalisierung von Infraschall" Hierbei handelt es sich um starke Druckwellen, die sich über mehrere Hundert km ausbreiten, nicht solche kleiner lokaler   Quellen.

Patent-Zulassung in Kernländern der EU und USA

Spontane Druckänderungen der Umgebungsluft (Schallereignisse nicht hörbarer Schall) werden in einem Nebelbett sichtbar. Sie führen zu Verdichtung/Verdünnung des Nebels und bilden gerichtete Nebelfronten.

Diese sind optisch erkennbar und mit einer Videokamera zu dokumentieren.

n den den Filmsequenzen ist an einer Stelle zu sehen, wie sich der Windschutz plötzlich, schnell und ruckartig bewegt.

Diese Bewegungen sind NICHT von Zugluft verursacht.

377

Starke Druckwellen von Infraschall, welche sich Kugelförmig von der Schallquelle mit Schallgeschwindigkeit (ca. 1200 km/h) ausbreiten, sind sehr energiereich.
Zudem "schieben" diese starken Druckwellen ein gewisses "Luftpolster" vor sich her.
Dies führt zu der Bewegung des Windschutzes.

Nebelfronten im Nebelbett bilden sich erst , wenn ein bestimmter Schwellenwert einer (Schall-) Luftdruckveränderung erreicht wird.

Nur spontane Luftdruckveränderungen werden detektiert. Solange dieses erhöhte Druckniveau anhält erscheint das Nebelbett homogen und beruhigt.
Auch das Ende der Schallemission, spontanes Absinken des Luftdrucks, bildet Fronten.

Im Freien sind die Druckwellen – Nebelfronten - gerichtet.
Zur Identifizierung von Schall-Quellen in Entfernung nähert man sich der Quelle, indem man wiederholt der Richtung folgt, aus der die Druckwellen eintreffen. Ändert sich die Richtung der eintreffenden Druckwellen, tastet man sich in immer kleiner werdendem Raster bis an die Quelle vor.
Bei Detektionen in weiten Distanz wird z. B. durch Übertragen auf eine Landkarte der (grobe) Schnittpunkt der detektierten Nebelfronten ermittelt.
Im näheren Umfeld kann dann mit bereits 2 bis 3 Detektionen die Quelle für Infraschall sicher identifiziert werden.

In Gebäuden sind die Druckwellen – Nebelfronten – nicht gerichtet, sie sind chaotisch.
Die Intensität der gespürten Irritationen korreliert mit der Häufigkeit und Intensität der detektierten Druckwellen.
Durch entstehenden Körperschall des Gebäudes (Resonanz/Eigenresonanz des Gebäudes bei auftreffendem Infraschall) und daraus resultierenden Reflektionen an
Wänden, Fussboden und Zimmerdecke sind die detektierten Druckwellen/Nebelfronten chaotisch.
Zudem prallen die kleinstverteilten Nebeltröpfchen an der Wandung des Detektionsbehälters ab und werden zurückgeschleudert.

Ein auf entsprechendem Gebiet Sachkundiger wird unter Einbeziehung der Spezifischen physikalischen und chemischen Daten der Nebelzusammensetzung anhand der Ausbreitungsgeschwindigkeit, Breite und Schichtdicke der Nebelfront wahrscheinlich den Energiewert der Druckwelle annähernd berechnen können.
Luftzug oder Wind bildet keine Nebelfronten - Ein Luftzug weht den Nebel über die Wandung aus dem Nebelgefäss.
Die Detektionseinheit ist mit einem Windschutz eingehüllt.

Ein auf die Detektionseinheit gerichteter Fön oder Subwoofer und laute basshaltige Musik bilden keine Fronten.

Link zur Patentschrift
Ein auf entsprechendem Gebiet Sachkundiger wird unter
379

Einbeziehung der Spezifischen physikalischen und chemischen Daten der Nebelzusammensetzung anhand der Ausbreitungsgeschwindigkeit, Breite und Schichtdicke der Nebelfront wahrscheinlich den Energiewert der Druckwelle annähernd berechnen können.
Luftzug oder Wind bildet keine Nebelfronten - Ein Luftzug weht den Nebel über die Wandung aus dem Nebelgefäss.
Die Detektionseinheit ist mit einem Windschutz eingehüllt.

Ein auf die Detektionseinheit gerichteter Fön oder Subwoofer und laute basshaltige Musik bilden keine Fronten.
Immer zeitgleich zur Detektion von Druckwellen im Nebelbett, am gleichen Messort, werden hochauflösende Audioaufnahmen aufgezeichnet.
Die in der Audioaufnahme erhaltenen Signale von Druckwellen sind zeitgleich zu den im Nebelbett detektierten Druckwellen.
Nachweis 1 und Nachweis 2 ergänzen sich.
Mit zwei verschiedenen Messverfahren nachgewiesene Druckwellen.
(Siehe Nachweis 2)

Nach der Ortung/Identifikation der Infraschall emittierenden Industrieanlage konnten dann im nächsten Schritt zeitgleiche vergleichende Messungen an der identifizierten Schallquelle und entfernten Messorten vorgenommen werden.

Zu Nachweise 2

Alle Audio-Aufnahmen erfolgten Netz-unabhängig mit Batteriebetrieb.
Alle aufgezeichneten Signale sind Schallsignale, kein Netzrauschen!

Wichtig:
Vergleichende Zeitgleiche Messungen im Vergleich Mono/Stereo ergaben eindeutig, dass Mono Aufzeichnungen Schallereignisse, besonders Druckwellen, nicht - oder nur Ansatzweise erfassen.
Gründe dafür wahrscheinlich:
Halbe Anzahl Datenpunkte (Größeder Datei), Position des / der Mikrofone zu eintreffenden Ereignissen.
Alle Aufnahmen sind deshalb im hochauflösenden .WAV und STEREO-Format.

Audioaufzeichnungen zum Nachweis von Schallemissionen der Industrieanlage in 8 km, 59 km, 416 km Entfernung Luftlinie nach dem Verfahren des **Fingerabdruck – Fingerprint**.

Abweichend zu den üblichen Beurteilungs- und Auswerteverfahren von Schallaufnahmen durch etablierte Schalllabore ist die Betrachtung, Auswertung und Bewertung der Audioaufnahmen bei diesem Verfahren anders.
Sie ist qualitativ und bewertet keine Pegel.
Bei den zeitgleichen vergleichenden Messungen an der Schallquelle und entferntem Messort werden hier in Anlehnung an die in der stofflichen Analytik gängige, weitverbreitete Methode des Fingerabdruckverfahrens/Fingerprint beurteilt (z.B. in der Forensik).

Bei der zeitgleichen vergleichenden akustischen Aufzeichnung von Schallereignissen an der Schallquelle und dem Immissionsort/Messort entstehen charakteristische Signal-Muster, die sich z. B. durch Signalhöhe, Mustern von Gruppierungen, Mustern von Frequenzen sowie Signale von Druckwellen, die sich auf den entsprechenden, der Entfernung und Laufzeiten des Schalls zur Quelle synchronisierten Zeitachsen zeigen. Die eindeutige Identifizierung der Herkunft des Schalls ist somit sichergestellt.

Die in den Audioaufnahmen erfassten Signale zeigen, bedingt durch die Positionierung des Aufnahmegerätes in ca. 150 m Entfernung zur Schallquelle sowie der limitierten Frequenz-Bandbreite des Aufnahmegerätes, nicht hörbaren Schall/Niederfrequenten Schall nur begrenzt, und Infraschall gar nicht an.

Auch Frequenzen im Bereich von unhörbarem Schall generieren Oberwellen. Neben dem emittierten und aufgezeichneten hörbaren Schallen ist eine Anzahl dieser gemessenen Schallereignisse demzufolge auch auf Infraschall zurückzuführen.

Eine weitere, sehr wesentliche Erkenntnis des akustischen Teils der Messungen ist, dass die durch Schalllabore in Audioaufnahmen festgestellten sogenannten breitbandigen Klick- Knack- und Knackgeräusche das messbare Schallereignis einer mit Verfahren 1 sichtbar gemachten Druckwelle sind.

Solche nur den Bruchteil einer Sekunde andauernden breitbandigen Signale werden im Regelfall falscherweise auf eine Störung des Recorders zurückgeführt. Oder im Bericht steht so etwas wie: Knacken des Gebälks o.ä..

Nachweis 1 und Nachweis 2 ergänzen sich.
Mit zwei verschiedenen Messverfahren
nachgewiesene Druckwellen.
Alle Audioaufzeichnungen wurden mit dem
Audiobearbeitungsprogramm Audacity, freeware,
ausgewertet.

Zu Nachweise 3

Schall-Provokationstest zum Nachweis eines grossräumigen, unnatürlich veränderten Schallumfeldes der Schallquelle.

Durch Herbeiführen gezielter, exakt zu dokumentierende vergleichbare Schallereignisse mit großer Lautstärke wurde an drei verschiedenen Messorten nachgewiesen, dass der durch Explosion erzeugte Schall an den unterschiedlichen Provokationsorten/Messorten unterschiedliche Eigenschaften besitzt.
Schall breitet sich gleichmässig in alle Richtungen aus. Die Ausbreitungsgeschwindigkeit des Schall müsste demnach von jedem Provokationsort/Messort in alle Richtungen identisch sein.
Im Vorfeld des Provokationstest wurden die Geräte zur Audioaufzeichnung an der Schallquelle, im Abstand von 3 km Luftlinie zur Schallquelle und im Abstand von 8 km Luftlinie zur Schallquelle positioniert.
Je eine Rakete "Horror Knall" wurde in möglichst kurzer zeitlicher Abfolge an den drei Messorten abgebrannt. Die räumlichen Abstände zwischen Audioaufnahmegerät und Abbrandort betrugen ca. 50 m bis ca. 120 m.

Zum Zeitpunkt des Provokationstest herrschte Windstille.

Zu Nachweise 4
Nachweis von Erd-Erschütterungen in der gesamten Schweiz, verursacht durch Schall-Emission der Industrieanlage.

Zeitgleich zu/mit meinem Erwachen werden oftmals in den Online Echtzeitseismogrammen des Schweizer Erdbebendienst, SED, an allen der ca. 35 abgebildeten Erdbebenmessstationen Erschütterungen registriert. Ich erwache durch *gefühlten Stromschlag*. Die Stromschläge variieren in Qualität und Intensität. Strom- bzw. Vibrationsgefühl hält dann für gewöhnlich über lange Zeiträume an.
Die Aufwachzeiten sind mehrmals pro Nacht, auch Tagsüber, oftmals über den Zeitraum mehrerer Tage auf die Minute zur gleichen Zeit.

Intensitätsschwankungen werden auch Tagsüber gefühlt. Jedoch sind diese im Liegen am intensivsten und differenziertesten zu spüren.

Auch bei Aufenthalt im weit entfernten Ausland erwache ich von gefühlten, insgesamt jedoch meist schwächeren "Stromschlägen". Auch hier werden vor meinem Erwachen an allen der ca. 35 abgebildeten Erdbebenmessstationen des SED Erschütterungen registriert.
Es ist davon auszugehen, dass nur plötzlich eintretende Schallereignisse bestimmter Qualität, die oberhalb eines Schwellenwertes liegen, solche Signale initialer Erdbeschleunigungen erzeugen. Andauernde, mehr oder weniger gleichförmige Emissionen oder sich langsam steigernde Emissionen führen lediglich zu einem

erhöhten „Grundrauschen" - Von Menschen gemachten seismischen Störrauschen.

Es sind nicht zwangsläufig die nächstgelegenen Messstationen die Signale zuerst aufzeichnen.
Neben verschiedenen Frequenzen scheint hier auch die Bodenstruktur/Bodenbeschaffenheit eine Schlüsselrolle inne zu haben (verschiedenartige Irritationen/verschiedene Frequenzen).
Eine besondere Schlüsselrolle scheint auch dem im Umkreis von 3 km (auch in die Höhe!) verändertem Schallumfeld der identifizierten Quelle zuzukommen.

Zu Nachweis 5

Während des EKG wurde ausführlich Befindlichkeits-protokoll geführt, Audioaufnahmen in der Entfernung Luftlinie von 2,7 und 8,0 km zur Schallquelle aufgezeichnet, Detektion von Druckwellen dokumentiert.

Zu Nachweise 6

Während Audioaufzeichnungen an der Schallquelle befand ich mich in 416 km Entfernung Luftlinie zur Schallquelle. Dort protokollierte ich die von mir gespürten Irritationen.

Die gespürten Irritationen passen eindrücklich und sehr genau zu den Intensitäten der Emissionen an der Quelle. Sie fügen sich wie ein Zahnrad in die Spektren der Audioaufnahmen.
Die Ausbreitungsgeschwindigkeit des Schall wurde dabei berücksichtigt, das Zeitfenster entsprechend korrigiert.

Am Aufenthaltsort in 416 km Entfernung Luftlinie zu Quelle befinden sich folgende Anlagen:
Bayer Werk, ab ca. 200 m Entfernung
Funksendemast, ca. 50 m Entfernung
Starkbefahrene Bahntrasse, ca. 60 m Entfernung
Städtische Verbrennungsanlage, ca. 1 km Entfernung
Sonderabfallverbrennungsanlage, ca. 2 km Entfernung
Würde ich allgemein auf Industrie oder Umwelteinflüsse reagieren, müsste es mir dort sehr schlecht gehen.
Meine gespürten Irritationen korrelieren jedoch sehr genau zu den Schallemissionen der 416 km entfernten Anlage.

Zu Nachweis 7

Auf die erhaltenen Graphiken von der nächtlichen Schmutzwasserfracht einer Abwasserreinigungsanlage, Kläranlage, habe ich aus meinem Brummtagebuch die in der entsprechenden Nacht aufgezeichneten Eintragungen meiner Irritationen übertragen.
In den so ergänzten Graphiken wird belegt, dass, wie sehr häufig von mir beobachtet, viele Personen in ihrem Schlaf gestört werden.
Wasserverbrauch (Toilettenspülung) und Verbrauchs-Zeiten korrelieren mit Qualität und Intensität der von mir gespürten Irritationen.

Zu Nachweis 8

Detektierte Schall-Druckwellen korrelieren in Intensität und Häufigkeit mit der Intensität meiner gespürten Irritationen.
Zudem konnten detektierte Schall-Druckwellen zeitgleich aufgezeichneten Schall-Emissionen der Industrieanlage sicher zugeordnet werden.

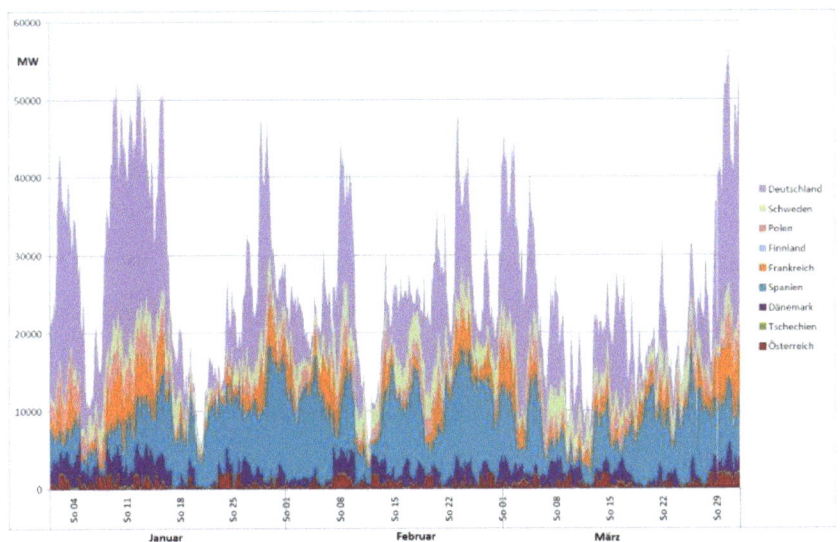

Unerkannt Umweltkrank

Petra Biedermann
Aktualisiert: Unerkannt Umweltkrank

www.infraschallglobal.ch

E-Mail:
kontakt@infraschallglobal.ch
12. Oktober 2021

Unerkannte Volkskrankheit(en)

Die entsprechende PDF – Datei verfügt über 85 Seiten.
Dieses würde den Umfang des Buchen wohl um einiges
erhöhen und verteuern.

Daher habe ich Ihnen oben den entsprechenden Link eingestellt.
Schreiben Sie ohne Bedenken Infraschallglobal in der Schweiz an! Oder lesen Sie die entsprechenden Seiten online.

Was dort auf Grund von Nachforschungen und Messungen festgestellt wurde, wird auch den letzten Liebhaber von Windkraftwerden vom Gegenteil überzeugen.

Hier die Links zu den Basisinformationen:

Sollte ein Dokument nicht zu öffnen sei bitte informieren Sie mich an E-Mail: kontakt@infraschallglobal.ch

Zusammenhänge zu weit verbreiteten, immer häufiger auftretenden Erkrankungen wie:
- Schlafstörungen
- Angst- und Panikerkrankungen
- Depressionen
- Unruhe sowie z.B. RLS- Restless Legs
- PGAD – andauernde genitale Erregungsstörungen
- Parkinson
- ME/CFS
- Fibromyalgie
- Schmerzen allgemein,
- schwere kribbelnde Füße und Beine
usw.

Anmerkung von mir:
Viele weitere wichtige Informationen finden Sie auf der Seite infraschall.ch.

Eike – Institut

Link:
eike-klima-energie.eu (https://eike-klima-energie.eu/)

EIKE - Europäisches Institut für Klima & Energie

Nicht das Klima ist bedroht, sondern unsere Freiheit!

Anmerkung:
Sehr interessante und aufschlussreiche Informationen!!

* * *

WirtschaftsWoche

ZWEIFEL AN DER KLIMAPOLITIK DER REGIERUNG

"Das wahre Ziel der Energiewende ist nicht der Umweltschutz"

Interview von Tim Rahmann
04. September 2014

Gonde Dittmer, ehemaliger Professor der Fachhochschule Kiel, glaubt nicht an hehre Motive bei der Energiewende. Bisher sei noch kein Kilogramm CO_2-Emissionen vermieden worden. Die Folge: Die Umwelt leidet – und der Geldbeutel der Bürger auch.

Zeitungsausschnitt Sommer 2024
Norwegen baut Windkrafträder ab!!!

Norwegen baut Windräder ab

Zu Windrädern in Bayern:
(...) In Mittel-Norwegen, im Gebiet der Samen, werden zwei Windparks mit zusammen 151 Windrädern abgebaut und die Zufahrtswege und so weiter werden renaturiert. Kostet sehr viel Geld. Man hat festgestellt, dass durch die ständigen Vibrationen der Erde die Kälber der Rentiere als Missgeburt beziehungsweise verunstaltet geboren werden. Jetzt wird auch überprüft, wie sich diese Tatsache auf die Fische bei den Meereswindparks auswirken kann. Das oberste Gericht Norwegens hat für diese insgesamt 151 Windräder die Betriebserlaubnis entzogen.

Und was macht Deutschland, Bayern und der Markt Essenbach? Es werden Gebiete ausgewiesen für die Errichtung von ca. 200 Meter hohen Windrädern; es wird dabei Natur vernichtet ohne Rücksicht auf Tiere und Pflanzen, aber auch die Menschen, die hier leben. Und die zahlreichen negativen Erfahrungen anderer Länder werden einfach so beiseite geschoben. (...)

Wenn dann unsere derzeit noch schöne Heimat wie andere Gegenden in Deutschland mit Windrädern verunstaltet wird, wozu brauchen wir dann den ebenfalls milliardenschweren Nord-Süd-Link? (...)

Krank durch Nicht hörbaren Schall und Vibrationen

Umwelterkrankung:
im Gesundheitswesen nach ICD10 fast keine Option

**Evolutionsbedingt bedeuten Vibrationen sowie
Tief- und Niederfreqenter Schall herannahende GEFAHR**

Das Gehirn arbeitet im Bereich solch tiefer Frequenzen.
Entsprechende Aktionspotenziale werden im Gehirn ausgelöst.

In offiziellen Forschungskreisen
bekannte Symptome

Herzmuskel-Schwäche,
Kreislauferkrankungen, Tinnitus,
gestörter Schlaf, Müdigkeit,
Ohnmachtsschlaf, Kribbeln,
Taubheitsgefühl, Gereiztheit,
Rastlosigkeit, Unruhe bis Panik,
Traurigkeit/Depressionen,
Schmerzen allgemein, Zittern,
schwere Atmung, Schwindel,
Schmerzen im Brustraum, Summen
im Körper, Konzentrationsprobleme,
Blase- Darmbeschwerden,
Kraftlosigkeit, Strom- und
Vibrationsgefühl, Kopf/Ohrgeräusche,
Wortfindungsstörungen, Druckgefühl,
Orientierungsprobleme räumlich
und planerisch   u.v.m.

Informationen für

Behörden, Ämter, Ministerien,
Betroffene, Schlafforscher,
Mediziner & Psychiater,
Hirnforscher, Krankenkassen,
Gesundheitswesen, Politiker ... .

und Experten für

Physik, Schall, Luftfahrt,
Seismologie, Umweltforschung,
Evolution, Psychoakustik, Recht ... .

sowie

Presse, TV, Radio,
Umweltorganisationen,
Organisationen für
Menschenrechte ... .

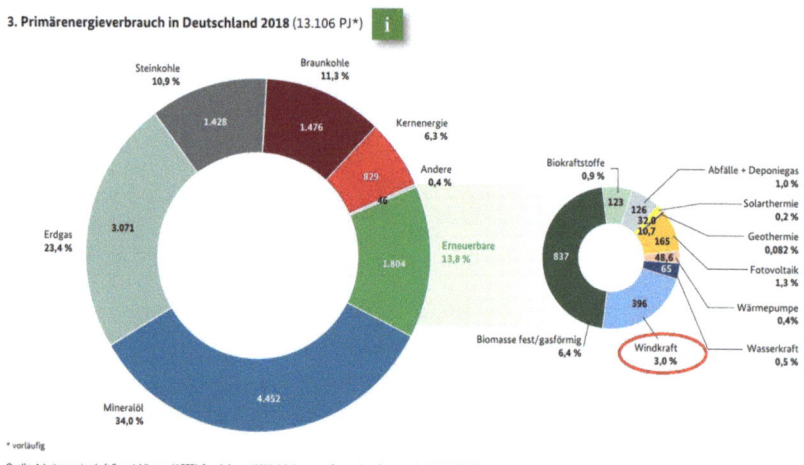

3. Primärenergieverbrauch in Deutschland 2018 (13.106 PJ*) i

Steinkohle 10,9 %
Braunkohle 11,3 %
Kernenergie 6,3 %
Andere 0,4 %
Erneuerbare 13,8 %
Erdgas 23,4 %
Mineralöl 34,0 %

1.428
1.476
829
46
1.804
3.071
4.452

Biokraftstoffe 0,9 %
Abfälle + Deponiegas 1,0 %
Solarthermie 0,2 %
Geothermie 0,082 %
Fotovoltaik 1,3 %
Wärmepumpe 0,4%
Wasserkraft 0,5 %
Windkraft 3,0 %
Biomasse fest/gasförmig 6,4 %

123
126
32,0
10,7
165
48,6
65
396
837

* vorläufig

Quelle: Arbeitsgemeinschaft Energiebilanzen (AGEB), Stand: August 2019, Arbeitsgruppe Erneuerbare Energien-Statistik (AGEE-Stat)

* * *

Hoppla, da hat sich der Wind beim „ Spiegel „ wohl gedreht?

Unsinnige EU-Klimapolitik

SPIEGEL Wirtschaft

Windräder bringen nichts für CO2-Ziel

Klimapolitik paradox: Trotz Solar- und Windenergie-Booms wird in Europa kein Gramm CO2 eingespart. Denn für jedes neue Windrad in Deutschland darf in Osteuropa mehr Kohle verfeuert werden. Auch die Grünen denken jetzt um, wie E-Mails belegen, die SPIEGEL ONLINE vorliegen.

Von **Anselm Waldermann**
10.02.2009, 13.32 Uhr

Windkraft
Technik und Wirtschaftlichkeit

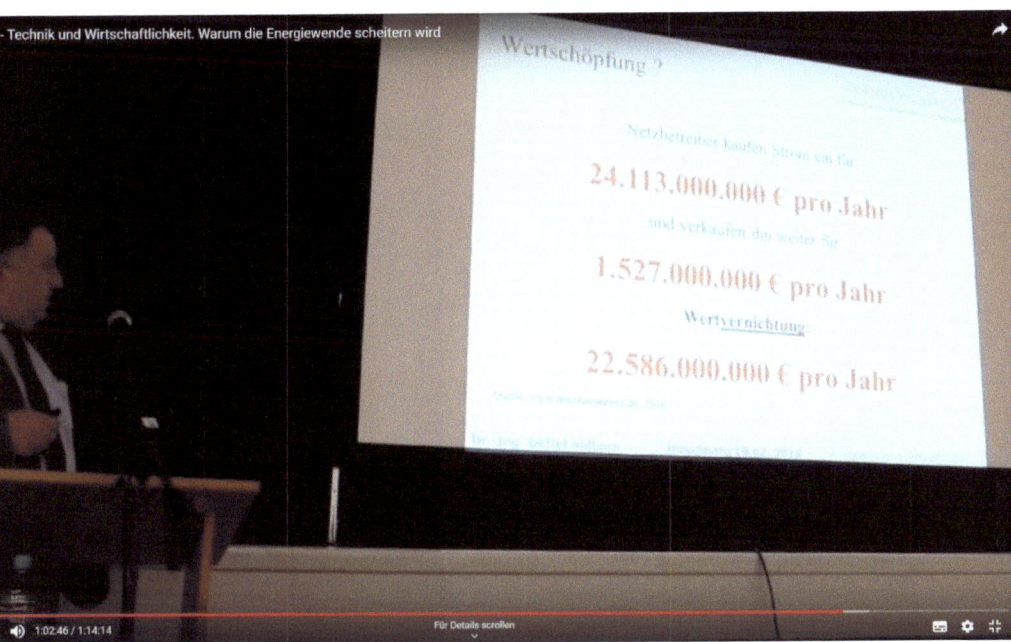

Netzbetreiber kaufen Strom ein für:
24.113.000.000 € pro Jahr

und verkaufen ihn weiter für_
1.527.000.000 € pro Jahr

Wertvernichtung:
22.586.000.000 € pro Jahr

Quelle:
Leider wurde der Link hierzu auf Youtube schon wieder
gelöscht. So ein Zufall?   393

Windkraftanlagen

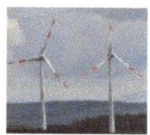

Standorte von Windrädern, Windparks und Windkraftanlagen in Deutschland

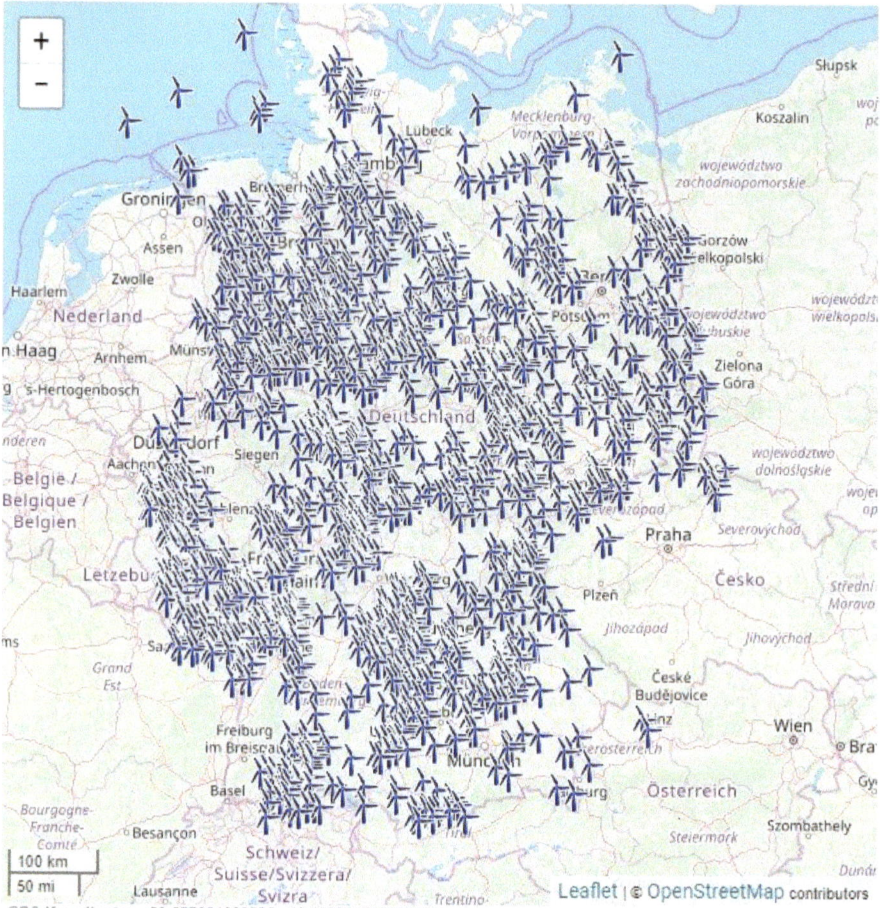

Quelle:
www.proplanta.de/maps/windkraft

Windkraft und Natur geht nicht.
Energiewende mit Windkraft geht nicht.

Bitte kommt zur Vernunft.

www.VERNUNFTKRAFT.de

Windkraftanlagen
töten Vögel

Sie töten auch
Fledermäuse

Sie zerstören unsere
Landschaften

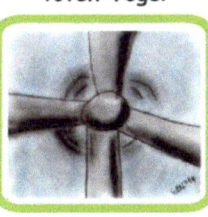

Sie erzeugen
gefährlichen Schall

Sie brauchen ständig
andere Kraftwerke
zur Unterstützung

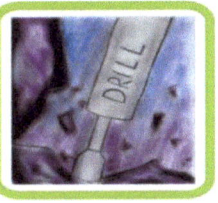

Sie verbrauchen
viele Rohstoffe und
Seltene Erden

Sie vernichten
unsere Wälder

Sie gefährden
Arbeitsplätze

Sie fördern
Energiearmut

Das alles für 1,3 Prozent
unseres Energiebedarfs.

395

HILFEN AUS DER NATUR ZUR AUSLEITUNG VON SCHADSTOFFEN UND ZUR REINIGUNG DES KÖRPERS

Gesundes aus der Natur

Brennnesseln:
- Enthalten viele Vitamine, Mineralstoffe und Protein. Lecker in Suppen, Aufläufen, Soßen, Tees und Salaten.
- Sie sind Stoffwechsel anregend, harntreibend und durchblutungsfördernd.
- Erntezeit: Blätter ab April, Samen im Herbst.

Löwenzahn:
- Reich an Vitaminen, Mineralstoffen, Gerb- und Bitterstoffen, kann in Salaten und als Tee verwendet werden.
- Erntezeit: Blätter nach dem Austrieb im Frühling, Blüten im Sommer und Spätsommer, Wurzeln im Herbst.

Gänseblümchen:
- Enthalten Mineralstoffe, Vitamin C, sekundäre Pflanzenstoffe und den Ballaststoff Inulin.
- Im Salat machen sie sich besonders gut.
- Erntezeit: nach dem Frost im Frühjahr, bei mildem Klima das ganze Jahr.

Spitzwegerich:
- Enthält Vitamin C, B-Vitamine, Mineralstoffe, Schleim-, Bitter- und Gerbstoffe.

- Er kann beispielsweise im Salat verzehrt werden.
- Erntezeit: ab Frühling.

Schafgarbe:
- Enthält ätherisches Öl, Bitter-, Gerb- und Schleimstoffe, gesunde Säuren, Vitamine und Mineralstoffe.
- Die Blätter sind lecker im Salat, die Blüten als Tee.
- Erntezeit: die zarten Blätter im Frühling, die Blüten im Hochsommer.

Sauerampfer:
- Der Sauerampfer gehört wie Löwenzahn, Vogelmiere und Giersch zu den Kräutern, die in der Natur häufig zu finden sind.
- Sie werden als Wildkräuter viel verwendet.
- Mit seinem angenehm säuerlichen Geschmack ist Sauerampfer ein interessantes Wildkraut, das sowohl in Salaten verwendet wird.

Mehr Informationen und Verwendungsmöglichkeiten in meinem Buch: **„ Heil- und Wildkräuter in der Küche „**

Welche Pflanzen helfen Ihrem Körper?

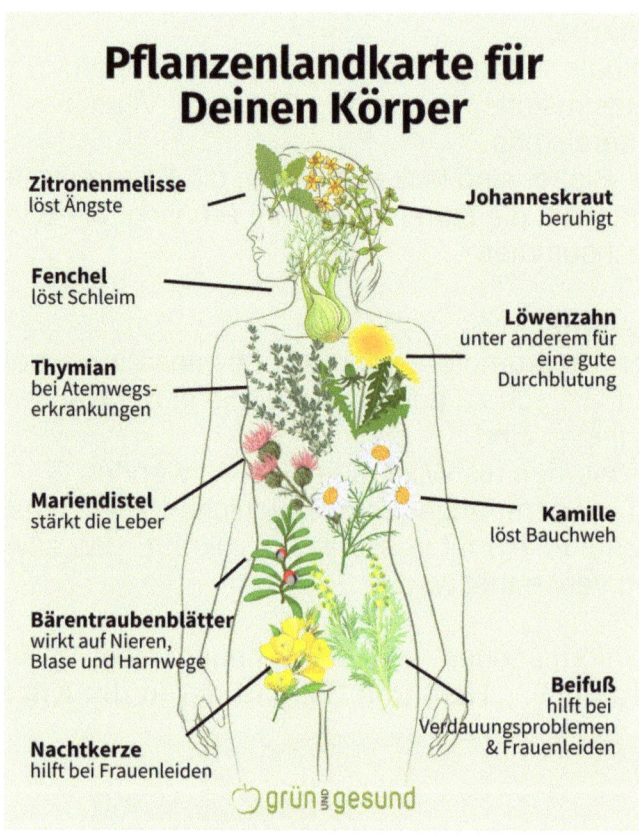

Quelle: Grün und Gesund

* * *

398

Körper entgiften!!

Mit Zitronen und Knoblauch

Zutaten:
5	Zitronen
5	Knoblauchzehen
2 l	Mineralwasser
2 cm	großes Stück frischer Ingwer

Zubereitung:
- Zitronen schälen und gut ausdrücken und den Saft mit den Knoblauchzehen mischen.
- Geht am besten in einem Mixer.
- Ingwer schälen und dazu geben, bis die Mischung homogen ist.
- Mineralwasser abkochen, dann die Mischung dazu geben und alles ein paar Minuten kochen lassen.
- Abkühlen lassen und in große Gläser mit Deckel füllen.

Anwendung:
Jeden Morgen ein Glas der Mischung auf nüchternen Magen.

* * *

Abtransport der Giftstoffe:

Zutaten:
1	Zitrone
½ Tasse	warmes Wasser
1 Tl	geriebener oder gemahlener Ingwer

1 Tl	Apfelessig
1 Tl	Honig

Zubereitung:
Alle Zutaten gut vermengen!

Anwendung:
- Morgens auf nüchternen Magen trinken.
- Die folgenden 20 Minuten nicht essen oder trinken!
- Ich habe es immer vor dem Duschen genommen, so sind   die 20 Min. schnell um!

* * *

Mit diesen 7 Tipps unterstützen Sie Ihren Körper aktiv bei der Entgiftung!

1. Lungen entgiften: Am besten mit Bewegung!

- Bewegung, vor allem an der frischen Luft, bringt alle Entgiftungsorgane in Schwung.

- Durch erhöhte Atemfrequenz entgiftet die Lunge besser, über unseren Schweiß werden Giftstoffe ausgeschieden und durch den dadurch verbesserten Stoffwechsel profitieren Organe wie Leber, Niere und Darm.
- 30 Minuten sollten es mindestens sein, besser eine ganze Stunde.
- Leichte Ausdauersportarten wie Joggen, Radfahren, Walken oder Schwimmen eignen sich am besten.
- Wichtig ist, dass die Schweißproduktion in Gang kommt.

2. Ölziehen – Entgiften nach ayurvedischem Vorbild

Ölziehen ist eine uralte ayurvedische Methode um Gifte und schädliche Mikroorganismen loszuwerden.

In letzter Zeit erfreut sich das Ölziehen wieder wachsender Beliebtheit – und das aus gutem Grund:

- Ölziehen kann jeder für sich selbst ausprobieren.
- Dazu nehmen Sie einen Esslöffel pflanzliches Öl in den Mund und spülen damit bis zu zwanzig Minuten.
- Dabei ziehen Sie das Öl durch die Zähne, spülen von einer Seite zur anderen oder kauen darauf herum.
- Ich empfehle kaltgepresstes Kokosöl dafür, da es sehr angenehm schmeckt.
- Auf jeden Fall sollte es aber ein natives, also kaltgepresstes Öl sein (z. B. Olivenöl, Sesamöl, Leinöl etc.).
- Sie müssen auch nicht von Beginn an die zwanzig Minuten durchhalten – tasten Sie sich ruhig heran und gewönnen Sie sich an das Gefühl, das Öl im Mund hin und her zu ziehen.
- Im Anschluss spucken Sie das Öl komplett aus –
- Ihren Abflussrohren und der Umwelt zuliebe in den Restmüll, statt in den Abguss – und putzen Ihre Zähne.

3. Wasser am Morgen regt die Entgiftung über die Nieren an

- Wer morgens nach dem Aufstehen ein Glas Wasser trinkt, bringt seinen Stoffwechsel und damit seine Entgiftungsorgane gleich richtig in Schwung.
- Das Wasser füllt die Flüssigkeits-Reserven wieder auf, die über Nacht verbraucht wurden.
- Vor allem die Nieren und der Kreislauf profitieren davon.
- Wer den Effekt noch verstärken will, kann ins Wasser den Saft einer halben ausgepressten Zitrone oder etwas Apfelessig geben.

4. Grüne Kraft aus der Natur:

Brennnessel und Löwenzahn

Wer zur Entgiftung die Kraft der Natur nutzen möchte, kann sich an einigen Wildkräutern bedienen.

Vor allem **Brennnessel** und **Löwenzahn** eignen sich dafür.

- **Brennnesselblätter** lassen sich entweder wie Spinat zubereiten, oder Sie brühen daraus einen wohltuenden Tee.
- Die Inhaltsstoffe der Brennnessel spülen die Nieren durch und fördern so die Entgiftung.

- Auch auf das Blut wirken sie reinigend.
- Ernten lassen sich die Brennnesselblätter übrigens am Besten mit Handschuhen.
- Verarbeitet besteht keine Gefahr mehr, sich zu brennen.

- **Löwenzahn** mit seinem leicht bitteren Geschmack kurbelt die Gallensaftproduktion an und unterstützt damit die   Verdauung.
- Im Frühling lassen sich die ungeöffneten Knospen

ernten und verzehren, von Frühling bist Herbst die Blätter.
- Sie schmecken gut im Salat und erinnern an Rucola.

5. Leber entgiften mit Mariendistel

- Die Mariendistel ist für Ihre leberschützende und - unterstützende Wirkung bekannt.
- Als Hauptentgiftungsorgan wird der Leber bei jeder Entgiftungskur besondere Aufmerksamkeit geschenkt.
- Neben dem Verzicht auf Alkohol, Fast Food und Zigarettenrauch kann man die Leber am besten mit dem Wirkstoff der Mariendistelfrüchte, dem Silymarin, unterstützen.

- Kapseln oder Säfte mit Mariendistelextrakten finden Sie im Reformhaus, Biomarkt oder auch in der Apotheke.

6. Entgiftung pur: Entlastungstage einplanen

- Hin und wieder bietet sich ein Entlastungstag an, um dem Körper Zeit zur Entgiftung und Regeneration zu gönnen.
- Nehmen Sie an diesem Tag nur Wasser, ungesüßte Tees, Säfte, Gemüsesuppen und Gemüse zu sich.
- Achten Sie dabei auf gute Qualität um den Körper auch wirklich zu entlasten.
- Einen Entlastungstag können Sie einmal die Woche oder auch einmal pro Monat durchführen.

7. Pestizide, Zusatzstoffe und stark verarbeitete Lebensmittel meiden

Wer gesund entgiften möchte, sollte vor allem darauf achten, so wenig belastete Lebensmittel wie möglich aufzunehmen.

Chemtrails / Geoengineering   Flugzeug mit Spritzmittel

- Neben den ganz normalen Stoffwechselprodukten, die bei jedem Menschen entstehen, belasten vor allem Pestizide,   Schadstoffe und Zusatzstoffe den Organismus zusätzlich.
- Diese Entgiftungsleistung können wir unserem Körper ersparen, indem wir möglichst wenig von diesen Stoffen zuführen.

* * *

Zum Schutz der Leber
und zur Blutreinigung

Rote Beete enthält die Vitamine A, B und C und versorgt uns mit löslichen Fasern, die zur Regulation des Blutzucker- und Cholesterinspiegels beitragen.
Rote Beete enthält auch unlösliche Fasern, die die Verdauung unterstützen.

Rote Beete ist mehr als ein einfaches Gemüse:
- In der intensiv roten Wurzel stecken sehr viele Antioxidantien und Vitamine, die deiner Gesundheit

407

auf vielfältige Weise förderlich sind.

- In der intensiv roten Wurzel stecken sehr viele Antioxidantien und Vitamine, die deiner Gesundheit auf vielfältige Weise förderlich sind.
- Sie ist unter anderem auch zum Schutz der Leber bestens   geeignet.
- Es ist deshalb zu empfehlen, der Roten Beete einen festen   Platz in deinem Speiseplan einzuräumen.
- Sie enthält viele Ballaststoffe, Proteine und Wasser und ist ein sehr energiereiches Gemüse, das bei unterschiedlichen Leiden hilfreich sein kann.
- Erfahre heute, was die rote Knolle zum Schutz der Leber   und zur Blutreinigung beitragen kann.

* * *

Eine Schatzkammer voll Antioxidantien

- Rote Beete ist reich an Beta-Carotin, Carotinoiden und   Flavonoiden, potente Antioxidantien, die dieser Wurzel ihre charakteristische, intensive Farbe verleihen.
- Es ist bekannt, dass alle Lebensmittel, die einen hohen Gehalt an Antioxidantien aufweisen, sehr effektiv die Reinigung der Leber unterstützen.
- Besonders relevant ist das für Personen, die an einer Fettleber leiden.

- Im Jahr 2012 wurde in der Zeitschrift *New England Journal of Medicine* eine interessante klinische Studie veröffentlicht, in der gezeigt wurde, dass bei Patienten mit einer Fettleber durch eine Behandlung mit Antioxidantien eine signifikante

Verbesserung ihres Zustands erreicht werden kann.
- Die Therapie führte zu einer Reduktion des Fettanteils in der Leber und minderte eventuelle begleitende Entzündungssymptome.
- Die Wirksamkeit der gewählten Behandlung war insbesondere auf ein Antioxidans namens Betalain zurückzuführen, das gleichzeitig dem vorzeitigem Altern vorbeugt.

* * *

Rote Beete passt hervorragend in deine Diät, wenn du abnehmen möchtest.

- Sie ist energiereich, liefert viele Ballaststoffe und sättigt daher.
- Wenn wir vor dem Essen einen Saft aus Roter Beete trinken, dann versorgen wir auf diese Weise unseren Körper mit wichtigen Nährstoffen und stillen gleichzeitig jenen Heißhunger, der uns zu große Portionen essen lässt.
- Das funktioniert übrigens auch zwischendurch und hilft uns, bis zur nächsten Mahlzeit durchzuhalten.

* * *

Rote Beete hilf bei viel mehr:

- Sie wirkt dank ihres hohen Gehalts an Ballaststoffen - entschlackend und beugt daher der Ansammlung von Giftstoffen und der Wassereinlagerung ins Gewebe vor.

409

- Gleichzeitig unterstützen diese Inhaltsstoffe eine gesunde Verdauung und helfen, Verstopfungen zu vermeiden.
- All diese Effekte entlasten die Leber, deren Wächterfunktion im Stoffwechsel weniger stark beansprucht wird.
- Rote Beete ist weiterhin in der Lage, unseren Stoffwechsel anzukurbeln, so dass Leber und Darm effektiver arbeiten können.
- Dieses rote Gemüse unterstützt die Funktion des lymphatischen Systems.
- Giftstoffe können so leichter zu den entsprechenden Ausscheidungsorganen befördert werden.
- Es ist wichtig zu wissen, dass eine Fettleber, die in der Fachwelt als Steatosis hepatis bezeichnet wird, in den meisten Fällen heilbar ist.
- Dazu muss eine **entsprechend angepasste Diät** gewählt werden, die nur wenige Fette enthält, aber große Mengen an Vitaminen und Mineralstoffen.
- Letztere liefern wir unserem Körper durch den Verzehr von frischem Obst und Gemüse.
- Auch Rote Beete kann dir zum Schutz der Leber helfen!

* * *

Rote Beete zur Blutreinigung und Gesunderhaltung des Herzens

- In der Antike wurde Rote Beete zur "Stärkung" des Blutes verwendet und an schwache Personen verabreicht oder an jene, die sich in der Genesung befanden.

410

Die Gründe, warum Rote Beete hierzu eingesetzt wurde, können wie folgt zusammengefasst werden:

- Rote Beete ist **reich an Kalium**.
- Dieser Mineralstoff hilft, den **Blutdruck** zu regulieren.
- Der Blutspiegel "schlechten" **Cholesterins** (LDL) wird gesenkt.
- Rote Beete hat einen **hohen Gehalt an** Eisen, Magnesium, Phosphor, Folsäure und den Vitaminen A, B und C.
- Eine wirklich hervorragende Kombination, um dein **Kreislaufsystem** zu stärken und giftige Stoffe auszuscheiden.

* * *

Und in welcher Form nehme ich Rote Beete zum Schutz der Leber ein?

Um alle Vorteile, die uns der Konsum von Roter Beete bringen kann, für uns zu nutzen, unsere Leber zu schützen und unser Blut zu reinigen, muss das Gemüse **roh verzehrt** werden.

- In geriebener Form ist das möglich, in einem Salat beispielsweise, auch in Kombination mit anderen Gemüsen wie Karotten.
- Diese werden auch gerieben und roh gegessen.
- Füge einen Schuss Olivenöl und etwas Zitrone hinzu und schon hast du ein ideales Heilmittel.

* * *

Heiltrunk für die Leber

Zutaten

1 Glas Wasser (200 ml)
eine   mittelgroße Rote Beete
1   mittelgroße Karotte
1   mittelgroßer Apfel

Zubereitung

- Alle Zutaten müssen zunächst gut abgewaschen werden.
- Anschließend schneiden wir sie in sehr kleine Stückchen, damit sie im Mixer gut püriert werden können.
- Rote Beete, Karotte und Apfel müssen roh verwendet werden, um den maximalen Nutzen aus diesem Getränk zu ziehen.
- Nun werden alle Zutaten im Mixer zu einem homogenen Saft verarbeitet, der dann mit dem Wasser verdünnt wird.
- So lässt er sich besser trinken.
- Wenn du ein paar Eiswürfel hinzufügst, wird der Saft noch erfrischender.

Und wann trinken wir diesen Saft?

- Eine halbe Stunde vor der Hauptmahlzeit des Tages.
- Es genügt, einmal täglich über fünf Tage diesen Saft zu trinken, um die Leber zu reinigen.
- Dann kannst du 10 Tage pausieren und von vorn beginnen.
- Dieses Getränk ist ein wahrer Schatz an Nährstoffen, das die deine Gesundheit fördern.

Schwarzkümmelöl

Schwarzkümmelöl hat zahlreiche positive Wirkungen auf die Gesundheit.
Wir zeigen dir, wie du das natürliche Hausmittel anwendest und welche Nebenwirkungen bei der Einnahme auftreten können.

**„Schwarzkümmel heilt jede Krankheit –
außer den Tod“:**
Zu dieser Überzeugung kam der Prophet Muhammad schon vor über 1300 Jahren. Vor allem im Orient und in Mittelmeerländern hat der Einsatz von nativem Schwarzkümmelöl (Nigella Sativa) lange Tradition.
Dort wird es zur Stärkung des gesamten Organismus eingesetzt.
Heute wird das Öl auch bei uns immer beliebter – als natürliche, nebenwirkungsarme Alternative zu pharmazeutischen Produkten.

Für das Öl werden Schwarzkümmelsamen gepresst.
Idealerweise wurden sie kalt gepresst, denn einige der Inhaltsstoffe sind wärmeempfindlich.

Das steckt in Schwarzkümmelöl

- Den größten Anteil machen ungesättigte Fettsäuren wie **Linolsäure** aus.
- Sie gehört zu den **essentiellen Fettsäuren**, die unser Körper nicht selber herstellen kann.
- Die enthaltenen **ätherischen Öle** sollen antioxidativ, desinfizierend und antimykotisch wirken.
- Außerdem stecken in Schwarzkümmelöl viele wichtige Mineralstoffe wie **Zink, Selen, Magnesium** und **Aminosäuren**, sowie mehrere Vitamine.
- Ihnen verdankt das Schwarzkümmelöl seine positive Wirkung.

* * *

Schwarzkümmelöl: Wirkung und Anwendungsgebiete

Wirkungen von Schwarzkümmelöl laut Uniklinik Freiburg:
Quelle: Uniklinik Freiburg)

- Es gibt Hinweise darauf, dass Schwarzkümmelöl das **Immunsystem stärken** kann.
- Deshalb wird es gerne bei bei ganzheitlichen Therapien von **Allergien** und **Immunschwäche** eingesetzt.
- Bei **psychischen Problemen** während der Wechseljahre kann das Öl unterstützend wirken.
- Eine Doppelblindstudie zur Bestätigung dieser Annahme steht noch aus.

414

- Schwarzkümmelöl wirkt sich positiv auf den **Blutzuckerspiegel** aus.
- Eine Studie konnte bereits nachweisen, dass Schwarzkümmelöl eine positive Wirkung auf **Asthma-** **Patienten** hat.
- Auch auf **Bluthochdruck** konnte sich Schwarzkümmelöl in verschiedenen Studien positiv auswirken.

* * *

Auch äußerlich angewandt ist das Schwarzkümmelöl wirksam:

- Als Nasenspray hat es gute Erfolge bei allergischer Rhinitis gezeigt.
- Dank der vielen wichtigen Fettsäuren kann Schwarzkümmelöl bei Akne, Schuppenflechte und Neurodermitis helfen.
- Bei Brustschmerzen (Mastalgie) kann die Einreibung mit Schwarzkümmelöl Linderung verschaffen.
- Haarkuren mit Schwarzkümmelöl kräftigen das Haar und verleihen ihm Glanz.
- Das liegt an den im Öl enthaltenen (Pro)Vitaminen **Beta - Carotin, Biotin** und **Folsäure.**

* * *

Schwarzkümmelöl:
Wirkung und Nebenwirkungen
bei der Einnahme

Obwohl Schwarzkümmelöl viele gesundheitliche Vorteile bietet, können Nebenwirkungen auftreten.

Dazu gehören:
- Magen-Darm-Beschwerden wie Übelkeit und Durchfall, besonders bei hohen Dosierungen.
- Allergische Reaktionen wie Hautausschläge und Atembeschwerden sind selten, aber möglich.

* * *

Sehvermögen und Haarausfall
verbessern und stoppen

Natürliches Heilmittel gegen Haar und Sehverlust

Zutaten:

200g	Leinsamenöl
4	Zitronen
1 kg	Honig
3 kleine	Knoblauchzehen

Anleitung:
- Schäle zuerst den Knoblauch und mische ihn in einem Mixer mit den Zitronen, bis du eine homogene Mischung erhältst.
- Füge dann das Leinsamenöl und den Honig dazu und mische es wieder.

416

- Gib die Mischung anschließend in ein Glas und bewahre es im Kühlschrank auf.
- Du solltest 1 Esslöffel von diesem Heilmittel 30 Minuten vor einer Mahlzeit konsumieren.
- Das heißt: 3 Esslöffel von dieser Mischung pro Tag vor den Mahlzeiten .
- Nimm hierzu einen Holzlöffel.

* * *

Weinstein

Was genau ist Weinstein?

Bei Weinstein handelt es sich um kleine Kristalle, die bei Rotwein rötlich gefärbt sind.
Weinstein ist kein Zeichen von schlechter Qualität.
Er mag den ein oder anderen stören, stellt aber einen ganz natürlichen Vorgang dar.
In der Regel handelt es sich um Kaliumhydrogentartrat.

* * *

Wozu wird Weinstein verwendet?

Normalerweise dient Weinstein zur Stabilisierung von Eiweiß oder Schlagsahne.

Doch was das Pulver noch alles bewirken kann, das erfahrt Ihr nun:

Stein mit Wein :-D,

1. Es befreit Dich von Giftstoffen in der Lunge

- Du möchtest das Rauchen aufhören, was ja bekanntlich schon schwer genug ist.
- Und Weinstein kann Dich dabei unterstützen durchzuhalten!
- Ein Teelöffel, vermengt mit einem Glas Orangensaft jeden Morgen, löst sämtliche Giftstoffe, die sich zuvor in deiner Lunge abgesetzt haben.
- So wird das Nikotin aus deinem Blutsystem gespült und die Sucht nach dem Glimmstengel hat schneller ein Ende!

2. Es senkt deinen Blutdruck

- Die Ursache für hohen Blutdruck kann oft Kaliummangel sein.
- Mit Hilfe von Weinstein füllst Du deinen Kaliumhaushalt jedoch ganz fix wieder auf!
- Mische einen Teelöffel davon in ein Glas Wasser.

418

- Jeden Abend ein Glas und im Nu' stabilisiert sich dein Blutdruck wieder auf normale Werte.

3. Es verbessert deine Hautstruktur
- Vor allem Menschen, die unter Akne leiden, können sich jetzt freuen.
- Die sauren Eigenschaften von Weinstein können helfen, Akne verursachende Bakterien zu bekämpfen.
- Trinke dazu täglich ein Glas Wasser oder Orangensaft, vermischt mit einem Esslöffel Weinstein.
- Schon bald wirst Du ein positives Ergebnis feststellen können!

4. Es verhindert Harnwegsinfektionen
- Für Menschen, die häufig von Harnwegsinfektionen betroffen sind, kann Weinstein wahre Wunder bewirken.
- Denn es lindert nicht nur die Symptome, sondern verhindert auch, dass sie erneut auftreten.
- Denn es stabilisiert die PH-Werte des Urins.
- Um einen größtmöglichen Effekt zu erzielen, mische eineinhalb Esslöffel Weinstein mit Wasser und einem Schuss Zitronensaft.
- Jeden Tag ein Glas und Du wirst schon bald eine Veränderung feststellen!

5. Es lindert die Schmerzen von Arthritis
- Weinstein enthält eine Menge Magnesium und hilft deshalb, Schwellungen und Schmerzen zu lindern.
- Um beim ersten Auftreten von Arthritis Beschwerden schnellstmöglich entgegenzuwirken, schütte etwas

Weinstein und Epsom-Salz in ein heißes Bad.
- Weiche deine Gelenke anschließend 30-40 Minuten im Wasser ein.
- Schon bald wird es Dir besser gehen!

* * *

Kurkuma und Kokosöl

- wirken antibakteriell, entzündungshemmend und verbessern somit die Mundflora.
- Auch wenn es seltsam klingt: Das intensive gelbe Kurkumapulver kann die Zähne sogar aufhellen!

Zubereitung:
- Zuerst alle Zutaten in einem kleinem Gefäß gut miteinander verrühren und dann in einem luftdichten Behälter aufbewahren.

Anwenden
- Zum Zähneputzen einfach eine kleine Menge auf die Zahnbürste geben und wie gewohnt putzen.
- Die Zahnpasta hält gut verschlossen ca. 2 Wochen.

* * *

Booster für dein Immunsystem

Zutaten:
2 rote   Zwiebeln
100 – 150 g   Honig
1   Schraubglas

Zubereitung:
- Zwiebeln in kleine Stücke schneiden und alle in ein Glas   geben.
- Nun so viel Honig darüber geben, dass die Zwiebeln komplett bedeckt sind.
- Bereits nach 2 Stunden haben die Zwiebeln ihren Saft in den Honig abgegeben.
- Du kannst diesen Saft jetzt für deine Gesundheit verwenden!

Anwendung:
- Nimm jeden Tag 1 Esslöffel davon!
- Er stärkt dein Immunsystem, bzw. hilft dir schneller gesund zu werden.

* * *

Darm entgiften

Zutaten:

1 EL	Chiasamen
200 ml	Wasser
½	Zitrone, davon den Saft
1 EL	Honig

Zubereitung:
- Gib den Chiasamen in das Wasser und lasse es 4 Stunden im Kühlschrank ziehen.
- Anschließend gib den Zitronensaft und den Honig dazu.
- Mixe nun alles gut durch.

Anwendung:
- Trinke das Getränk jeden Morgen drei Tage lang.
- Es unterstützt die Entgiftung des Darms und fördert eine gesunde Darmflora.

* * *

Goldene Milch

Zutaten:

½ TL	Zimt
1 EL	Kurkuma
¼ TL	Koriander
1 Tl	Ingwer frisch oder gemahlen
120 ml	Wasser
1 Tasse	Mandelmich, Nuss- oder Sojamilch – warm
n.B.	Agavendicksaft oder Honig
½ TL	Kokosöl
1 Prise	schwarzer Pfeffer, frisch gemahlen

Zubereitung:
- Als erstes wird die Gewürzpaste hergestellt.
- Dazu werden Zimt, Kurkuma, Koriander, Ingwer und Wasser in einen kleinen Topf gegeben und bei schwacher Hitze fünf Minuten aufgekocht.
- Wenn eine dickliche Paste entstanden ist, wird sie am besten in einem kleinen Schraubglas gelagert.
- Im Kühlschrank hält sich die Paste dann ca. vier Tage frisch.
- Zum Zubereiten der goldenen Milch wird die warme Mandelmilch mit ca. 1 TL der Paste verrührt und nach Belieben mit Agavendicksaft gesüßt.
- Ganz zum Schluss kommt noch das Kokosöl dazu und eine Prise schwarzer Pfeffer oben drauf.
- Fertig ist ein supergesundes, ayurvedisches Getränk, was entzündungshemmend, immunsystemstärkend und wachmachend wirkt.

* * *

Einfaches Mittel zur Aluminium-Ausleitung
Prof. Dr. Klinghardt

Dr. Klinghardt:
Tauchen Sie Ihre Füße einmal pro Woche in Essig und sehen Sie, wie alle ihre Krankheiten verschwinden!

Fußbad mit Apfelessig:
Für 2 Liter Wasser benötigen Sie ein halbes Glas Apfelessig und 3-4 Tropfen ätherisches Thymian - oder Lavendelöl.
Lassen Sie Ihre Füße 20 Minuten lang im Wasser.
Trocknen Sie sie dann mit einem Handtuch ab,

und tragen Sie die Creme auf.
Um optimale Ergebnisse zu erzielen, wiederholen Sie es
eine Woche lang jeden Tag.
Wiederholen Sie die Kur dann nach einer Pause von 12
Tagen.

* * *

**Mehr Rezepte, Informationen und Tipps
zur Körperreinigung, Körperpflege,
Erhaltung und Wiederherstellung Ihrer Gesundheit,
finden Sie in diesen meinen Büchern:**

„ Segen der Natur – Teil 1 „
„ Segen der Natur – Teil 2 „

Demnächst:
„ Segen der Natur – Teil 3 „

Link zu meinen Büchern:

https://buchshop.bod.de/catalogsearch
result**?q=traude+schubert**

Schlusskapitel:

Mein Erdentraum

Stellt Ihr euch auch manchmal vor, wie schön und gesund unsere Erde sein sollte?

Eine Erde, ohne Schadstoffbelastungen, Lebensmittel ohne schädliche Zusatzstoffe, nur reine Natur.

Medikamente ohne Chemie, Ärzte / Heiler, deren Wunsch es ist, dass wir die Menschen wirklich gesund werden.

Ich erinner mich noch gut daran, als wir so in der 4. und 5. Klasse mit unserem Klassenlehrer gewandert sind.
Wir hatten nicht so viel Getränke dabei.
Es gab herrliches klares Quellwasser.

Im Wald standen so viele viele Bäume, die uns vor der heißen Sonne schützten. Und überraschte uns ein Regen, standen wir unter große dichte Bäume.

Wenn Schulklasse unterwegs waren, sangen sie oft. Lustige Lieder, Wanderlieder und auch Volkslieder. Die langsamsten aus der Klasse gingen voraus, damit sie ja nicht verloren gehen.
Einmal als wir in ein Dorf kamen, saßen am Brunnen in der Ortsmitte einige ältere Personen. Sie freuten sich sehr, als wir singend näher kamen. Am Brunnen erfrischten wir uns etwas und sagen dann gemeinsam Volkslieder.

Oft ging ich mit unserem Schäferhund spazieren. Da wir
am Ortsende wohnten, ging es ab über Wiesen und an
den Feldern entlang. Der Wald war mein Ziel.
Diese wunderbare Luft, ein Duft nach Blumenwiesen und
frischem Waldaroma.

Nur Erinnerungen? Oh nein, es wird wieder so sein!
Klare reine Luft, Nahrungsmittel die nicht mit
Schadstoffen belastet sind.
Habt ihr schon einmal eine frisch geerntete Karotte vom
Feld einfach so gegessen?
Im Gras die Erde abgerieben, mit den Händen den Rest
der Erde entfernt. Und dann? Hmmm ganz genüsslich
hinein beißen und genießen.

Denkt Ihr, ich träume? Oh nein, ich bin mir sicher, dass
wir alle gemeinsam unsere Erde säubern können und
dann ein Paradies erschaffen können.

Ein Bild wie aus einem Traum.

Daher vergesst nie Eure Träume, lasst uns gemeinsam an der Verwirklichung einer sauberen Erde arbeiten.

Gemeinsam erreichen wir vieles !

Traude Schubert

Bilderquellen

Coverbild:
https://www.piqsels.com/de/public-domain-photo-fruyr/

Aluminium
https://www.piqsels.com/de/public-domain-photo-sonbp

Trinkwasser
https://www.piqsels.com/de/public-domain-photo-zpwtx/

Alu- Geschirr
https://www.piqsels.com/de/public-domain-photo-jgyeb

Tomatenpflanze
https://www.piqsels.com/de/public-domain-photo-zcvib

Maispflanzen
https://www.piqsels.com/de/public-domain-photo-ftaxq

Wanderheuschrecke
https://www.piqsels.com/de/public-domain-photo-owtgb/

Tamarinde
https://www.piqsels.com/de/public-domain-photo-swswh

Goldene Milch
https://www.piqsels.com/de/public-domain-photo-jyhnm

Schnittblumen
https://www.piqsels.com/de/public-domain-photo-owumr

Marienkäfer
https://www.piqsels.com/de/public-domain-photo-spnco

Obst
https://www.pexels.com/de-de/suche/Obst/

Rost
https://www.piqsels.com/de/public-domain-photo-svamn

Quellenangaben

Aluminium im Trainkwasser
Kinderklinik Uni – Düsseldorf, Internet recherchen

Weiter Infos zu Alu im Wasser
https://www.wassertest-online.de/blog/aluminium-im-trinkwasser/

Alu in Lebensmitteln
https://www.zentrum-der-gesundheit.de/bibliothek/umwelt/schaedliche-faktoren/aluminium-in-lebensmitteln-ia

15 einf. Tipps, die helfen Alu im Alltag zu vermeiden
https://www.umweltgedanken.de/aluminium-vermeiden

CO2 Wichtig oder Schädlich?
https://tkp.at/2023/08/11/hoehere-co2-konzentration-foerdert-wachstum-der-pflanzen-und-ertrag-fuer-bauern/

Warum fühlen sich Pflanzen bei höheren CO2-Spiegeln wohler?
https://www.osti.gov/dataexplorer/biblio/dataset/1712447
https://crudata.uea.ac.uk/cru/data/crutem4/

Verursacher der glob. Energiekriese….
https://tkp.at/2022/11/20/die-verursacher-der-globalen-energiekrise-und-wer-daran-verdient/

Physik und Chemie zu CO2:
https://tkp.at/2023/08/10/physik-und-chemie-zu-co2-kaum-einfluss-auf-klima-und-historischer-tiefststand/

Link:
https://tkp.at/2023/07/07/co2-messungen-in-den-1820ern/

Menschliche Emissionen
Quelle:
https.//report24.news/co2-revolution-wie-menschliche-ermissionen-die-maisproduktion-in-ungeahnte-hoehen-treiben/?feed_id=41569

Washington Post
Quelle:
https://report24/die-washinton-post-offenbart-unbeabsichtigt-schockierende-wahrheit-ueber-die-globale-erwaaermung/?feed_id-41593

Starke Änderungen der Temperaturen seit jeher dank natürlicher Zyklen
https://tkp.at/2023/08/06/starke-aenderungen-der-temperaturen-seit-jeher-dank-natuerlicher-zyklen/

CO2 angeblich schuld an Erderwärmung – stimmen die behaupteten CO2 Werte?
https://tkp.at/2023/07/27/co2-angeblich-schuld-an-erderwaermung-stimmen-die-behaupteten-co2-werte/

The Keeling Curve
https://keelingcurve.ucsd.edu/

Charles David Keeling – Klimaforscher
https://de.wikipedia.org/wiki/Charles_David_Keeling

Quelle + Video:
https://www.pravda-tv.com/2024/09/militaerpilot-dekct-streng-geheimes-chemtrails-gedankenkontroll-grogrammauf-um-die-zivilisation-zu-zerstoeren-video/

Fluorid – direkt aus dem Internet, ohne Quellenangabe.

Die Nebenwirkungen einer Fluoridvergiftung
https://www-ericdavisdental-com.translate.goog/fluoride-free-toothpaste/?
_x_tr_sl=en&_x_tr_tl=de&_x_tr_hl=de&_x_tr_pto=rq

Fluorid – als Nervengift
https://www-ericdavisdental-com.translate.goog/faqs-and-blog/blog/is-fluoride-toxic-fluoride-is-a-neurotoxin-that-affects-the-brain/?
_x_tr_sl=en&_x_tr_tl=de&_x_tr_hl=de&_x_tr_pto=rq

Fluorid - Spurenelement oder Gift?
https://www.zentrum-der-gesundheit.de/bibliothek/umwelt/schaedliche-faktoren/fluorid

Zahnpasta - Warum wir auf Fluorid verzichten können
https://www.zentrum-der-gesundheit.de/bibliothek/ratgeber/mundhygiene/zahnpasta-fluorid

Risiko der chronischen Fluorid-Vergiftung
https://www.zentrum-der-gesundheit.de/ernaehrung/lebensmittel/gewuerze/salz

Fluoridtabletten hingegen sollten Sie besser nicht geben.
https://www.zentrum-der-gesundheit.de/bibliothek/umwelt/schaedliche-faktoren/fluorid-babys-kleinkinder

Fluoride - wie kann man sie ausleiten?
https://www.zentrum-der-gesundheit.de/bibliothek/
ratgeber/detox-uebersicht/fluoride-ausleiten

Fluoride ausleiten mit Curcumin
https://phcog.com/article/view/2014/10/37/61-65

Curcumin schützt vor Fluoriden
https://www.zentrum-der-gesundheit.de/ernaehrung/
nahrungsergaenzung/curcumin/curcumin-schutz-vor-
fluoride-ia

https://europepmc.org/article/med/33486250

https://link.springer.com/article/10.1007/s12011-011-
9194-7

zur Leberreinigung:
https://www.zentrum-der-gesundheit.de/bibliothek/
koerper/leber-und-galle/leberreinigung

Link zum Merkblatt:
https://www.bfr.bund.de/cm/343/
zusatz_von_borsaeure_oder_borax_in_nahrungsergaenz
ungsmitt.pdf#search=%22Borax%22

Link zu Sango Koralle
https://www.zentrum-der-gesundheit.de/ernaehrung/
nahrungsergaenzung/weitere-
nahrungsergaenzungsmittel/sango-koralle

Link zu Melatonin
https://www.zentrum-der-gesundheit.de/krankheiten/

weitere-erkrankungen/schlaflosigkeit-uebersicht/
melatonin

https://phcog.com/article/view/2014/10/37/61-65

Link zum Melatonin – Test
https://www.amazon.de/Medivere-Melatonin-Test-
Speicheltest/dp/B00EQ6C6ME?
keywords=medivere+diagnostics&qid=1691092778&sr=8
-54&linkCode=sl1&tag=zdg0e-
21&linkId=31d91ffdc15088140f95bc2cffb89db1&languag
e=de_DE&ref_=as_li_ss_tl

Zu HD-Cholesterin
https://www.tandfonline.com/doi/abs/
10.3109/15376516.2014.1003359?journalCode=itxm20

Studie – EGCG
https://www.sciencedirect.com/science/article/abs/pii/
S0946672X14001692?via%3Dihub

Link zu Grüntee
https://www.mdpi.com/2072-6643/14/12/2550

Link zu Betonit:
https://www.zentrum-der-gesundheit.de/bibliothek/
naturheilkunde/darmreinigung-uebersicht/bentonit

Link zu Flohsamenschalen:
https://www.zentrum-der-gesundheit.de/ernaehrung/
nahrungsergaenzung/pflanzenpulver/flohsamenschalen

Link zu Petersilie:
https://www.zentrum-der-gesundheit.de/ernaehrung/lebensmittel/kraeuter/petersilie

Link zu Chlorella:
https://www.zentrum-der-gesundheit.de/ernaehrung/nahrungsergaenzung/algen/chlorella

Link zur ganzheitlichen Entgiftungskur:
https://www.zentrum-der-gesundheit.de/bibliothek/naturheilkunde/behandlungsformen/entgiften-entgiftungskur

Link:
https://report24.news/mehr-als-nur-geoengineering-das-schmutzige-geheimnis-der-luftfahrt-und-jeder-sieht-weg/

https://report24.news/flaechendeckende-veraenderung-des-weltklimas-durch-kuenstliche-wolken-das-ist-der-stand-der-dinge/

https://report24.news/chemtrails-statt-saharastaub-welche-substanzen-kommen-wirklich-aus-dem-himmel/

https://report24.news/geoengineering-chemtrails-und-mehr-ueber-300-patente-zur-wettermanipulation-bekannt/

https://report24.news/chemtrails-gegen-wolken-erhebliche-zweifel-an-effektivitaet-von-hagelfliegern/

https://report24.news/erster-us-bundesstaat-verbietet-geoengineering-massnahmen-wie-chemtrails/

Link:
https://www.auf1.tv/nachrichten-auf1/werner-altnickel-es-wird-im-grossen-stil-wettermanipulation-betrieben

Link:
https://www.auf1.shop/products/broschuere-der-klima-betrug

Link:
https://www.auf1.shop/products/broschuere-der-klima-betrug

Link:
https://www.kla.tv/27872

Link:
https://www.kla.tv/16286

Link:
https://www.kla.tv/27988

Link:
https://etcgroup.org/content/world-geoengineering

Quelle:
https://wetteradler.de/Umweltbalance

Patente:
Quelle:
https://wetteradler.de/patente

Quelle:
https://legitim.ch/paukenschlag-linienflu-pilot-mit-34-jahren-erfahrung-entlarvt-das-chemtrail-programm-sie-machen-das-schon-seit-jahren/

Hybrid
Quelle: Wikipedia

Link:
https://www.kla.tv/28652

Link:
https://www.agrarheute.com/land-leben/insekten-lebensmitteln-so-verpackungen-gekennzeichnet-603711

Link:
https://www.eurofins.de/lebensmittel/food-news/food-testing-news/novel-food_insekten-als-nahrung-der-zukunft/

Link:
https://www.eurofins.de/lebensmittel/food-news/food-testing-news/novel-food_insekten-als-nahrung-der-zukunft/

Link:
https://www.kein-planet-b.de/ratgeber/grosser-e-nummer-guide-welche-zusaetze-bedenklich-sind-und-welche-nicht/

Quelle:
https://www.zentrum-der-gesundheit.de/bibliothek/ratgeber/mundhygiene/zahnpasta-fluorid

https://www.inspiriert-sein.de/kann-man-deutsches-leitungswasser-bedenkenlos-trinken

https://www.unesco.de/kultur-und-natur/wasser-und-ozeane/wasser

http://www.dvgw.de/wasser/recht-trinkwasserverordnung/trinkwasserverordnung

http://www.dvgw.de/wasser/recht-trinkwasserverordnung/trinkwasserverordnung/anlage-3/

https://www.inspiriert-sein.de/kann-man-deutsches-leitungswasser-bedenkenlos-trinken

Quelle:
https://www.zdf.de/nachrichten/panorama/kriminalitaet/pfas-chemikalien-mittelbaden-trinkwasser-100.html

Link:
https://www.zdf.de/nachrichten/panorama/wasser-pfas-belastung-chemiepark-altoetting-100.html

PFAS Belastung
Link:
https://www.zdf.de/nachrichten/thema/bundestag-498.html

Link:
https://www.zdf.de/nachrichten/thema/herz-kreislauf-erkrankungen-100.html

Link:
https://www.zentrum-der-gesundheit.de/bibliothek/
umwelt/schaedliche-faktoren/nanoteilchen-dna

Link:
https://nanopartikel.info/basics/koerperbarrieren/

Mineralöl in Lebensmittel und anderem
Link:
https://www.lgl.bayern.de/lebensmittel/chemie/
kontaminanten/mineraloel/index.htm

https://www.lgl.bayern.de › kontaminanten › mineraloel

Link:
https://www.lgl.bayern.de/lebensmittel/chemie/
kontaminanten/mineraloel/index.htm#mehr

Link:
http://bfr.bund.de/cm/343/fragen-und-antworten-zu-
mineraloelbestandteilen-in-schokolade-aus-
adventskalendern-und-anderen-lebensmitteln.pdf

Quelle:
https://www.oekotest.de/essen-trinken/Mineraloel-in-
Lebensmitteln-und-Kosmetik-Ist-das-
bedenklich_11667_1.html

Quelle:
https://mobil.bfr.bund.de/cm/343/neue-efsa-
risikobewertung-einige-mineraloel-rueckstaende-in-
lebensmitteln-bleiben-gesundheitlich-problematisch.pdf

Foodwatch

(https://connect.efsa.europa.eu/RM/s/
publicconsultation2/a0l09000006qqHf/pc0400)

Link: https://www.bfr.bund.de/de/fragen_und_ant-
worten_zu_mineraloelbestandtei-len_in_lebensmitteln-
132213.html

https://www.bfr.bund.de/cm/343/hochraffinierte-
mineraloele-in-kosmetika-gesundheitliche-risiken-
sind-nach-derzeitigem-kenntnisstand-nicht-zu-
erwarten.pdf

Artikelquelle:
https://h.me/gesundistbesser

Saharastaub
https://youtube.com/watch?v=shVn7FsJZ4o&si=x21ncO-
lPatxQsMh

Link:
https://www.kla.tv/30151

Link:Link:
https://www.youtube.com/watch?v=vCtIsk9bWrg

Link:
https://www.kla.tv/GeoEngineering/29844

Quelle:
https://www.handwerksblatt.de/themen-specials/weg-frei-
fuer-smart-meter/gericht-stoppt-einbaupflicht-fuer-smart-
meter

Quelle:
https://schutz-vor-strahlung.ch/news/smartmeter-die-strahlende-blackbox/

Link:
https://web.archive.org/web/20210824011120/https://www.energie-experten.ch/de/wissen/detail/datengold-aus-haushaltgeraeten-bergen.html

Quelle:
https://schutz-vor-strahlung.ch/news/medienmitteilung-tausende-antennen-illegal-umgeruestet/

Link:
https://schutz-vor-strahlung.ch/site/wp-content/uploads/2021/09/Faktenblatt-Verfahrensmoeglichkeiten-zur-Einfuehrung-von-5G-auf-Mobilfunkanlagen.pdf

Link:
https://schutz-vor-strahlung.ch/site/wp-content/uploads/2021/09/Faktenblatt-Verfahrensmoeglichkeiten-zur-Einfuehrung-von-5G-auf-Mobilfunkanlagen.pdf

Link:
https://schutz-vor-strahlung.ch/news/eu-briefing-studien-deuten-darauf-hin-dass-5g-die-gesundheit-von-menschen-pflanzen-tieren-insekten-und-mikroben-beeintraechtigen-koennte/

Link:
https://schutz-vor-strahlung.ch/site/wp-content/uploads/2021/09/Muss-der-Kanton-ueber-die-Buecher-Seite-19-Der-Bund-2020-10-15.pdf

Medienkontakt Verein Schutz vor Strahlung
Rebekka Meier, Präsidentin und Leiterin der Baurechtsabteilung
rebekka.meier@schutz-vor-strahlung.ch
032 652 61 61

Link:
https://schutz-vor-strahlung.ch/sich-informieren/mobilfunk/5g-satelliten/

Link:
https://schutz-vor-strahlung.ch/news/rubrik/wlan/

Link:
https://schutz-vor-strahlung.ch/news/dvd-empfehlung-aufwachsen-im-umgang-mit-digitalen-medien/

Link:
https://www.diagnose-funk.org/start/themenuebersicht/wlan

Link:
https://schutz-vor-strahlung.ch/news/englischer-epidemiologe-fordert-ein-5g-moratorium/

Link:
https://schutz-vor-strahlung.ch/news/bundesrat-antwortet-auf-motion-strahlungs-und-energieminderung-bei-schnurlos-telefonen-und-wlan-geraeten/
Link:
https://schutz-vor-strahlung.ch/news/un-generalsekretaer-antonio-guterres-lacht-ueber-wlan/

https://schutz-vor-strahlung.ch/news/rubrik/sich-schuetzen/

Link:
https://schutz-vor-strahlung.ch/news/so-mangelhaft-werden-5g-antennen-kontrolliert/

Link:
https://www.auf1.tv/nachrichten-auf1/mobilfunk-experte-laubscher-5g-fuehrt-zu-chromosomen-schaeden-und-krebs

Dokumentarfilm „Das digitale Dilemma"
https://das-digitale-dilemma.de/ ATHEM3-Studie:

Bewertung von oxidativem Stress und genetischer Instabilität (Mobilfunk)
https://das-digitale-dilemma.de/athem-3-studie/

Infos zu 5G, Elektrosmog und Aktionen des Vereins „WIR" https://www.vereinwir.ch/5g-elektrosmog/

Link:
https://www.auf1.tv/nachrichten-auf1/mobilfunk-spezialist-laubscher-5g-ist-entwicklung-des-militaers

Link:
https://www.auf1.tv/nachrichten-auf1/der-elektrosmog-albtraum

https://www.youtube.com/watch?v=NytVSl9Lsk0

Link:
https://www.auf1.tv/gesund-auf1/voellig-verstrahlt-auf-den-spuren-von-5g-elektrosmog-und-radioaktivitaet

Link:
https://www.zentrum-der-gesundheit.de/news/gesundheit/allgemein-gesundheit/mikrowellen-handy-langzeitfolgen

Link:
https://www.google.com/url?sa=t&source=web&rct=j&opi=89978449&url=https://translate.google.com/translate%3Fu%3Dhttps://mmrjournal.biomedcentral.com/articles/10.1186/s40779-017-0139-0%26hl%3Dde%26sl%3Den%26tl%3Dde%26client%3Drq%26prev%3Dsearch&ved=2ahUKEwjbhOjisKSIAxUO3QIHHS2KEvsQFnoECAYQAw&usg=AOvVaw1ZN1GwZHZiVX9SaJpJ8dqz

Quelle:
www.wetteradler.de

Link:
https://patents.google.com/patent/US8579793B1/en

Quelle:
https://wwww.dguv.de

Quelle:
https://www.umweltmanager.net

Quelle:
https://www.schutzfabrik.de

Quelle:
https://www.abfallratgeber.bayern.de

Quelle:
https://de.wikipedia.org/wiki/Neonicotinoide

Quelle:
https://www.ruhr24.de/service/pflanzen-blumen-gefahr-gift-warnung-gesundheit-gefahr-bfr-kunden-deutschland-pestizide-zimmer-90504317.html

Link zum BfR
https://www.bfr.bund.de/cm/343/bewertung-gesundheitlicher-risiken-von-pestizidrueckstaenden-auf-schnittblumen.pdf

https://www.ruhr24.de/service/bio-trend-2021-bienenwachstuecher-nachhaltig-selber-machen-alternative-vegan-warnung-bund-90487160.html

https://www.ruhr24.de/service/naturkosmetik-creme-pflege-siegel-verbraucher-deutschland-oeko-betrug-tipps-inhaltsstoffe-13910390.html

Link:
https://www.spektrum.de/news/schnittblumen-pestizide-im-blumenstrauss/2206991

Link:
https://www.bund-sachsen.de/service/presse/detail/news/valentinstag-ohne-gift-im-strauss/

Link:
https://www.swissport.com/en/news/current-news/2024/
swissport-flower-corridor-facilitates-transit-of-9-000-tons-
of-fresh-roses-for-valentine-s-day

Link:
https://www2.mst.dk/Udgiv/publications/2022/02/978-87-
7038-391-2.pdf

Link:
https://www.oekotest.de/freizeit-technik/Rosen-im-Test-
Die-meisten-strotzen-nur-so-vor-
Pestiziden_13490_1.html

Link zur Stellungnahme:
https://www.bfr.bund.de/cm/343/bewertung-
gesundheitlicher-risiken-von-pestizidrueckstaenden-auf-
schnittblumen.pdf

Link:
https://www.ncbi.nlm.nih.gov/pmc/articles/PMC5451977/

Link:
https://www.researchgate.net/publication/
333760805_Biological_monitoring_of_exposure_to_pesti
cide_residues_among_Belgian_florists

Link:
https://www.sciencedirect.com/science/article/abs/pii/
S0269749121013993?via%3Dihub

Link:
https://edepot.wur.nl/173773

Link:ttps://www.ndr.de/ratgeber/garten/zimmerpflanzen/Schnittblumen-aus-dem-Ausland-Oekologisch-oft-bedenklich,schnittblumen106.html

Link:
https://www.oekolandbau.de/bio-im-alltag/bio-warenkunde/bio-schnittblumen-fuer-mensch-und-biene/

URTEIL des Europäischen GERICHTSHOFES
https://dejure.org/dienste/vernetzung/rechtsprechung?Gericht=EuGH&Datum=31.12.2222&Aktenzeichen=C-119%2F21

EuGH vom 09.03.23 - C-119-21 URTEIL DES GERICHTSHOFS (Vierte Kammer) 9.März 2023(*) (https://curia.europa.eu/juris/document/document.jsf?text=&docid=271068&pageIndex=0&doclang=DE&mode=req&dir=&occ=first&part=1#Footnote*)

Quelle:
https://x.com/daniel_gugger/status/1761598351848427715?ref_src=twsrc%5Etfw%7Ctwcamp%5Etweetembed%7Ctwterm%5E1761598351848427715%7Ctwgr%5E4e6098f3dffbb2d02557ce27bfc3acab128b0700%7Ctwcon%5Es1_&ref_url=https%3A%2F%2Freport24.news%2Fdie-wahrheit-ueber-windkraftwerke-gesundheitsschaedlich-und-schlecht-fuer-die-umwelt%2F

https://www.diw.de/de/diw_01.c.698984.de/
publikationen/wochenberichte/2019_48_4/strikte_mindestabstaende_bremsen_den_ausbau_der_windenergie.html#section2

Homepage von Herrn Manuel Krautgartner:
https://www.klubmfg-ooe.at/ein-umweltanwalt-mit-herz-hirn-und-hausverstand/

Link zu einem sehr interessanten Bericht in der Zeitung:
https://www.nachrichten.at/oberoesterreich/umweltanwalt-oberoesterreich-ist-kein-windkraftland;art4,3852645

https://report24.news/offshore-windenergie-schaeden-fuer-das-marineleben-groesser-als-bislang-gedacht/

Quelle:
https://report24.news/gruener-mord-windturbinen-toeten-jaehrlich-millionen-voegel-und-fledermaeuse/

Links zu den entsprechenden Videos:
https://www.youtube.com/watch?v=oT9VoP0YAlo
https://www.youtube.com/watch?v=cjJqKnoX-OQ

Quelle:
https://www.windkraftfreiesgrobbachtal.de/fakten-statt-fake-mehr-waldrodung-fuer-windanlagen-als-behauptet/#1632814879349-4e3d02dc-10ca37dd-6bb7

Link:
https://www.stern.de/panorama/windenergie--windparks-toeten-150-adler---unternehmen-muss-hohe-strafe-zahlen-31763900.html

Links:
https://www.vienna.at/fluegel-abgetrennt-kaiseradler-geriet-in-noe-in-windrad-und-starb/7202555

//www.bernerzeitung.ch/steinadler-von-windturbine-der-bkw-erschlagen-395606314982

https://www.az-online.de/isenhagener-land/brome/ein-seeadler-kollidiert-mit-windrad-bei-ehra-lessien-92876522.html

Links:
https://www.dlr.de/de/aktuelles/nachrichten/2019/01/20190326_dlr-studie-zu-wechselwirkungen-von-fluginsekten-und-windparks

https://www.geo.de/natur/nachhaltigkeit/21698-rtkl-artenschutz-windenergie-und-voegel-die-opferzahlen-sind-viel-hoeher

Links:
https://www.enercon.de/de/news/e-175-ep5-rotorblatt-am-teststand-eingetroffen?9b1de9ee_page=2

https://www.n-tv.de/wirtschaft/Windkraftausbau-im-Klima-Labor-China-koennte-auf-einen-Knopf-druecken-und-in-Deutschland-waere-es-dunkel-article24882411.html

Links:
https://efahrer.chip.de/news/rotorblaetter-lassen-sich-nicht-recyceln-muell-problem-beim-windrad-nicht-geloest_107858

https://www.focus.de/finanzen/boerse/rotorblaetter-werden-zum-problem-im-massengrab-4-000-windraeder-jaehrlich-landen-auf-dem-sondermuell_id_11639296.html

https://walderhalt-statt-windindustrie.de/blog-post/problem-erosion-von-rotorblattern-von-windradern

https://web.archive.org/web/20201029052420/https://www.umweltbundesamt.de/sites/default/files/medien/1410/publikationen/2019_10_09_texte_117-2019_uba_weacycle_mit_summary_and_abstract_170719_final_v4_pdfua_0.pdf

Link:
https://paz.de/artikel/die-unterschaetzte-gefahr-der-rotorblaetter-a8023.html

Quellen:
https://utopia.de/ratgeber/sf6-treibhausgas-in-windraedern-windenergie_379777/#:~:text=Schwefelhexafluorid%2C%20kurz%20SF6%2C%20sorgte%20vergangene,sogar%20%20%E2%80%9EKlimakiller%20in%20Windkraftanlagen%E2%80%9C.

https://www.agrarheute.com/energie/oel-laeuft-abgebranntem-windrad-ermittlungen-wegen-bodenverunreinigung-618849

https://www.eskp.de/schadstoffe/korrosionsschutz-fuer-offshore-windkraft-problem-fuer-die-umwelt-9351114/

Links:
https://www.lebensqualitaet-oberes-suhrental.ch/
argumente/argumente-iglos/haus-nutztiere-und-wildtiere/

file:///home/traude/Downloads/84558-Bericht_
%C3%BCber_Ergebnisse_des_Messprojekts_2013-
2015.pdf

Links:
https://www.eskp.de/energiewende-umwelt/offshore-
windkraftanlagen-verwirbeln-wasser-und-luft-9351111/
#:~:text=Im%20Windschatten%20hinter%20einzelnen
%20Windkraftanlagen,ver%C3%A4nderte%20Druckverh
%C3%A4ltnisse%20und%20erh%C3%B6hte
%20Turbulenz.

https://report24.news/windfarmen-erwaermen-die-
naechte-und-schaden-der-vegetation/

https://www.agrarheute.com/management/agribusiness/
studie-windraeder-beeinflussen-mikroklima-558040

Link:
https://www.ingenieur.de/technik/fachbereiche/energie/
windkraft-in-deutschland-diskussion-um-die-nicht-
auslastung/

https://report24.news/unterstuetzen/

Quelle:
https://report24.news/horror-studie-so-
gesundheitsgefaehrdend-lebt-es-sich-in-der-naehe-von-
windkraftwerken/

Quelle:
https://tkp.at/2024/01/03/grosse-niederlage-fuer-windindustrie-vor-gericht/

Link:
https://tkp.at/2023/09/22/waldrodung-fuer-windraeder-die-waldviertler-brauchen-unterstuetzung/

Link:
https://www.igwaldviertel.at/

https://www.igwaldviertel.at/

Link:
https://tkp.at/2023/07/20/16-millionen-baeume-fuer-schottische-windparks-gerodet/

Link:
https://www.deutschlandfunknova.de/beitrag/frankreich-entschaedigung-fuer-windrad-kranke-neu

Link:
https://pubs.aip.org/asa/jasa/article-abstract/137/3/1356/903959/A-theory-to-explain-some-physiological-effects-of?redirectedFrom=fulltext

Link:
https://www.tandfonline.com/doi/abs/10.1080/09603123.2014.963034?journalCode=cije20

Link:
https://www.umweltbundesamt.de/sites/default/files/medien/378/publikationen/texte_40_2014_machbarkeits-studie_zu_wirkungen_von_infraschall.pdf

Link:
https://psycnet.apa.org/doiLanding?
doi=10.1037%2Fa0031760

Link:
https://www.20min.ch/story/krank-wegen-windturbinen-
ehepaar-erhaelt-116000-franken-entschaedigung-
875461855475

Link:
https://www.20min.ch/story/hier-wird-energie-
aufgetuermt-295893094557

Link:
https://www.stern.de/digital/technik/schock-fuer-die-
windenergie---paar-erhaelt-110-000-euro-
entschaedigung-wegen-turbinensyndrom-30908176.html

Link:
https://www.20min.ch/story/nerviges-brummen-haelt-dorf-
in-atem-jetzt-ziehen-deswegen-die-leute-weg-
842076905571

Quelle:
https://infraschallglobal.ch/

Unerkannt Umweltkrank
Petra Biedermann
Aktualisiert: Unerkannt Umweltkrank
www.infraschallglobal.ch
E-Mail:
kontakt@infraschallglobal.ch
12. Oktober 2021

eike-klima-energie.eu (https://eike-klima-energie.eu/)

www.infraschallglobal.ch

Quelle:
www.proplanta.de/maps/windkraft

www.vernunfkraft.de

Welche Pfanzen helfen Ihrem Körper
Quelle: Grün und Gesund

Schwarzkümmelöl
Uniklinik Freiburg

Seevermögen und Haarausfall verbessern + stoppen
Rezept eines russischen Arztes

Einf. Mittel zur Aluminium-Ausleitung,
Prof. Dr. Klinghardt

Einfaches Mittel zur Aluminium-Ausleitung
Prof. Dr. Klinghardt

Links zu meinen Büchern
https://buchshop.bod.de/catalogsearch
result?q=traude+schubert

Auf meiner Verlagsseite finden Sie noch weitere Bücher von mir:

Bod . Books on Demand

https://buchshop.bod.de/catalogsearch/result/index/?q=traude%20schubert%20&product_list_order=bod_release_date&product_list_dir=desc

Homepage:

https://traude-schubert.hpage.com/traude-schubert-autorin.html